ASATS 美国学生事务译丛
A Series of Student Affairs in Higher Education of America

重庆邮电大学出版基金资助
重庆市社会科学规划项目"高校学风内涵和评价体系建构研究（2018YBJY115）"资助

主　编：游敏惠　杨德山
副主编：刘　奎　陶小江　朱方彬　陶　丹
编　委：余惠琼　王　月　黄彦萍

LINKING THEORY TO PRACTICE
Case Studies for Working with College Students
（3rd Edition）

理论联系实际：
高校学生事务工作案例研究
（第3版）

〔美〕弗朗西斯·斯特奇（Frances K. Stage）
〔美〕史蒂文·哈伯德（Steven M. Hubbard） 著

游敏惠 杨德山 高玮蔚 王紫祥 相启征 译

项目策划：余　芳
责任编辑：余　芳
责任校对：周　洁
封面设计：杨红鹰
责任印制：王　炜

图书在版编目（CIP）数据

理论联系实际：高校学生事务工作案例研究 = Linking Theory to Practice: Case Studies for Working with College Students /（美）弗朗西斯·斯特奇，（美）史蒂文·哈伯德主编；游敏惠等译．— 成都：四川大学出版社，2020.8
（美国学生事务译丛）
ISBN 978-7-5690-3800-2

Ⅰ．①理… Ⅱ．①弗… ②史… ③游… Ⅲ．①高等学校－学生工作－研究－美国 Ⅳ．① G645.5

中国版本图书馆 CIP 数据核字（2020）第 129958 号

四川省版权局著作权合同登记图进字 21-2016-94 号

Linking Theory to Practice: Case Studies for Working with College Students
(3rd Edition)/by Frances K. Stage and Steven M. Hubbard/ISBN 9780415898706
Copyright © 1993, 2000, 2012 Taylor & Francis

Authorized translation from English language edition published by Routledge, an imprint of Taylor & Francis Group LLC. All Rights Reserved.

Sichuan University Press is authorized to publish and distribute exclusively the Chinese (Simplified Characters) language edition. This edition is authorized for sale throughout Mainland of China. No part of the publication may be reproduced or distributed by any means, or stored in a database or retrieval system, without the prior written permission of the publisher.

Copies of this book sold without a Taylor & Francis sticker on the cover are unauthorized and illegal.

本书原版由 Taylor & Francis 出版集团旗下 Routledge 出版公司出版，并经其授权翻译出版。版权所有，侵权必究。本书中文简体翻译版授权由四川大学出版社独家出版并限在中国大陆地区销售。未经出版者书面许可，不得以任何方式复制或发行本书的任何部分。本书封面贴有 Taylor & Francis 公司防伪标签，无标签者不得销售。

书　名	理论联系实际：高校学生事务工作案例研究（第 3 版）
	LILUN LIANXI SHIJI: GAOXIAO XUESHENG SHIWU GONGZUO ANLI YANJIU(DI-SAN BAN)
主　　编	〔美〕弗朗西斯·斯特奇　〔美〕史蒂文·哈伯德
译　　者	游敏惠　杨德山　高玮蔚　王紫祥　相启征
出　　版	四川大学出版社
地　　址	成都市一环路南一段 24 号（610065）
发　　行	四川大学出版社
书　　号	ISBN 978-7-5690-3800-2
印前制作	四川胜翔数码印务设计有限公司
印　　刷	四川彩美印务有限公司
成品尺寸	148mm×210mm
印　　张	9
字　　数	240 千字
版　　次	2021 年 3 月第 3 版
印　　次	2021 年 3 月第 1 次印刷
定　　价	48.00 元

读者邮购本书，请与本社发行科联系。电话：(028)85408408/(028)85401670/(028)86408023　邮政编码：610065

本社图书如有印装质量问题，请寄回出版社调换。

网址：http://press.scu.edu.cn

四川大学出版社
微信公众号

版权所有 ◆ 侵权必究

序　言

本书是《理论联系实际：高校学生事务工作案例研究》的第三版。和第二版一样，本书更新了部分案例，以确保学生事务覆盖当前的校园问题。我们新增了 30 个案例，同时也保留了第二版中审稿人提到的最受课堂欢迎的 9 个案例。本书增加了一个关于身份认同的新章节，以应对高校中越来越多的这类难题。此外，本书还涉及出国留学、社交媒体、校园欺凌、体育运动等方面的案例。我们的目标是，为渴望从事学生事务管理的专业人员提供广泛全面且切合实际的课堂挑战，帮助他们为面对日益复杂的大学环境做好充分准备。

第三版对第一章"理论在现实生活中的作用"进行了更新。第二章"学生事务理论与实践"主要作为理论参考，其中包含一份可供快速查阅的学生事务工作理论统计表。我们重新编写了第二章，介绍了一系列更为广泛的理论，反映了不断变化的学生事务实践的情况。学生发展理论可分为认知发展理论、社会心理发展理论和类型发展理论三种。第二章涉及与大学环境、影响和结果相关的理论，以及统筹协调和行政管理。本章最后对这些批判性分析进行了总结，为更好地应用理论并针对学生事务工作提出重要问题提供了新的视角。第三章"案例分析"再次对案例研究与分析进行了阐释。本章对新案例"找回平安的夜晚：评估女生面临的校园治安状况"（吉利安·金西、帕特里夏·穆勒编写）

进行了深入的分析。指导教师和学生在使用本书其他部分时，本书对案例的详细分析可作为其指南。

我们还在书中加入了针对案例研究的索引。通过索引，教师及研讨会主持人可以快速找到与自己感兴趣的问题和学校类型相关的案例。然而，我们要提醒每位学生和教师，我们只明确了每个案例中最重要、最明显的问题，案例中也可能包含其他的小问题。为了深入透彻地分析案例，分析和识别这些小问题是十分必要的。同时，我们也期望未来能看到对最新案例研究的需求，能够反映出我们不曾设想过的新的校园问题。因此，我们再次恳求您对本书进行评价，并对下一版需要涉及的新问题提出建议。

本书可作为学生事务专业人士培训课程的补充材料，也可用作学生事务专业人士或准专业人士研讨会的材料。第二章"学生事务理论与实践"对指导学生事务实践的理论进行了概述。但是，我们不可能对所有理论都进行全面深入的介绍。与这些重要主题相关的其他材料，尤其是各章参考引用的材料，应该与本书结合使用。

本书的第二部分是案例。根据学生事务工作范围，本书将案例部分分为六章，涵盖组织管理、新生录取、辅导和咨询、学业问题、身份认同及校园生活。读者可能注意到的第一件事，就是这些关联性不强的案例随意地组成了章节。辅导和咨询案例有时也会涉及身份认同问题。新生录取和学业问题可能会混在一起。几乎每个案例都会和组织管理相关。这正是当今复杂多变的大学校园环境的真实情况。

案例作者提出了一系列具有挑战性的问题。每个案例都包括背景介绍、人物介绍及案例陈述三个部分，部分案例还有一个事件列表。在不同情况下，专业人员都要应对各种或短期或长期的问题。每章的案例主题各不相同，涵盖出国留学、社交媒体的使用、校园暴力、学生活动等，校园环境也随之变化，案例发生的场所包括大型研究型大学、社区学院、主要服务少数族裔的大学、股份制学校和住宿制文科学院等,并且案例涉及的专业人士很广,从分管学生事务的副校长到刚入职一周的学生事务工作新手都被卷入了困境之中。

  保守估计,本书 42 位作者收集的案例,时间跨度长达 300 余年。我们很幸运能借助他们的专业知识,为学生事务专业人士培养中一个相当重要的方面——将课堂上的理论运用到实际工作中去,做出贡献。

弗朗西斯·斯特奇

史蒂文·哈伯德

目　录

第一章　理论在现实生活中的作用
　　弗朗西斯·K.斯特奇 ………………………………（1）
　　理论与实践之间的鸿沟 ……………………………（3）
　　案例分析的益处 ……………………………………（6）
　　结　论 ………………………………………………（13）
　　参考文献 ……………………………………………（13）

第二章　学生事务理论与实践
　　史蒂文·M.哈伯德 …………………………………（17）
　　学生发展理论 ………………………………………（20）
　　大学环境理论 ………………………………………（32）
　　大学成就及其影响研究 ……………………………（33）
　　组织管理理论 ………………………………………（34）
　　批判性分析 …………………………………………（36）
　　结　论 ………………………………………………（37）
　　参考文献 ……………………………………………（37）

第三章　案例分析
　　弗朗西斯·K.斯特奇　史蒂文·M.哈伯德 ………（45）
　　分析步骤 ……………………………………………（46）
　　案　例 ………………………………………………（48）

找回平安的夜晚：评估女生面临的校园治安状况
  吉利安·金西 帕特里夏·A.穆勒 …………（49）
 案例分析……………………………………………（54）
 结 论……………………………………………（62）
 参考文献……………………………………………（63）

第四章 组织管理案例……………………………（66）
少喝酒，否则成绩下降？
  凯蒂·布兰奇 ………………………………（67）
战略项目规划：改进计划以达到预期目标
  葆拉·斯泰瑟·戈德法布 …………………（72）
学业基础与学位获取：西迪斯伯里州立大学
  罗纳德·C.威廉姆斯 崔西·戴维斯 ……（76）
政治驱动的评估结果
  金·约什－埃尔泽纳 ………………………（82）
利益冲突：利用从外部获取的信息
  巴特·格拉根 ………………………………（87）
沃伦社区学院的学生分歧
  弗洛伦斯·A.哈姆里克 卡特丽娜·加洛 …（91）
美国西部大学面临的评估困境
  梅丽莎·博伊德－科尔文 凯蒂·布兰奇 …（97）

第五章 新生录取案例……………………………（103）
不是所有的事情都是公平的：大学为有色人种设置的录取通道和支持系统
  塔拉·L.帕克 凯思琳·M.内维尔 ……（104）
中部州立大学突然更改的招生政策
  谢纳·穆赫兰道 林恩·塞雷斯·诺特 …（108）

招生管理还是管理招生：降低标准完成招生计划
  巴特·格拉根 ································· (114)
人人似乎都知道（并讨厌）的入学申请人
  威廉·托宾 ··································· (120)
在困难时刻创造多元化的班级
  葆拉·斯泰瑟·戈德法布 ················· (124)
谁也不愿听到的消息，尤其是在假期
  威廉·托宾 ··································· (128)

第六章 辅导和咨询案例 ································· (133)
南非海外学习项目学生的身份困惑
  泰博霍·莫哈 ································ (134)
只是一个友好的学生助教
  戴安娜·戈德奈斯·埃利奥特 ············ (138)
城市大学对远程学习者的支持
  克莉斯汀·索苏斯基 斯蒂文·戈斯 ····· (142)
学生事务系统与学术事务系统在学业辅导方面的合作
  金·C.奥哈洛伦 梅甘·E.德莱尼 ········ (148)
校园内同性亲密关系中的暴力事件报告
  丹尼尔·霍璐卜 ····························· (151)
学生社区的冲突
  萨曼莎·沙佩瑟斯·沃特海姆 ············ (155)

第七章 学业问题案例 ···································· (160)
都市社区学院的补习课程
  凯瑟琳·M.康威 ··························· (161)
海外学习是思辨观察还是隐私窥探？
  埃里希·迪特里希 ·························· (167)

大学教室里的种族动态
　　塔拉·L.帕克　凯思琳·M.内维尔 ………………… (170)
促进青年科学家的成长
　　瓦莱丽·伦迪－瓦格纳 ……………………………… (174)
留学项目中残障学生的安置问题
　　拉克希米·克拉克－麦克伦敦 ……………………… (180)
文化冲突：国际学生突发事件
　　朱莉·R.尼尔森　弗洛伦斯·A.哈姆里克　玛丽萨·E.阿莫斯
　　……………………………………………………………… (185)
东南社区学院转学问题
　　凯瑟琳·M.康威 ……………………………………… (191)

第八章　身份认同案例 ……………………………………… (197)
学生主办媒体及其对印第安人生活的"讽刺"
　　迈克尔·J.杜马　桑迪·M.韦米格维斯 …………… (198)
圣·弗朗西斯·泽维尔大学不断增多的穆斯林学生
　　马克·汉梅尔 ………………………………………… (205)
校园中的网络暴力事件
　　莎拉·克莱因 ………………………………………… (210)
谁在正确行使权力？
　　弗洛伦斯·A.哈姆里克　W.休斯顿·多尔蒂
　　葆拉·S.德斯蒂法罗 ………………………………… (215)
一名大一学生的身份认同困惑
　　金·C.奥哈洛伦　梅甘·E.德莱尼 ………………… (221)

第九章　校园生活案例 ……………………………………… (224)
他们不会解雇全体员工
　　金·约什－埃尔泽纳 ………………………………… (225)

海滨大学的校园氛围
  本杰明·吉利格 谢纳·穆赫兰道 ……………………（230）
山谷社区学院招聘事件
  戴安娜·戈德奈斯·埃利奥特 奥德丽·洛埃拉……（236）
卡帕蒂姆大学的挑衅性言论事件
  约翰·P.唐尼 ………………………………………（241）
克莱顿学院的院际体育竞赛
  金尼·约翰…………………………………………（247）
格林尼治大学中一起宗教狭隘主义事件
  赛迪亚·萨克丁娜…………………………………（251）
不仅仅是天气：卡尔福特学院中女性们遭遇的寒潮
  瑞秋·瓦格纳 崔西·戴维斯……………………（255）

编者简介………………………………………………（261）
案例作者简介…………………………………………（262）
案例索引………………………………………………（269）

第一章 理论在现实生活中的作用

弗朗西斯·K.斯特奇

近年来，关于大学生的理论，特别是关于大学生培养的理论发展迅速，并且得到了明确的界定（Bilodeau & Renn, 2005; Ferdman & Gallegos, 2001; Kervin & ponterotto, 1995; Kim, 2001; Mayhew, 2004; Oritz & Rhoads, 2000）。尽管如此，如何将理论与实践相结合仍然是众多学生事务专业人员面临的最大难题（Bensimon, 2007; Evans, Forney, Guido, Patton & Rennes, 2010; Hurtado, 2007; Love & Guthrie, 1999; Popeye, Reynolds & Mueller, 2004; Torres, Howards-Hamilton & Cooper, 2003; Upcraft, 1998）。虽然有关学生发展、校园环境、组织机构、大学生人格特点等的理论如雨后春笋般涌现，但是如何将理论与实践相结合却仍然是个难题。这些新的理论已经成为学生事务专业人员所需接受的教育内容的重要组成部分（Komives, 1998; McEwen & Talbot, 1998）。同时，他们也需要实践，需要将所学的这些新理论应用到大学校园的现实环境中。

过去，拥有不同教育背景的人，只要他们喜欢校园的氛围，或者喜欢和学生打成一片，就可以走上学生事务管理的岗位。通常，他们主要负责一些初级的工作，并在这些工作中与管理人员密切合作，掌握工作中的诀窍。为了保护他们，避免严重的工作失误的发生，领导都会对刚刚走上工作岗位的他们进行指导。当然，偶尔还是会有一些小的失误出现。

如今，几乎没有几所大学的学生事务部门还能提供这样一种"奢侈"的新手督导制度。考虑到高等教育的预算情况，这种奢侈的方式将一去不复返。恰恰相反，大家都期望新手们一来就能独立地开展工作，并具备解决复杂问题的渊博知识、技能和正直的品性。这种期望之所以产生也是因为学生事务管理专业的毕业生正在逐年增加。

应用理论时的困难往往源自在教室或会议室的抽象氛围中学习理论概念时遇到的难题。因此，对学生事务管理工作人员的培训通常涵盖了实践应用这一重要环节。研究生助教等实习或实践工作，都有助于现在的新人熟悉学生事务管理。不过，大多数学生能获得的实践经验十分有限，加之这些岗前实践经历在校内必然只能限于一两种，因此谁也不能保证校园情景和新的工作情景能够完全吻合。而案例研究分析可以为将学生事务工作理论与实践运用广泛地联系起来提供额外的、必要的方法。

此外，在关于学生事务的课程、专业协会会议、专业人员的培训中，人们都侧重于学生发展理论、校园环境理论、组织理论以及学生人格特点理论，往往一个案例分析中只运用一种理论。通常情况下，只有针对具体的大学校园，针对处于理论中具体发展阶段的某个学生的讨论才会引起关注。然而，极少数有远大抱负的专业人士可以从众多理论中选择各种理论进行案例分析。总体而言，这样一来，他们能更好地从整体上、从现实出发，综合运用各种理论进行案例分析。下述案例中，学生事务管理工作者在工作中的实践消除了理论意图和实际操作间的鸿沟(Komives, 1998)。

最后，大学校园里与学生相关的诉讼案件正与日俱增。由于美国公民变得越来越消费者导向化，越来越倾向于诉讼维权，于是大学的"消费者"和他们的父母也发生了这样的变化。因此，学生事务工作者将需要不断为自己和学校展开法律辩护。学生事务工作者在做出决策时，必须随时考虑自身及学校的法律责任。案例分析将为大学管理者提供与法律密切相关的事务的决策模式。

案例分析还能为研究校园内外各种因素的相互作用机制提供一种方法。在学生事务工作专业的学生和学生事务工作人员把理论运用到工作情景中之前，案例分析的广阔视野将为他们提供一个将理论运用于实践的机会。除考虑学生外，对案例的分析还应该考虑到在一个拥有独特历史、传统、行为方式和价值观的大学中管理人员和社区成员之间的关系。当研究者进入案例分析的校园场景时，关于课堂教学的理想主义将戛然而止。

本章将案例分析作为把学生在学生事务工作课堂中学习过的独立、零散的理论和主题同真实、完整的大学校园结合起来的一种工具。本书并非想要替代有关大学生成长与发展、大学组织和校园环境等问题的其他资料，而是希望成为其他资料的有益补充，为学生事务工作者和将要从事学生事务工作的学生提供教育和帮助。本章的其他部分将会讨论把理论运用于实践的种种困难。而我们关于案例分析的一个观点是，案例分析有助于把课堂理论学习同变化多端的校园情景有效地联系起来。

理论与实践之间的鸿沟

下面这个虚构的案例可以说明理论创新及其所带动的研究是如何导致理论与实践之间的鸿沟的：

汤普森教授想深入了解大一新生对大学生活的满意度。于是，她撰写了研究计划，争取到了课题资金，在学生大一学年结束时展开了定性研究。这项研究的成果是形成了一个关于大学生满意度的理论。

在研究过程中，她与40位学生分别进行了长达两小时的访谈。访谈以提问的形式展开，问题包括："这一年中你在学校里感到最满意的是什么？""哪些方面最令你失望？""如果让你再做一次选择，你还会选择这所大学吗？""你会把你的朋友介绍到本校来吗？""如果可以，你想对校园做出怎样的改变？"这些问题为收集信息奠定了基础。

最后，汤普森教授收集到大量的学生信息。让我们来看一下其中三位受访者的情况：

马库斯是他家族中第一个大学生。学期初，他与室友的相处出现了一些问题。现在他换了一个新室友，他们相处得很融洽。他认为，他的家人不会真正明白大学生活是多么不容易，课后作业是多么耗费时间。他依赖朋友和宿管助理的帮助。他擅长结交朋友，尤其喜欢课后与老师一起谈论自己感兴趣的事情。学期还未结束他就已经花光了所有的钱，不得不找了一份工作应付花销。这份工作占据了他大量的学习时间，因此他的学习成绩有所下降。

凯瑟琳是一名物理专业的学生，也是一名篮球运动员。学年初，她有一段时间入不敷出，于是开始在当地一家女子俱乐部打工。上学一个月后，她那只已有10岁的爱猫死了，那时她几乎都想辍学。因班上几乎全是男生，她有时会觉得自己鹤立鸡群，尤其是为了课后参加训练，不得不穿着运动服去实验室做实验时。第一学期，一位实验导师负责指导她做实验，这位导师似乎很喜欢她，在她想辍学时鼓励她"坚持到底"。尽管她喜欢篮球，在篮球队里有许多关系亲密的朋友，但是体育运动占去她太多学习时间。在经历艰难的起步阶段后，第一学期她获得了比自己预期更高的绩点。

克里斯被一所传统非裔大学录取，但他选择了离家近的州立大学。有时候，尤其是当课堂或活动中只有他一个非裔美国人时，他会感到孤独。但是，很快他发现其他非裔美国人对他很友好，哪怕他们不认识他。渐渐地，每当进入一个新环境时，他总是习惯于去寻找非裔美国人。在开学的第一个月，他加入了服务俱乐部。从此，课余时间他常常会参加一些社区组织的活动，例如在社区中心照顾孩子们。在他需要找人倾诉而又不想让父母担心时，俱乐部顾问给了他许多帮助。他非常感谢父母为他的大学生活提供全部的费用，而他的一些朋友就不像他那样幸运，他们必须要努力打工以应付开支。有时，周末有家庭聚会或教区有特别活动时，父母期望他能回家。那样一来，他的学习就会受到影响。可令他欣慰的是，他第一学期的平均成绩达到了 B+。

为形成理论，汤普森教授综合研究了从这 3 名学生以及其他 37 名学生获得的信息。她致力于探求这些发现的共性，以及学生所描述的大一经历的相似性，并提出了一个以成绩、经济状况、朋友、与老师和学生事务工作人员的关系这四大要素为核心的新理论。

这一理论的形成过程与那些关于大学生行为、体验、互动等的理论的形成过程并没有什么不同。研究者向大量学生询问大学生活中那些对于他们的满意度、知识增长或其他方面的成功至关重要的问题。在本项研究中，学生的回答反复提到上述四个要素，进而为创建一个适用于所有大学生的理论奠定了基础。凡是读过其研究报告的人，都认为汤普森教授的四要素对于学生在大学生活中获得成功至关重要。然而，读者也不得不承认，一些对于学生个体取得成功的重要个人因素被忽略了。

理论家和某些研究者（如汤普森教授）的工作，是回避学生生活的细枝末节。然而，学生事务工作者的工作却是要重视这些细节。这一差异是研究者、理论家与实践者之间产生鸿沟的主要原因。

除上述差异外,学生事务工作者还必须具备一些相对独立的知识体系,如有关学生发展、校园环境、组织机构和大学生特点的理论,这些知识几乎都源自心理学和社会学这两个学科。跨越这两个学科的学术假设的种种差异,也会使以理论为基础的实践变得难以开展。将理论应用到实践困难重重,但这些困难并非不能克服。案例分析将为克服这些困难提供一种方法。

案例分析可以为学生事务工作人员、学生事务专业学生提供对各种背景因素加以权衡的经验。学生的不同特点、某个院校的特色、学生个性还有各种考虑因素都会发挥作用。努力进行决策的过程会把你——案例分析者,从教室或者研讨会的抽象空间带到现实的生活空间。

案例分析的益处

案例分析能使学生事务工作者和学生事务专业的学生在以下四个方面受益:一是挑战管理思想和行为的传统习惯;二是从多个角度考虑问题;三是促进对独特校园环境的考虑;四是利用现实社会的法律、制度和政治约束来解决问题。从这四个维度获得的经验为学生事务工作者应用理论提供了优势。

挑战管理思想和行为的传统习惯

管理者往往不会轻易改变他们的行为习惯,阿吉里斯(Argyris,1976)把这种潜在地影响他们职业行为的习惯称作"被采用的理论"。在本章的前面部分,我们讨论了把正式的理论和最新获得的知识加以转化,纳入实践中已经运用的理论或个人行为理论时的困难。接下来,我们讨论另一种完全由习惯造成的困难。对一些管理者而言,他们的行为习惯已经成为其第二本能。在关键时刻，他们总是不假思索地采取那些在过去一直行之有效的策略来应对危机。这些管理者可能意识不到，他们的行为方式其实只是习惯性反应。此外，就算他们自身期望做出改变，要想改变他们基于习惯的行为模式可能也会困难重重（Argyris，1976）。案例分析则是一种挑战与完善现有行为理论，或抛开现有行为理论，创建一种积极的行为理论的理想方式。

个人在对案例进行思考时，会参考借鉴别人的想法，会认识到灵活性在处理问题中的重要性。通过训练，学生事务工作者将会成为一个负责任的、善于倾听和解读外部环境的管理者，而不是一个简单的回应者。

比如，假设在某个案例中，一位学生会的指导老师面临着这样一个问题：一个反对堕胎的组织想为该组织申请资助，而其申请很有可能被学生会否决。学生处处长已经接到许多支持该组织的政客和社区居民的电话。一名学生家长甚至威胁道，如果这个组织的资助申请遭到拒绝，他将对学校提起诉讼。

也许，案例分析者最常用的做法是采取"不干预措施"，即在对学生团体的指导过程中不干预学校既定的政策和流程。然而，分析者必须将自己的惯常做法或习惯（不干预）同其他分析者合理的、对学校更负责任的做法进行比较。

下面这些问题可能有助于挑战负面习惯，帮助我们在面对问题时做出积极的反应：

我对这个问题的第一反应是什么？
我的第一反应有哪些积极影响？
我的第一反应有哪些消极影响？
有没有适用于这种情况的理论？

通过对涉及不同问题的案例进行分析，分析者可以学习控制他们的冲动和习惯性行为。如此一来，他们的习惯和冲动将逐渐变成经过深思熟虑的管理策略。

综合考虑各种观点

当学生事务专业人员晋升到责任更多、更重要的职位时，他们将面临一个更宽广的领域，需要关注更多的问题。在学生事务工作最基层的管理岗位上，学生事务工作者主要关注的是其学生、几个下属、同级和自己的上级。随着职务的提升，学生事务工作者面临的不仅仅是所负责的学生数量的增加，更重要的是需要应对的关系也越来越复杂。

在学生事务管理的中层岗位上，管理者将进一步减少与学生的直接联系，更多地关注本校学生事务工作部门和其他学校的学生事务工作部门的情况。监管仍然是学生事务中层管理人员的重要职责，但他还应意识到其关于学生事务的决策将在全校范围内产生的影响。在决策时，除考虑学生外，学生事务工作部门的负责人还应该考虑到下属、其他部门的负责人（包括学校学术和行政部门的领导、学院领导、同级别的其他领导），而且还要考虑到地区以及全国学生事务工作部门的领导。最后，校长、校董事会和重要的政治家等都不能被忽略。

案例分析能让学生事务工作的新手和中层人员思考这些因素以及它们之间可能产生的冲突。这样，当他最终发现自己要考虑多种相互矛盾冲突的因素时，他已做好了准备。

除行政职务的提升带来的变化外，基于当今大学校园多元文化的特性，这里提出了一个重要的观点，即学生事务工作者应该多角度地思考问题。案例分析能提供一种练习，可以让学生事务工作者从少数族裔学生、教职员工、重返校园（复学）的学生、利益相关市民的角度考虑问题。通过充分的练习，花时间多角度考虑问题将成为成熟的管理者的第二天性。

例如，在第三章的案例分析中，分析者从性别问题、大学生活多样性、学生的不同政治见解和校长对学校整体形象的考虑等角度对问题进行了全面考虑。

在面对一个案例时，分析者总会习惯性地通过思考以下几个关键问题来获得看待问题的不同视角：

谁是事件的参与者或当事人？
这些参与者或当事人分别扮演着什么角色？
这些参与者或当事人各自对事情持什么观点？
在这些参与者或当事人中，哪些人是决策者？
决策者各自的决策是什么？
案例中没有出现的其他当事人是否会受到决策的影响？
他们的观点又是什么？

通过对案例中各种问题的处理，分析者将会养成一个学生事务工作者应当具备的良好习惯，听取他人的意见。案例分析者会尝试将自己从有限的视野中解放出来，更全面地考虑他人的意见。分析者可能还会学会转变思路，从寻找问题的最终答案变成分析各种观点（Wassermann，1994）。最后，分析者既能倾听关于一个事件的最强的声音，又能倾听最弱的声音。

考虑更广泛的校园环境

每个学校的老师和学生都存在很大的差异，校园环境也存在较大差异（Brazell，1996）。无论是学生事务工作课堂还是学生事务工作培训，都能反映出一所学校的校园环境。而在开展理论研究或选择应用案例时，教授们往往都倾向于依靠自己对校园环境的有限了解，而这种方式会限制人的视野，扼杀创造力。

在20世纪的最后二三十年以前，即便学生事务工作者的思想相对狭隘，他也能顺利开展工作。那时的大学比较同质化，学生事务工作者往往没有在不同地区工作的经历。彻底了解一所学校的校园环境，足以保证管理者能做出正确的决策。而现在，学生事务管理专业人员流动性更大。随着职业生涯的发展，管理者可能从寄宿制综合性大学转到走读制大学、规模较小的文科类学院任职。

此外，大学的环境也不再像以前那样同质化了（Brazell，1996；Stage & Manning，1992）。为了从社区招收到更多的学生，很多文科类学院现在也开始招收诸如保育和教育专业的学生。许多高校中的国际学生数量已颇为可观。一些院校正致力于与当地的企业联合办学。学生事务部门更是经常卷入筹集赞助资金的事务。案例分析能为学生事务管理者提供各种校园环境的间接经验，使其更灵活变通地观察自己的校园环境。实质上，案例分析者是把我们提供给他们的问题以及解决问题的抽象观念和理论，具体化到自己所处的校园环境中来进行思考（Miller & Kantrov，1998）。

举例来说，假设你是一所小规模文科学院的管理者，而且你曾在一所文科学院就读，在一次关于案例分析研究方法优化的研讨会上，你被要求思考关于市区一所走读制学校生源减少问题的解决方案。作为分析的一个方面，除走读生外，你还必须考虑全职工作的成人学生的需求。这类学生在你的学校里可能并不显眼，数量非常少。希望通过这次案例分析，未来你所做出的决策会更加充分地考虑这类学生的需求。当然，这种改变只有在你愿意的情况下才能发生。案例分析的经历或许能成为分析者专业技能提升的催化剂。

案例分析迫使你、你的助手以及同学跳出你们熟悉的校园环境，进入一个全新的、充满挑战的校园环境。作为案例分析的研究者，你将不断受到支持型课堂氛围的挑战，而这些挑战将会培养你日常决策中所需的灵活性和创造力。

下列有关校园环境方面的问题有助于拓宽你的视角：

你了解这所学校的历史吗？

你了解这所学校学生事务工作的历史吗？

学生事务管理者与上司是什么关系？与下属是什么关系？与全体教员是什么关系？与其他股东或利益相关者是什么关系？

学校与其所在社区的关系如何？

通过对不同案例呈现的多种校园环境的研究，案例分析者将培养自身的灵活性。他们将获得丰富的间接经验，以成为知识更加渊博的学生事务管理者。最终，在现有的校园环境中，实用的知识将有助于案例分析者成为更富有创造性的管理者。

考虑现有法律、制度及政治条件的约束

课堂和研讨会设定的环境往往比较理想化。在理想化的环境中，当纸上谈兵的管理者们思索管理方法时，他们总是很轻易就能列出一系列应该做和必须做的事情。但是，真实的大学校园环境却是完全不同的情况。

在解决校园中的实际问题时，分析者绝不能忘记考虑其行动的合法性。此外，其所做出的决策必须符合学校既定的制度及相应的程序。最后，对主管的要求与职业道德之间的冲突进行预见和协调，对学生事务工作新手来说是有一定困难的。

在分析案例时，分析者应注意对限制条件及案例相关因素的描述。这些额外的信息对学会运用课堂知识提出更大的挑战。此外，界定过的案例中的细节将帮助分析者在处理自己学校的问题时，习惯寻找与之类似的信息。

例如，假设你是一位学校管理者，正遇到一起校园纠纷。有些学生打算在宿舍播放 X 级电影以募集资金支持校内外的学生社团活动。这些学生和法律专业的学生顾问坚持认为这样做没有触犯法律。他们还坚持认为，因为每个人都必须付费才能进入，

理论联系实际
—— 高校学生事务工作案例研究

所以他们并不是在公共场合播放电影。而一些学生则认为，大学的设备不该被用来播放色情影片。有人将这件事报告了县治安官，县治安官承诺要针对此事展开调查。作为管理者，你在处理这件事时应该咨询学校律师。当地对色情的判定标准会如何影响你的决定？你的学校是否鼓励学生的创业精神？你是否向上级领导和大学校长进行了汇报？他们有什么反应？

通过对案例的分析，关于大学校园环境的理想主义可能与现实主义相结合。在当今法律纠纷日益增多的社会中，在做出任何决定之前，你都要考虑所做的决定可能产生的法律后果，这一点十分重要。你的管理措施不能与有关制度相冲突。同时，应该养成与其他高校的相关负责人沟通的习惯。而且，管理策略不能仅仅停留在理解他人观点的层面。

对以下问题的思考可以帮助我们识别一所大学所受到的约束：

这所大学的使命是什么？
可能采取的解决方法将产生什么样的法律后果？
需要特别考虑哪些管理制度吗？
校长（学校董事、重要的政治家）是否格外关注这件事？
该问题的解决办法会给大学带来负面影响吗？

当案例研究分析者审视了各种各样的案例后，他们会明白，在决策中会有多种制约因素影响管理者对事件做出灵活反应。分析者将有机会练习如何将课堂上的各种想法同当前复杂的大学校园环境有机地结合起来。这样，校园问题的解决方案就能得到灵活调整以满足不同需要。

结 论

案例研究可以把学生发展、校园环境、组织理论、学生本身的多样性等相对独立的元素融合起来，为大学决策提供新的方法。我们在课堂上、在研讨会中学习管理者应该做些什么，应该怎么做，但是如果仅仅局限于课堂和研讨会，那我们就几乎什么都学不到。通过对实际案例的分析，现任管理者或未来的管理人员都能体验到如何运用相关的理论工具来解决问题。尽管案例分析不能给分析者带来真正的威胁或紧迫感（没有人会因案例分析的失误而失去工作），但案例分析为分析者提供了一次有益的实践机会，有助于他们日后做出恰当的行政决策。在研讨会和课堂上分享研究观点不仅是一种挑战，也是一次更加深入和丰富的学习经历。

参考文献

Argyfis, C. (1976). Theories of action that inhibit individual learning. *American Psychologist*, 31, 638—654.

Bensimon, E. M. (2007). The underestimated significance of practitioner knowledge in the scholarship on student success. *The Review of Higher Education*, 30 (4), 441—469.

Bilodeau, B. L. & Renn, K. A. (2005). Analysis of LGBT identity development models and implications for practice. *New Directions for Student Service*, 111, 25—39.

Brazell, J. C. (1996). Diversification of post secondary institutions. In S. R. Komives, D. B. Woodard, Jr., and Associates (Eds.), *Student services: A handbook for the* profession (3rd ed.) (pp. 43—63). San Francisco: Jossey-Bass.

Evans, N. J., Forney, D. S., Guido, F. M., Patton, L. D., & Renn, K. A. (2010). *Student development in college: Theory, research, and practice* (2nd ed.). San Francisco: Jossey-Bass.

Ferdman, B. M. & Gallegos, P. V. (2001). Latinos and racial identity development. In C. L. Wijeyesinghe & B. W. Jackson III (Eds.), *New perspectives on racial identity development: A theoretical and practical anthology* (pp. 32—66). New York: New York University Press.

Hurtado, S. (2007). Linking diversity with the educational and civic missions of higher education. *The Review of Higher Education*, 30 (2), 185—196.

Kerwin, C. & Ponterotto, J. G. (1995). Biracial identity development. In J. G. Ponterotto, J. M. Cass, L. A. Suzuki, & C. M. Alexander (Eds.), *Handbook of multicultural counseling* (pp. 199—217). Thousand Oaks, CA: Sage.

Kim, J. (2001). Asian American identity development theory. In C. L. Wijeyesinghe & B. W. Jackson III (Eds.), *New perspectives on racial identity development: A theoretical and practical anthology* (pp. 129—152). New York: New York University Press.

Komives, S. R. (1998). Linking student affairs preparation and practice. In N. J. Evans & C. E. Phelps Tobin (Eds.), *State of the art preparation and practice in student affairs: Another look* (pp. 177—200). Lanham, MD: University Press of America.

Love, P. L. & Guthrie, V. L. (1999). Understanding and

applying cognitive development theory. *New Directions for Student Services*, Vol. 88. San Francisco: Jossey-Bass.

Mayhew, M. (2004). Exploring the essence of spirituality: A phenomenological study of eight students with eight different worldviews. *NASPA Journal*, 49 (1), 40-55.

McEwen, M. K., & Talbot, D. M. (1998). Designing the student affairs curriculum. In N. Evans & C. E. Phelps Tobin (Eds.), *State of the art preparation and practice in student affairs: Another look* (pp. 125-156). Lanham, MD: University Press of America.

Miller, B., & Kantrov, I. (1998). *A guide to facilitating cases in education*. Portsmouth, NH: Heinemann.

Ortiz, A. M. & Rhoads, R. A. (2000). Deconstructing whiteness as part of a multicultural educational framework: From theory to practice. *Journal of College Student Development*, 41 (1), 81-93.

Pope, R. L., Reynolds, A. L., & Mueller, J. (2004). *Multicultural competence in student affairs*. San Francisco: Jossey-Bass.

Stage, F. K. & Manning, K. (1992). *Enhancing the multicultural campus environment: A cultural brokering approach*. San Francisco: Jossey-Bass.

Torres, V., Howard-Hamilton, M. F., & Cooper, D. L. (2003). *Identity development of diverse populations: Implications for teaching and administration in higher education*. ASHE-ERIC Higher Education Report, 29 (6). San Francisco: Jossey-Bass.

Upcraft, M. L. (1998). Do graduate preparation programs

really prepare practitioners? In N. Evans & C. E. Phelps Tobin (Eds.), *State of the art of preparation and practice in student affairs: Another look* (pp. 225—237). Lanham, MD: University Press of America.

　　Wassermann, S. (1994). *Introduction to case method teaching: A guide to the galaxy.* New York: Teachers College Press.

第二章 学生事务理论与实践

史蒂文·M. 哈伯德

理论在学生事务专业人员的工作中发挥着重要的作用。这些理论分析了学生群体的特点，展示了学生在学习过程中的差异，使我们对校园环境有了更深入的了解，帮助我们找到正确的应对学术管理中的政治问题的方法。这些理论为专业人员评估问题、找到最佳解决方案指明了方向。

如今，随着人们对高等教育财政预算缩减的担忧的日益增加，将理论应用到大学生事务实践中发挥的作用也日益重要。理论知识是学生事务专业人员开展工作的依据，他们需要评估学生的学习成果或提供理论依据，以便在预算面临削减的情况下仍旧使项目保持活力。理论知识在规划新项目、形成新想法的过程中也发挥着重要的作用。拥有有关大学生以及校园环境的深厚的理论知识，对于成为一名优秀的高校学生事务领域专业人士来说至关重要。

本章对相关理论的简要总结有助于读者探究和思考本书中出现的案例。本章首先介绍了学生发展理论，该理论由认知发展理论、社会心理学理论和类型学理论三个理论构成，接着探讨了校园环境、影响与结果和组织管理理论。本章还概述了对这些理论的一些批判性分析。这将使读者在如何更好地应用理论方面获得新的见解，并能对高校学生事务管理工作和相关理论在该领域的应用提出有意义的问题。最后，读者在寻找相关理论与研究以针对书中案例提出解决方案时，可以用下表（表2-1）快速检索。

表2-1 大学生工作理论与研究综述

理论/研究	理论家	类别
认知发展理论	皮亚杰（Piaget, 1952）	认知-智力
智力和伦理发展图式	裴瑞（Perry, 1970）	认知-智力和伦理
反省判断理论	金，基奇纳（King & Kitchener, 1994）	认知-智力与道德
女性认知方式	贝伦基，克林奇，高尔伯格，特劳尔（Belenky, Clinchy, Goldberger & Tarule, 1986）	认知-智力
认识论反思模型	巴克斯特·马戈尔达（Baxter Magolda, 1992）	认知-智力
道德发展阶段	科尔伯格（Kohlberg, 1977, 1981）	认知-道德
女性道德发展模式	吉利根（Gilligan, 1982）	认知-道德
信仰发展阶段	福勒（Fowler, 1981）	信仰与精神
信仰发展理论	帕克（Parks, 1986）	信仰与精神
社会心理发展阶段	埃里克森（Erikson, 1968）	社会心理-身份认同
身份认同七向量理论	奇克林，雷瑟尔（Chickering & Reisser, 1993）	社会心理-身份认同
身份地位理论	玛西亚（Macia, 1966）	社会心理-身份认同
女性身份认同发展理论	乔塞尔森（Josselson, 1987）	社会心理-身份认同
族群身份认同发展模型	菲尼（Phinney, 1990）	社会心理-种族认同

续表2-1

理论/研究	理论家	类别
黑人化进程社会心理学模型	克罗斯，芬顿－史密斯（Cross & Phanten-Smith，1996）	社会心理－种族和身份认同
拉美裔身份认同发展模式	费尔德曼，加莱戈斯（Ferdman & Gallegos，2001）加莱戈斯，费尔德曼（Gallegos & Ferdman，2007）	社会心理－种族和族群认同
西班牙裔身份认同发展模式	卡斯，皮特鲁克（Cass & Pytluk，1995）	社会心理－种族和族群认同
亚裔美国人身份认同发展模式	基姆（Kim，2001）	社会心理－种族和身份认同
白人身份认同模型	赫尔姆斯（Helms，1993）	社会心理－种族和身份认同
种族身份认同发展	科尔温，庞特洛托（Kerwin & Ponterotto，1995）	社会心理－种族和身份
同性恋身份认同形成模型	卡斯（Cass，1979）	社会心理－性取向和身份认同
男女同性恋和双性恋身份认同发展模式	达奥格里（D'Augelli，1994）	社会心理－性取向和身份
职业个性和环境理论	霍兰德（Holland，1966）	类型学－职业和人格特质
迈尔斯－布里格斯类型指标	迈尔斯（Myers，1980）	类型学－人格类型
体验学习模型	柯尔伯（Kolb，1984）	类型学－学习风格
多元智能理论	加德纳（Gardner，1983）	类型学－学习风格
校园环境的四大命题	斯特兰奇（Strange，1994）	校园环境四大命题

续表2—1

理论/研究	理论家	类别
学生参与理论	阿斯汀（Astin，1993）	大学的影响和产出研究
组织功能的高等教育模式	伯恩鲍姆（Birnbaum，1988）	组织与管理
领导力与模糊性	科恩，马奇（Cohen & March，1974）	组织与管理
学术组织的五大特征	波德里奇，柯蒂斯，埃克，莱利（Baldridge, Curtis, Ecker & Riley，1977）	组织与管理
促进校园多元文化发展	斯特奇，哈姆里克（Stage & Hamrick，1994）	多样性和多元文化
多元文化教育框架	奥尔蒂斯，罗兹（Ortiz & Rhoads，2000）	多样性和多元文化
服务、项目、推广和资源（SPAR）	雅各比（Jacoby，1993）	多样性和多元文化

学生发展理论

如今，学生发展理论已经成为学生事务工作的基石。学生发展理论是一种基于20世纪20年代进步主义教育运动的教育思想（Strange，1994）。高等教育机构中学生的人数不断增加，多样性持续增强。学生事务工作领域的研究者提出了不少理论，这些理论不断发展，帮助学生事务工作者更好地服务学生。

正如斯特奇、唐尼和丹尼尔斯（Stage, Downey & Dannells，2000）指出的，所有的学生发展理论都是围绕桑福德（Sanford，1962）最先提出的"挑战和支持"这两个概念展开的。要是没有挑战，学生就无法产生不和谐感，而不和谐感能进一步刺激学习和身份认同需求的产生；要是没有支持，学生就无法得到应对挑战、获得持续发展所需的资源和帮助。下文将对三种学生发展理论——认知发展理论、社会心理学理论和类型学理论进行介绍。

认知发展理论

大学生的智力发展是学生的一个重要发展过程。教师和学生事务专业人士都十分关心我们的学生是如何学习和提升智力的。认知发展理论在很大程度上建立在心理学以及皮亚杰（Piaget，1952）所做的研究工作基础上。认知发展理论主要关注学生的智力发展、学习知识的方式，以及做出道德决策、理解困难问题的框架（Evans，Forney，Guido，Patton & Renn，2010；King，1978）。

本章提到的许多认知发展理论都认为，学生是按照一个自然的阶段顺序发展的。阶段有时也被称为位置、水平或者类别。他们还认为，认知的发展与年龄无关。一些研究人员和理论家对构建认知理论的主要范式来自层次分析法这一观点提出了批评意见（Moore，1994）。因此，认知发展理论逐渐演变成应用多种框架研究和解决大学生的智力发展问题。

从历史上看，裴瑞（Perry，1970）的智力和伦理发展图式与科尔伯格（Kohlberg，1977，1981）的道德发展阶段理论，是学生事务专业经常提到的两种备受推崇的认知发展理论。这两种理论中的一些概念成了学生事务专业的常用术语。有些学者并不认同这两种理论，理由是这两位理论家在创建其理论的过程中并未考虑到当今学生群体的多样性（Stage，Downey & Dannells，2000）。然而，这两种理论都被视为开发大学生认知发展新方法的开创性理论，展示了它们自身所具备的启发性价值（Evans et al.，2010）。

裴瑞认为，认知和伦理的发展总共要经历九种状况，四个阶段。这四个阶段分别是二元阶段、多元阶段、相对主义阶段和信守阶段（Perry，1970）。二元阶段是裴瑞理论的第一个阶段。处于二元阶段的学生认可来自权威的答案，他们往往以二分法看待世界（Perry，1970）。在他们眼中，知识是由权威人物、根据绝对的真理来定义的，只有对错之分。学生们往往会在读大学时，甚至更早发现专家和权威人物的意见时常相左。学生面对相互矛盾的想法或观点感到不适，这种情况被称为认知失调（Evans et al.，2010）。

当学生经历认知失调时，他们就会进入下一阶段，即多元阶段。在这一阶段中，学生认识到关于任何事情都有多种观点的存在（Perry，1970）。你可能会听到这一阶段的学生表示，每个人都有其正当的意见并有权提出意见（Evans et al.，2010）。他们很少用事实或逻辑来为某一具体的观点或意见进行辩护。在下一个阶段，相对主义阶段，学生开始理解某些观点比另一些观点更经得起推敲（Perry，1970）。处于这一阶段的学生也意识到，知识和问题的答案是有语境限制的，这意味着答案或观点受到所处的环境、当时的状况或其他因素的影响。

裴瑞（1970）理论的最后阶段，信守阶段，也许是最复杂也最有争议的一个阶段。在个体从相对主义阶段走向信守阶段的过程中，他们开始信奉某种思想和价值观，开始对他人做出承诺，开始更深入地了解自己的身份，了解自己对这个世界上的其他人所肩负的责任。

金和基奇纳（King & Kitchener，1994）对裴瑞的图式提出质疑。他们认为，裴瑞的最后阶段将智力发展与伦理决策混在了一起。他们在裴瑞的图式基础上建立了反省判断理论。在这一理论中，金和基奇纳研究了人是如何对一个令人烦恼的问题——复杂的，且有时是有争议的问题，做出判断的。他们的模型共包括七种状况，可分为三种阶段：前反省思维阶段，准反省思维阶段和反省思维阶段。处于前反省思维阶段的人没有认识到知识的不确定性，通常以简单的方式证明答案的合理性，并经常向权威人士寻求答案。处于准反省思维阶段的人意识到知识的不确定性，遇到令人烦恼的问题时很难得出自己的结论，也很难提出论据支撑自己的观点。处于反省思维阶段的人意识到知识和观点需要用事实和数据来证实。此外，他们承认知识是由个体建构的（King & Kitchener，1994）。

其他研究者也对裴瑞的大学生智力和伦理发展图式进行了批评，并提出了自己的理论。贝伦基、克林奇、高尔伯格和特劳尔（Belenky, Clinchy, Goldberger & Tarule，1986）在裴瑞（Perry，1970）理论、吉利根（Gilligan，1982）理论和女权主义框架基础上，建立了"女性认知方式"理论。该理论关注女性的认知发展，认为女性的认知方式有五个发展阶段。第一个阶段是沉默阶段，其特点是软弱无力（Belenky et al.，1986）。妇女往往屈从于外部权威，在社会中、在经济上被剥夺了权利。第二个阶段是接受知识阶段，在这个阶段，女性通常缺乏自信，并从他人那里寻求知识或真理。第三个阶段是主观认识阶段，这一阶段中，真理和知识来自女性个人的判断。这一阶段类似于似于裴瑞提出的多元阶段。第四个阶段是程序性知识阶段，女性通过程序或系统接收和传递知识。第五个阶段是建构知识阶段，在这个阶段，女性通过同时运用主观和客观知识形成了自己真正的声音。在建构知识阶段，个体建构了自己的知识和真理（Love & Guthrie，1999）。

巴克斯特·马戈尔达（Baxter Magolda，1992）也提出了一个以性别为研究焦点的认知发展模型。她的模型概述了认知反思的四个阶段。这四个阶段分别是：绝对认知阶段——接受知识和掌握知识；过渡认知阶段——认识到知识有时是确定的，有时是不确定的；独立认知阶段——认为知识是不确定的，相信每个人都有自己的见解；情景化认知阶段——知识是在证据和语境基础上构建的。巴克斯特·马戈尔达（Baxter Magolda，1992）发现了认知发展的性别差异。女性更倾向于接受知识，倾向于通过人际交流获得知识（Evans et al.，2010）。然而，她也发现男女在认知方面相似性更多，而非差异性更多。

有关大学生认知发展的另一类理论主要关注道德判断。劳伦斯·科尔伯格（Kohlberg，1977）对人怎样做出道德判断进行了概述。他提出了一种可分为六个阶段、三个水平的道德发展模型，该模型的三个水平为：前习俗水平、习俗水平和后习俗水平。处于前习俗水平的人从怎样对自我有利出发做出道德判断。处于习俗水平的人根据这一决定是否有利于其他重要的个人或组织（如朋友、家人和政府）来做出道德判断。最后，处于后习俗水平的人将道德判断建立在社会契约之上，并为不知名的其他人服务（King & Mayhew，2002）。

值得注意的是，科尔伯格并没有对女性的道德发展进行研究（Evans et al.，2010）。柯尔伯格的学生卡洛尔·吉利根（Gilligan，1982）批评了这一缺陷，并提出了关于道德和伦理判断的另一种观点。在她的研究中，她发现女性倾向于发出"关怀之声"而非"正义之声"。那些发出"关怀之声"的女性致力于强化关系，促进平等和互惠，而发出"正义之声"的女性则重视自主、权利、价值和规则。她的研究挑战了构建认知理论的传统范式，激励了其他人建立新的理论，挑战传统的学生发展方法（Belenky et al.，1986）。

精神发展理论是一系列既属于认知学范畴又属于社会心理学范畴的发展理论。由于这些理论许多都建立在皮亚杰、裴瑞和其他认知发展理论家的成果（Fowler，1981；Parks，1986）基础上，所以它们被放在这一节中。福勒（Flowler，1981）的信仰发展理论提出了六个阶段，对个体在一生当中精神的发展状况进行了概述。第一阶段和第二阶段（直觉－投射信仰阶段和神话－文字信仰阶段）主要聚焦于婴幼儿。第三阶段，综合－习俗信仰阶段，通常出现在青少年时期。在这个阶段，个体对社会习俗很感兴趣。与许多认知理论的观点相似，精神发展理论认为，在这一阶段，个体向外部寻求保障和理解。第四个阶段是个人－反省信仰阶段，这一阶段通常在青年时期出现，其特点是对信仰的理解更加深刻。在个人－反省信仰阶段，个体建立了自己的信仰体系和实现意义的方式（Evans et al.，2010）。在第五个阶段，即契合的信仰阶段，个体强化了对自己信仰体系的理解，但他们也更加清楚自己的行为（Fowler，1981）。最后一个阶段是普遍信仰阶段，其特征是个体建立了普遍的价值观。很少有人能达到这个阶段（Evans et al.，2010）。

认知发展理论为学生事务专业人士提供了提升课内外学习效果的途径，在与学生会、司法委员会和荣誉组织合作时，这一理论也能派上用场。此外，在与教师合作或讨论与学院学术使命相关的学生事务时，认知发展理论也是大有裨益的。

社会心理学理论

社会心理学理论，顾名思义，涉及学生的心理和社会发展。此外，它也常常关注个人的自我身份认同的发展以及个人与社会之间的关系。社会心理学理论关注个体生命周期的各个阶段，并且认为阶段是随着年龄的增长而循序渐进的（Stage, Downey & Dannells，2000）。

社会心理学发展理论借鉴了埃里克·埃里克森提出的发展阶段理论。这一理论提出了个人必须面对的八项挑战或者说任务，这些挑战或任务取决于个体的年龄和生活阶段（Widick, Parker & Knefelkamp，1978）。亚瑟·奇克林以埃里克森的研究为基础，专注于模型的第五阶段——同一性与同一性扩散阶段，即传统大学生的认同阶段。奇克林和雷瑟尔（Chickering & Reisser，1993）提出了学生必须完成才能进入下一阶段的七个任务（向量）：培养能力、控制情绪、培养自制力、建立良好的人际关系、建立身份认同、树立目标、培养健全的人格。在完成这些任务的过程中，他们的能力，诸如处理新关系、提出假设、应对日常生活以及扮演其社会角色的能力得到增强。由于奇克林和雷瑟尔（Chickering & Reisser，1993）认识到大学生身份认同的不稳定性，他们将这七项任务称为"向量"，以强调认同的发展可能并不是"直线型"的。

奇克林的七向量理论可以说是最受推崇的理论，也是学生事务管理人员使用最多的理论。由于它比较全面地涵盖了大学生面临的许多问题，这一理论有助于开展各种类型的项目。与其他学生发展理论类似，奇克林的研究仍因未能反映当今大学生的多样性而遭到研究人员的批评（Stage, Downey & Dannells, 2000）。此外，批评者认为该理论向学生事务管理者灌输了一些假设（Widick, Parker & Knefelkamp, 1978; Evans et al., 2010）。

乔塞尔森（Josselson, 1987）借鉴玛西亚（Marcia, 1966）的研究成果，提出了女性身份认同发展理论，根据自我身份认同状态将女性分为四种类型：自我同一性早闭（identity foreclosure），自我同一性达成（identity achievement），自我同一性延缓（identity moratorium）和自我同一性混淆（identity diffusion）。这四种类型是根据女性的身份探索经验和获得身份认同的能力来划分的。例如，自我同一性早闭类型的女性获得了身份认同，但她们并没有进行过探索，或经历过自我身份认同危机。乔塞尔森称这个群体为遗产的继承者。她们是在童年经历和父母的影响之下获得身份认同的。自我同一性达成类型的女性被称为道路的铺设者。这些女性经历了从探索身份到获得身份认同的过程。她们做出了与童年经历截然不同的身份认同。乔塞尔森（Josselson，1987）理论的第三类是自我同一性延缓类型，这个类型的女性被称为处于危机中的女儿。这一群体正在经历一场身份危机，正在探索自己的身份，但她们还没有获得身份认同。这个群体中，一些人可能会变成自我同一性达成类型，而另一些人则不会转变类型，也不会获得身份认同。乔塞尔森的最后一种类型是自我同一性混淆类型，这个类型的女性丧失了身份认同，但有时仍可找回。这个群体中的女性缺乏探索身份和获得身份认同的经验。一般来说，她们会避免做出决定，并主动远离人际关系。她们在大学环境中也可能遇到很多问题。

同样是在玛西亚（Marcia，1966）的研究基础上，菲尼（Phinney，1990）提出了一个族群身份认同发展模型。该模型聚焦于少数民族学生如何受到来自家庭和社区的影响。与玛西亚（Marcia，1966）和乔塞尔森（Josselson，1987）的研究相似，在菲尼的模型中，个人通过身份探索/危机以及身份承诺来获得健康的身份认同。在菲尼（Phinney，1990）的模型中，第一个阶段是弥散——排他阶段，这一阶段的个体尚未对自己的族裔态度与民族感情进行探索。在第二阶段，即延期补偿阶段，个人开始意识到族裔身份问题。他们意识到种族在其身份认同过程中的重要性，并经常对主要族群感到愤怒，情绪波动强烈。他们也可能会因之前对种族和民族缺乏了解而感到内疚。在最后一个阶段，即身份认同阶段，个体努力探索自己的族裔身份并做出身份承诺，获得了健康的种族或民族身份认同（Phinney，1990）。

除族裔认同外，学生发展理论还研究了非裔美国人的自我认同发展。克罗斯、芬顿－史密斯（Cross & Phanten-Smith，1996）提出的"黑人化进程社会心理学模型"（Model of Psychological Nigrescence）研究了个体从非非洲中心论到非洲中心论的转变过程。该模型分为五个阶段。第一个阶段是前遭遇阶段,在这个阶段中,个体认为种族无关紧要,并在欧洲中心论的框架下看待自己的世界(Cross & Phagen-Smith,1996)。第二个阶段是遭遇阶段,在该阶段中,个人身份的自我认同遭到引发不平衡感和不公正感的种族主义事件的反复破坏。第三个阶段为浸入与再现阶段,该阶段中个体抛弃旧的身份认同的残余,致力于个人的蜕变(Evans et al.,2010)。在第四阶段,即内化阶段,个体解决了身份冲突,获得了更多的作为黑人的自信。最后,在内化承诺阶段,个人对外承认他们的身份,并且投身于各种活动,以解决非裔美国人和其他少数民族所面对的问题(Cross & Phagen-Smith,1996)。

克罗斯提出的模式对其他研究者的种族身份认同研究产生了重要影响。例如,费尔德曼和加莱戈斯(Ferdman & Gallegos,2001)提出了拉美裔身份认同发展模式。该模式提出了6种拉美裔身份认同方向,反映出这类人群及其文化背景的多样性。这6个方向分别是:无差别/否认,认为种族并不重要;白人身份认同,根据肤色划分白人和黑人种族;作为他者的拉美裔,对白人持负面态度;亚群身份认同,认同亚群身份(例如视自己为哥伦比亚人、多米尼加人等),种族被视为次要的;拉美身份认同,积极广泛地看待拉美裔;拉美一体化,认为种族是由社会建构的(Ferdman & Gallegos,2001;Gallegos & Ferdman,2007)。

基姆(Kim,2001)提出了亚裔美国人身份认同发展模式。该模式将亚裔美国人的自我认同发展分为五个阶段。在第一阶段中,该模式认为儿童会从他们的家庭中了解到自己的族裔身份。因此,他们开始进入种族意识阶段。一旦儿童开始上学,他就会意识到自身的文化与主流文化不同,这时他们进入了白人身份认同阶段。在下一个阶段,即社会和政治意识觉醒阶段,个体认识到维持种族主义的社会结构的存在,并意识到他们正是受压迫群体中的一员。在第四个阶段,向亚裔美国人意识转向阶段,个体开始关注个人经历，开始表达出对其身份的自豪感。在最后的融合阶段，亚裔美国人身份认同和其他认同获得了融合（Kim，2001）。

赫尔姆斯（Helms，1993）提出了白人身份认同模型，在该模型中，白人个体由白人身份认同转向非种族化的自我身份认同。赫尔姆斯的模型分为两个阶段，每个阶段分别包含三种状态。第一阶段为放弃种族主义阶段。在这个阶段，个体对种族和种族主义的看法天真而简单。然而，在接触到种族层面的两难问题后，个体开始与自己的白人身份作斗争，试图消除疑虑，减轻自己在种族主义长期存在的社会环境中作为白人的负罪感（Evans et al.，2010）。在第二阶段中，个体首先会建立理性的白人身份认同，表面上质疑白人延续种族主义的方式。接下来，个体开始用新的理念取代关于有色人种的刻板印象，并发现一种新的、更深的、内化的身份认同，接受我们社会环境中关于种族和种族主义的准确信息（Helms，1993）。

除种族和性别外，身份认同发展理论还探讨了女同性恋、男同性恋和双性恋（LGB）群体的身份形成。最广为人知的 LGB 身份认同发展理论是卡斯（Cass，1979）的同性恋身份认同形成模型。卡斯的这一社会心理阶段理论认为，从最初意识到同性的吸引，到出柜，获得完整的身份认同，是一个线性的发展过程。然而，在这个过程中，采取否定态度很可能会导致自我同一性早闭。在第一个阶段，即身份认同迷惑阶段，个体首先意识到自己的同性恋思想和感情。然后，在身份认同比较阶段，个体可能会产生疏离感，因为他们开始承认自己可能是男同性恋、女同性恋或双性恋。在身份认同阶段，个体开始"忍耐"或承受他们作为 LGB 个体的身份。随着他们越来越多地承认自己的身份，并向朋友和家人公开自己是男同性恋、女同性恋或双性恋，个体进入了身份接受阶段。在下一个阶段，身份自豪阶段，个人开始为自己的性别身份感到骄傲，还可能会积极参与争取 LGB 权利的群体活动（Stage, Downey & Dannells, 2000）。与其他身份认同理论类似，最后一个阶段，身份认同整合阶段的特点是性取向与生活的其他方面融合在一起。

近年来，其他研究者也建立了各自的 LGB 身份认同模型（Bilodeau & Renn, 2005; D'Augello, 1994; McCarn & Fassinger, 1996）。他们已经认识到，性身份的形成过程往往比卡斯（Cass, 1979）提出的线性发展模型更为复杂。例如，酷儿（Queer）理论是一个涉及多学科的理论，探讨了社会对性和性别进行分类的原因。该理论对许多文化上被边缘化的性别身份认同展开了研究。这一理论为探索社会如何通过对他人进行分类来影响和建立权力结构提供了一个批判性的视角（Turner, 2000）。

类型学理论

学生事务中的类型学理论对人格类型、学习风格，以及学生如何与环境互动进行了分析和阐释。这些理论和发展理论，即认知理论和身份认同理论，并不相同。类型学理论使用复杂的语句来分析环境的框架、结果、差异性和相似性。然而，与发展理论不同的是，类型学理论研究的并不是发展的阶段。

霍兰德（Holland, 1966）的职业个性和环境理论常被用于进行大学生职业生涯规划。他认为，学生是根据个人的生活历史，基于其人格类型来选择他们的学习环境和工作环境的。个体表现出的积极性、偏好、能力和认识反映了其个性特征。处于环境中的个人共同创造了环境。在学习和工作环境中，个体因为获得了支配对应人格类型的态度、兴趣和能力，其行为会得到奖励和强化（Smart & Umbach, 2007）。换言之，当个体的人格类型与集体环境"相适应"时，两者就达成了一致。霍兰德

(Holland，1966）将人格和环境分为六种：现实型、研究型、艺术型、社会型、企业型和常规型。学生事务工作者会根据这些人格和环境类型来帮助学生探索和发现他们的学习和职业兴趣，分析他们在学业和工作中将会遇到的环境类型。

另一种分析人格类型的理论是迈尔斯－布里格斯类型指标（MBTI）。这一理论及其得到广泛接受的评估工具是由伊莎贝尔·迈尔斯和凯瑟琳·布里格斯共同创立的。迈尔斯－布里格斯类型指标建立在荣格的人格研究基础上，它基于四种偏好维度（Myers，1980）中的八个功能，识别出十六种不同的人格类型。例如，个体在集中注意力方面是有所偏好的。他要么把注意力集中在外部世界的活动上——外向，要么专注于内心世界——内向（Myers，1980）。这一理论也分析了个体在收集信息（感知还是直觉）、做出决策（理性还是感性）、与世界互动的方式（主观还是客观）上的不同偏好。通过评估一个人在这四个维度上的偏好，可以分析和识别个人的性格类型（Stage，Downey & Dannells，2000）。学生事务工作者使用迈尔斯－布里格斯类型指标来调解冲突（团体和个人冲突）、分析职业兴趣、培养领导技能。

学生事务工作者要充分考虑到大学课堂内外的学习环境。由于学生是从体验中学习的，许多学生事务工作者都采用柯尔伯（Kolb，1984）的类型学理论——体验学习模型来分析学生的学习风格和学习过程。为分析体验式学习过程，柯尔伯提出了学生实现学习效果最大化的学习过程的四个阶段。在最初的具体体验之后，学生们通过讨论、写作、想象等方式对他们的观察进行思考。经过思考，学生会将学习过程内化，并根据他们的体验形成抽象概念。接下来，学生会积极开展实验，对前一阶段形成的假设和概念进行验证（Kolb，1984）。在这一阶段之后，学生又从具体体验开始，进入新一轮体验学习。学生事务工作者根据柯尔柏的体验学习模型为大学生设计有明确教育目的的课程，帮助他们获得学习机会。然而，由于提出了学习风格的偏好，柯尔伯的模型也是一种类型学理论。根据上述四个阶段，柯尔伯提出了四种不同的学习方式：聚敛型学习（感觉和执行）、发散型学习（感觉和观看）、同化型学习（思考和观看）、顺应型学习（思考和执行）。柯尔伯（Kolb，1984）的体验学习模型有助于学校采取有针对性的干预措施，找到适用于不同学习风格的教学方法。

另一个聚焦于学习的类型学理论是加德纳（Gardner，1983）的多元智能理论。加德纳将智能分为七种：数理逻辑智能、语言智能、音乐智能、空间智能、身体动觉智能、人际交往智能和自我认知智能。在多数大学校园和学习环境中，数理逻辑智能和语言智能往往比其他五种智能更受重视。然而，学术界和学生事务专业出现了一种趋势，教师和学生事务工作者开始认识到加强加德纳的其他五种多元智能的学习的重要性（Stage，Downey & Dannells，2000）。

大学环境理论

在《教育和身份认同》一书中，奇克林和雷瑟（Checkering & Reisser，1993）指出了影响学生在校期间发展的关键性环境因素。比如，清晰明确且连续完整的学校目标有利于营造一个强大的院校环境，有助于学生学习，并促进学生最大限度参与课堂内外的活动。正如布瓦耶所指出的，一所没有明确目标的大学，会"挣扎于努力争取生源，并被市场需求驱动"（Boyer，1987）。奇克林和雷瑟（Checkering & Reisser，1993）同样认为，学校的规模是影响学生发展的重要环境因素之一。小规模的学校往往具有更清晰的目标，拥有更强的全校性道德观念和归属感，从而有利于学生的发展。

有利于建立良好师生关系的环境也被奇克林和雷瑟（Checkering & Reisser, 1993）界定为影响学生发展的因素之一。课堂内外的师生互动能促进学生的学习和发展（Kuh, Schuh, Whitt & Associates, 1991）。课程设置同样对学生的学习和发展有着重要影响。一所大学的核心课程和通识教育课程能促进其教育目标和使命的实现，能为学生的学习和发展提供机会。奇克林和雷瑟（Checkering & Reisser, 1993）还提出了以下对大学学习环境具有重要贡献的因素：教学、友谊、社团、课程、学生服务以及工作和学习的相辅相成。

除奇克林和雷瑟（Checkering & Reisser, 1993）关于大学环境的研究外，斯特兰奇（Strange, 1994）也提出了有关校园环境对学生的影响的四点主张。一是校园的物理空间既能限制又能促进学生的学习与发展。二是校园环境中学生集体的一致性特征会对学生的发展产生影响。三是有组织的、有目标的院校会从静态或动态两个层面影响学生的特定行为，维持特定的组织环境（Strange, 2003: 303）。四是建构环境模型认为，环境的影响是通过学生理解、评价、区分环境来实现的。

大学环境和校园文化理论及其研究，有助于学生事务工作者正确解决问题。了解与问题相关的校园环境或文化背景，有助于学生事务工作者扩大视野，甚至重新定义出现的问题，找到其他解决办法。

大学成就及其影响研究

在费尔德曼和纽昆伯（Feldman & Newcomb, 1969）的开创性研究基础上，帕斯卡瑞拉和特伦兹尼（Pascarella & Terenzini, 1991）采用了元分析的方法对大学生的学习成就进行了研究。大学生学习成就理论与本章前面所讲的大学生社会心理学发展理论不同。它主要研究大学经历给学生带来的收获。帕斯卡瑞拉和特伦兹尼（Pascarella & Terenzini，1991，2005）的研究总结了大学经历给学生带来的种种变化。事实证明，无论是对大学一年级还是高年级学生来说，大学经历都会给其带来认知能力和学习能力的提高。学生的价值观和态度会发生变化，会更加倾向于追求理性和文化。大学生们还会经历社会心理的变化，变得更加自信、自立，建立更广泛的人际关系，变得更加成熟。帕斯卡瑞拉和特伦兹尼（Pascarella & Terenzini，1991，2005）还发现，在大学校园生活和工作能帮助学生获得尽可能多的学习和发展机会。

阿斯丁（Astin，1993）在对大学生的深入研究中发现了类似的结果。他使用输入-环境-产出模型证明了学生的参与有助于他们获得尽可能多的学习机会（Astin，1993）。阿斯丁的模型证明，大学生入学前的特征（输入）和大学期间的人际互动（环境）都会影响其毕业后的特征（产出）。阿斯丁（Astin，1993）提出的学生参与理论认为，学生同其朋辈、老师和学校环境互动得越多，其对学校的满意度就越高，个人的智力发展和社会化程度也越高。阿斯丁提出的有关参与的基础概念对于学生事务工作者来说非常重要。其理论强调了学生事务工作的许多干预举措和活动，如学生组织、各类活动、学习团体、师生互动等对学生的影响。

大学影响研究非常重要，因为它证明了我们学生事务工作的有效性。学生发展理论可以用于分析学生的学习和发展过程，而大学影响理论则能证明我们的努力所带来的变化。

组织管理理论

除学生发展的过程、学习效果和大学环境之外，学生事务工作者还需要理解大学的组织和行政管理架构。有关理论主要分析了大学是怎么运作的（Birnbaum，1998）。在《大学是怎样运作的》一书中，伯恩鲍姆勾勒出大学中的几种组织模式：学院模式、官僚模式、政治模式和无政府主义模式。

采取学院模式的典型例子有人文艺术类院校，该模式的最大特点是没有或很少有科层体系。教师和行政管理人员之间的互动往往是非正式的。重大的决策往往耗时较长，且要经过组织成员的充分讨论。

官僚模式与学院模式完全相反，其特点是科层体系发挥作用并通过其全校性的组织结构展现出来（Birnbaum，1998）。大学的组织架构、沟通渠道和职权界定清晰。岗位职责、学校的规章制度对行政管理人员的职责做了明确规定。这类学校的组织架构非常清晰。许多社区大学采用的就是官僚模式。

政治模式的特点是争取权力、维护权力、使用权力。只要是高校就有政治，但采取政治模式的高校认为，只有通过使用权力、解决冲突才能实现变革（Kuh，2003）。采取这一模式的高校认为，制定政策是促进变革的一种方式。此外，大学的次级组织机构由于相互之间协同合作影响决策的制定而变得日益重要。

无政府主义模式首先由柯恩和马奇（Cohen & March，1974）提出，规模较大的院校通常采用这一模式。在这一模式下，决策的特点是"有组织的无政府主义"。该模式高度重视自治。因此，"大学中的每个人都可以自主决策。教师可以决定是否教课、何时教课以及所教的内容。学生可以决定是否学习、何时学习以及学习什么。规章制度的制定者和学校的捐赠者可以决定是否提供支持、何时提供支持以及提供什么样的支持"（Cohen & March，1974：33）。库（Kuh，2003）指出了这一模型的诸多优势，因为它与学术界的价值观——独立自主、宽松的监管和个性化的选择产生了共鸣。库（Kuh，2003）也指出了这一模型所面临的挑战。例如，信息并非总能清楚地传递到决策者那里，同时，这一模式会妨碍学校对危机做出迅速反应。

批判性分析

本章所列举的理论都有研究者对其进行了相应的批判。正如之前所提到的，许多大学生发展理论都是建立在对传统的白人男性学生的研究基础上。因此，这些理论并不能反映当今学生的全貌（Pope, Reynolds & Muller, 2004; Torres, Howard-Hamilton & Cooper, 2003）。学生事务工作者对此做出了回应，开始关注多元文化和校园多样性。有关高校如何应对与多样性相关的复杂事务的研究也越来越多（Hurtado, 2007; Oritz & Rhoads, 2000; Stage & Hamrick, 1994）。

本西蒙（Bensimon, 2007）在就任高等教育研究协会主席的就职演讲中，讨论了在高等教育和学生事务理论与研究中占据主导地位的范式。她说道："占据主导地位的学生成功范式，仅仅建立在与其坚持不懈、顺利毕业相关的个性特征上。"（443）学生事务领域的研究和理论通常只关注学生本身，而本章总结的相关理论则主要着眼于学生在大学环境中的经历和体验。然而，本西蒙（Bensimon, 2007）指出，我们很少对学生事务工作者以及他们对学生的成功、发展和教育的影响进行研究。学生事务工作者的理论基础、信念、教育方式、与学生的互动和兴趣是怎么影响学生的呢？本西蒙认为，我们的学生事务工作者和研究者，都不应该忽视学生事务工作对大学生、他们的发展、他们是否能在大学取得成功产生的巨大影响。比如，本西蒙（Bensimon, 2007）强调，学生的参与对于学生事务工作者来说是一个非常重要的理论概念。学生越是积极参与，他们就越有可能坚持不懈并最终取得成功（Astin, 1993）。对学生事务工作者来讲，这是一个非常重要的理论概念。然而，作为学生事务研究者和学生事务工作者，我们很难确定究竟参与哪些活动会对学生的社交状况和经济状况产生更大影响。此外，她还提出，学生参与的质量可能会因种族、阶层和性别的不同而有所差异（Bensimon，2007）。她的分析在采用什么理论、采用什么方式应用这些理论方面，为我们提供了一些必须思考的重要问题。

结 论

本章简要介绍了学生事务工作的相关理论。还有许多理论无法一一在此列举。为了让读者在分析本书案例时能够快速查找到相关理论，我们在表2-1中归纳了本章涉及的理论以及其他可能需要参考的理论。本章总结的理论和本书编写的案例为读者将理论应用到实践中提供了机会。

参考文献

Astin, A. W. (1993). *What matters in college?* San Francisco: Jossey-Bass.

Baldridge, J. V., Curtis, D. V., Ecker, G., & Riley, G. L. (1977). Diversity in higher education: Professional autonomy. *The Journal of Higher Education*, 48(4), 367-388.

Baxter Magolda, M. B. (1992). *Knowing and reasoning in college: Gender-related patterns in students' intellectual development*. San Francisco: Jossey-Bass.

Belenky, M. F., Clinchy, B. M., Goldberger, N. R., & Tarule, J. M. (1986). *Women's ways of knowing*. New

York: Basic Books.

Bensimon, E. M. (2007). The underestimated significance of practitioner knowledge in the scholarship on student success. *The Review of Higher Education*, 30 (4), 441—469.

Bilodeau, B. L. & Renn, K. A. (2005). Analysis of LGBT identity development models and implications for practice. *New Directions for Student Services*, 111, 25—39.

Birnbaum, R. (1988). *How colleges work: The cybernetics of academic organizations and leaderships*. San Francisco: Jossey-Bass.

Boyer, E. L. (1987). *College: The undergraduate experience in America*. New York: Harper.

Cass, J. M. & Pytluk, S. D. (1995). Hispanic identity formation: Implications for research and practice. In J. G. Ponterotto, J. M. Cass, L. A. Suzuki, & C. M. Alexander (Eds.), *Handbook of multicultural counseling* (pp. 155—180). Thousand Oaks, CA: Sage.

Cass, V. C. (1979). Homosexuality identity formation: A theoretical model. *Journal of Homosexuality*, 4, 219—235.

Chickering, A. W. & Reisser, L. (1993). *Education and identity* (2nd ed.). San Francisco: Jossey-Bass.

Cohen, M. &March, J. G. (1974). *Leadership and ambiguity: The American college presidency*. New York: McGraw-Hill.

Cross, W. & Phagen-Smith, P. (1996). Nigrescence and ego identity development. In P. B. Pedersen, J. G. Draguns, W. J. Lonner, & J. E. Trimble (Eds.), *Counseling across cultures* (pp. 108—123). Thousand Oaks, CA: Sage.

D'Augelli, A. R. (1994). Identity development and sexual orientation: Toward a model of lesbian, gay, and bisexual development. In E. J. Trickett, R. J. Watts, &.D. Birman (Eds.), *Human diversity: Perspectives on people in context* (pp. 312—333). San Francisco: Jossey-Bass.

Erikson, E. H. (1968). *Identity: Youth and crisis.* New York: Norton.

Evans, N. J., Forney, D. S., Guido, F. M., Patton, L. D., &. Renn, K. A. (2010). *Student development in college: Theory, research, and practice* (2nd ed.). San Francisco: Jossey-Bass.

Feldman, K. &. Newcomb, T. (1969). *The impact of college on students.* San Francisco: Jossey-Bass.

Ferdman, B. M. &. Gallegos, P. V. (2001). Latinos and racial identity development. In C. L. Wijeyesinghe &. B. W. Jackson III (Eds.), *New perspectives on racial identity development: A theoretical and practical anthology* (pp. 32—66). New York: New York University Press.

Fowler, J. W. (1981). *Stages of faith: The psychology of human development and the quest for meaning.* San Francisco: HarperCollins.

Gallegos, P. V. &. Ferdman, B. M. (2007). Identity orientations of Latinos in the United States: Implications for leaders and organizations. *The Business Journal of Hispanic Research*, 1 (1), 26—41.

Gardner, H. (1983). *Frames of mind.* New York: Basic Books.

Gilligan, C. (1982). *In a different voice.* Cambridge,

MA: Harvard University Press.

Helms, J. E. (1993). Toward a model of white racial identity development. In J. E. Helms (Ed.), *Black and white racial identity: Theory, research and practice* (pp. 49—66). Westport, CT: Praeger.

Holland, J. L. (1966). *The psychology of vocational choice*. Waltham, MA: Blaisdell.

Hurtado, S. (2007). Linking diversity with the educational and civic missions of higher education. *The Review of Higher Education*, 30 (2), 185—196.

Jacoby, B. (1993). Service delivery for a changing student constituency. In M. J. Barr (Eds.), *The handbook of student affairs administration* (pp. 468—480). San Francisco: Jossey-Bass.

Josselson, R. (1987). *Finding herself: Pathways to identity development in women*. San Francisco: Jossey-Bass.

Kerwin, C. & Ponterotto, J. G. (1995). Biracial identity development. In J. G. Ponteroto, J. M. Cass, L. A. Suzuki, & C. M. Alexander (Eds.), *Handbook of multicultural counseling* (pp. 199—217). Thousand Oaks, CA: Sage.

Kim. J. (2001). Asian American identity development theory. In C. L. Wijeyesinghe & B. W. Jackson III (Eds.), *New perspectives on racial identity development: A theoretical and practical anthology* (pp. 129—152). New York: New York University Press.

King, P. M. (1978). William Perry's theory of intellectual and ethical development. In L. L. Knefelkamp, C. Widick, & C. A. Parker (Eds.), *Applying new developmental findings*

(New Directions for Student Services, No. 4) (pp. 35—51). San Francisco: Jossey-Bass.

King, P. M. & Kitchener, K. S. (1994). *The development of reflective judgement in adolescence and adulthood*. San Francisco: Jossey-Bass.

King, P. M. & Mayhew, M. J. (2002). Moral judgement developing in higher education. Insights from the Defining Issues Test. *Journal of Moral Education*, 31 (3), 247—270.

Kohlberg, L. (1977). *Recent research in moral development*. New York: Holt, Rinehart, Winston.

Kohlberg, L. (1981). *Essays on moral development, vol, I: The philosophy of moral development*. San Francisco: Haper & Row.

Kolb, D. A. (1984). *Experiential learning: Experience as the source of learning and development*. Englewood Cliffs, NJ: Prentice-Hall.

Kuh, G. D. (2003). Organizational theory. In S. R. Komives, D. B. Woodard, Jr. (Eds.), *Student services: A hand book for the profession* (4th ed.). San Francisco: Jossey-Bass.

Kuh, G., Schuh, J., Whitt, E., and Associates. (1991). *Involving colleges: Successful approaches to fostering student learning and development outside the classroom*. San Francisco: Jossey-Bass.

Love, P. L. & Guthrie, V. L. (1999). *Understanding and applying cognitive development theory* (New Directions for Student Services, No. 88). San Francisco: Jossey-Bass.

Marcia, J. E. (1996). Develoment and validation of ego-identity status. *Journal of Personality and Social Psychology*, 3, 551-558.

McCarn, S. R. & Fassinger, R. E. (1996). Revisioning sexual minority identity formation. A new model of lesbian identity and its implications for counseling and research. *The Counseling Psychologist*, 24 (3), 508-534.

Moore, W. S. (1994). Student ad faculty epistemology in the college classroom: The Perry scheme of intellectual and ethical development. In K. W. Pricard & R. M. Sawyer (Eds.), *Handbook of college teaching: Theory and application* (pp. 43-67). Westport, CT: Greenwod Press.

Myers, I. B. (1980). *Gifts differing*. Palo Alto, CA: Consulting Psychologists Press.

Ortiz, A. M. & Rhoads, R. A. (2000). Deconstructing whiteness as part pf a multicultural educational framework: From theory to practice. *Journal of College Student Development*, 41 (1), 81-93.

Parker, S. (1986). *The critical years: Youth adults and the search for meaning, faith, and commitment*. New York: HarperCollins.

Pascarella, E. T. & Terenzini, P. T. (1991). *How college affects students* (1st ed). San Francisco: Jossey-Bass.

Pascarella, E. T. & Terenzini, P. T. (2005). *How college affects students, Vol. 2: A third decade of research*. San Francisco: Jossey-Bass.

Perry, W. G., Jr. (1970). *Forms of intellectual and ethical development in the college years*. New York: Holt, Rinehart, & Winston.

Phinney, J. S. (1990). Ethnic identity in adolescents and adults: Review of research. *Psychological Bulletin*, 108, 499—514.

Piaget, J. (1952). *The origins of intelligence in children.* New York: International Universities Press.

Pope, R. L., Reynolds, A. L., & Mueller, J. (2004). *Multicultural competence in student affairs.* San Francisco: Jossey-Bass.

Sanford, N. (Ed.) (1962). *The American college.* New York: Wiley.

Smart, J. C. & Umbach, P. D. (2007). Faculty and academic environments: Using Holland's theory to explore differences in how faculty structure and undergraduate courses. *Journal of College Student Development*, 48 (2), 183—195.

Stage, F. K. & Hamrick, F. A. (1994). Diversity issues: Fostering campuswide development of multiculturalism. *Journal of College Student Development*, 35, 331—336.

Stage, F. K., Downey, J. P. & Dannels, M. (2000). Theory and practice in student affairs. In F. K. Stage & M. Dannels (Eds.), *Linking theory to practice: Case studies working with college students* (pp. 17 — 39). New York: Brunner Routledge.

Strange, C. (1994). Student development: The evolution and status of an essential idea. *Journal of College Student Development*, 35 (6), 399—412.

Strange, C. (2003). Dynamics of campus environments. In S. R. Kmovies & D. B. Woodard, Jr. (Eds.), *Student services: A handbook for the profession* (4th ed.). San

Francisco: Jossey-Bass.

Torres, V., Howard-Hamilton, M. F., & Cooper, D. L. (2003). Identity development of diverse populations: Implications for teaching and administration in higher education. *ASHE-REIC Higher Education Report*, 29 (6). San Francisco: Jossey-Bass.

Turner, W. B. (2000). *A genealogy of queer theory*. Philadelphia: Temple University Press.

Widick, C., Parker, C. A., & Knefelkamp, L. (1978). Erik Ericson and psychosocial development. In L. Knefelkamp, C. Widick, & C. A. Parker (Eds.), *Applying new developmental findings* (New Directions for Student Services, No. 4) (pp. 1—18). San Francisco: Jossey-Bass.

第三章 案例分析

弗朗西斯·K.斯特奇 史蒂文·M.哈伯德

当管理者做出的许多日常决策具有定量的要素（支出的现金量、服务的学生数、聘用的职员数）时，分析案例时对解决方案的评估则往往是定性的。之所以选择某一事件作为案例研究的对象，是因为应对这一事件有较大难度。换句话说，这些事件不在学校对学生行为的期望范围内，属于学校的规章制度未能覆盖的部分。应对案例涉及的各类校园事件，往往需要考虑当事人的情感和他们价值观的冲突。一个案例可能有多个解决方案，其中一些方案可能比另一些更现实，可操作性更强。判断一个解决方案的可行性所需考虑的很多因素往往无法量化，但是我们仍然可以将其与同一案例的其他备选方案加以比较得到更优的选择。

分析者在对众多的定性要素和定量要素进行筛选时，必须有自己明确的方向，以获得尽可能多的有用信息。本章旨在为案例分析提供总体指导，以及相关因素的分类和筛选方法。尽管本书所做的分析并非完美无缺，所提出的问题也并非十分全面，但是这些分析提供了一种系统的方法，可用于筛选需要考虑的各类因素。本章最后介绍了一个案例并提供了分析的范本，以期给予初涉案例分析领域的读者以指导。

分析步骤

每个案例与每个重大校园问题一样，都有许多可能的解决方案。分析每个案例时，我们都必须回答几个具有普遍性的问题：

1. 案例中的关键问题是什么？
2. 哪些因素对理解和处理这些问题十分重要？
3. 还必须收集哪些其他信息？
4. 谁是主要决策者，他能发挥什么样的作用？
5. 是否有与需要解决的问题相关的理论可以参考？
6. 对于主要决策者来说，还有哪些备选方案可以选择？
7. 每个方案的优缺点是什么？
8. 能采取哪些长期或短期的行动方案？

以上八个问题构成了本书案例研究的基础，可用于分析本书中的所有案例。

分析问题

分析校园问题首先就要回答第一个问题：案例中的关键问题是什么？一般而言，重大的问题是显而易见的，而短期问题往往意味着长期问题的存在，例如校园制度和校园办事程序的缺失。在实践中，识别需要决策的问题有助于避免在解决校园问题时目光短浅或视野狭窄。

重要因素

第二步就是寻找解决以上问题所必需的信息，同时对信息去伪存真。在此阶段，需要提高识别重要信息的能力，学会将重要因素同那些花哨的、无益于解决问题的因素区别开来。

其他信息

这一步紧接第二步。这一步需要思考以下问题：是否还需要其他信息？如果你是案例的参与者，由你来解决问题，还有什么是你需要了解的？还有哪些与问题相关的材料能从校园中收集，但还没能搜集到？可能采取的措施是否有先例？你需要与谁交流才能获得更多信息？请记住，决策者很少能获得他们可能想要或确实需要的所有信息，因此他们往往必须对重要因素做出合理的推测或假设。这一步提醒分析者要对自己的假设加以明确。

案例的主要决策者

接下来的一步是弄清案例的主要决策者有哪些。当然，案例中的行政人员或专业人士要算在内。此外，由于要评判问题解决成功与否，该行政人员或专业人士的主管领导也包含在内。在一些案例中，必须从与案例相关的人员中确定由谁来做出决策，这些相关人员包括为解决问题采取措施的人和对措施做出回应的人。其他关键人物，有时也被称作利益相关人，还可能包含一些权威人士。这些权威人士可能并不直接参与问题的解决，但他们对采取哪些措施来解决问题有较大的影响。明确决策者和利益相关人有哪些，弄清其扮演的角色，能为分析者决策提供帮助。

相关理论

第五步是确定相关理论，这一步是案例分析中最为独特的一步。熟悉第二章所列理论的分析者对这些理论都各有偏好。在这个阶段，案例分析者试图将某种理论或多种理论与特定案例结合起来。有时，适用的理论不止一种，没有哪种理论是必须要使用的。理论的选择带有主观性。适合某个人的理论可能并不适合另一个人。对本章随后介绍的案例来说，有几种理论都适用。在课堂上或专题讨论会中，关于哪种理论最有帮助、哪个理论与案例关系最紧密，很可能会出现不同的看法。

备选解决方案

案例分析中最具创造性的一步是第六步，提出备选方案。分析者在搜集了相应信息后，在这个步骤当中针对第一步所描述的每一个问题提出备选解决办法。在此阶段，分析者可以充分发挥其想象力。接下来的第七步，就是要研究每种解决方案的局限性。

备选方案的优缺点

在回答第七个问题"每个方案的优缺点是什么?"时，分析者必须谨慎地考虑到所有的影响因素。要对每个主要参与者对这些措施可能做出的反应有所预估。校内外主要机构提供的支持必须考虑在内。同时，大学的法律责任不容忽视（Kaplin & Lee, 1997）。学校的办学宗旨或远景目标也是重要因素之一。当然，还必须从现实的角度对是否能够获得解决问题所需的资源加以衡量。

行动方案

最后，必须根据前面七个步骤选择合理的行动方案，行动方案应当既能解决短期问题又能解决长期问题。

案 例

以下的案例介绍将为读者提供有关案例的一些细节，帮助你融入一个陌生的大学校园。我们尽可能详细地描述案例的真实情况。首先，作为分析者的你，将置身于案例的背景、人物和事件中。通过了解背景、人物、事件,你可以身临其境地融入问题的真实场景中。接下来将按时间顺序介绍需要解决的问题或需要达到的目标。

本章余下部分将按前述步骤介绍案例并对其加以分析。吉利安·金西和帕特里夏·A.穆勒在《找回平安的夜晚:评估女生面临的校园治安状况》中,描述了不同性别群体之间和群体内部的校园暴力冲突。在给出实例的基础上,此案例将根据上述步骤进行分析。在本书余下章节的案例分析中,这种分析应该能为教师和学生提供有用的引导。

阅读以下案例时,读者最好暂时忘记现实中的自己,而将自己设身处地地放在事件中。然后试着像案例中的管理者那样,感受事件的紧迫性以及可能引发的情绪。

找回平安的夜晚:评估女生面临的校园治安状况

吉利安·金西　帕特里夏·A.穆勒

背景

阿灵顿大学是一所中等规模的、以白人学生为主的公立大学,坐落于美国东北部的一个传统的大学城,拥有约 15 000 名在校本科生。该大学是一所寄宿制大学,有 10 000 名学生居住在校园里,约 30%的学生加入了男生联谊会和女生联谊会。

阿灵顿大学那覆盖着常春藤的建筑以及精心修葺的庭院被大学城的各种公共设施环绕着,展示出一幅田园般的大学社区景象。确实,对向往阿灵顿大学的学生及其家长来说,这所大学的部分魅力就在于校园能给人舒适感和安全感。学校最常见的治安事件仅仅是偶尔发生的自行车丢失或无人看管的背包失窃案件。然而,自从公开学校暴力案件统计报告以来,一些学生及其家长才惊讶地得知,去年校园中有过 11 起强奸案报案记录。

为培养女生的安全意识，女生联合会多次举办旨在增强公共安全意识的活动。每年阿灵顿大学都要举行的全国著名的"找回平安的夜晚"游行就是这些活动之一，该游行目的是反对强奸以及针对女生的暴力行为。

人物

玛丽萨·菲尔兹（Marissa Fields）：学生活动主管。

莫莉·泰特（Molly Tait），索尼娅·詹金斯（Sonia Jenkins）：都是大三学生、"找回平安的夜晚"活动的协调人。她们自大一起就一直活跃于阿灵顿大学女生联谊会。

帕姆·唐兰（Pam Donlan）：毕业班学生、女生联谊会主席。

雷特斯·布朗（Letrece Brown）：黑人学生会主席。

里克·鲍德温（Rick Baldwin）：男生联谊会会员。

克莱尔·瓦斯（Clare Vass）：化学系助理教授。

罗宾·陈（Robin Chan）：学生处处长。

琼·韦恩赖特（Joan Wainwright）：女生联谊会指导教师。

克劳德·佩恩（Claude Penn）：学校警署主管。

案例

在9月末一个温暖的夜晚，300多名女生为了一年一度的"找回平安的夜晚"游行聚集在林肯广场。大部分的女生都是从附近的帕拉特宿舍楼出发的。那儿是"找回平安的夜晚"畅谈会的活动场所。畅谈会给女生们提供了公开讲述她们被强奸、性骚扰、性侵害的遭遇的机会。会上女生们讲述的约会强奸、性骚扰的次数十分惊人。当女生们聚集在一起，准备开始游行时，组织人员给大家分发了印有抗议口号和游行详细路线的宣传单还有蜡烛。蜡烛被逐一点燃，一片漆黑的广场渐渐变得明亮。女生联谊会主席帕姆开始面对人群演讲,强调游行的重要意义在于以游行为象征,为女生找回平安的夜晚,为女生争取权利。活动负责人莫莉将校园女生安全问题的全国统计数字告诉了大家,随后她开始带领大家练习口号。"2-4-6-8,消灭暴力!消灭强奸!"的口号声回荡在附近建筑的上空。

游行队伍行到达了第一站——今年8月份一名大一女生在校园遭到袭击的地点。她们绕着案发地围成一圈,一位女生大声朗读了警方的报告。这份报告描述了案件的经过以及罪犯行凶的细节。朗读者带领大家高呼口号:"女生们团结起来,找回平安的夜晚。"之后,队伍行进到第二站——男生联谊会宿舍,上个春季学期有名女生曾在这里被一个熟人强奸。这时,游行队伍遭到从附近宿舍大楼窗户扔出的燃烧瓶的袭击,大楼里还传出了下流的谩骂声。组织人员告诉大家不要理睬,呼吁大家高呼口号以免分散注意力。然而,当燃烧瓶炸开时,学生们只能四处散开。游行队伍在男生联谊会会堂前停住,一名女生勇敢地爬到了石柱顶上。她首先宣读了一份统计报告,报告指出,每四个女生中就有一位是约会强奸的受害者。最后,她朗诵了一首有关女性安全的诗歌。队伍继续在校园中前进,路过了另外两个曾经有人企图侵害女生的地点,还经过了几处灯光微弱,女生容易遇险的地方。这些地方既提醒人们曾有女生在此受到侵害,也证明了女性是有反抗侵害的能力的。

你是学生活动中心主任,玛丽萨·菲尔兹。周一,也就是游行后的第一天,莫莉走进你的办公室,她激动地告诉你游行举行得很成功,可是当她上午在校园售货亭以及政治系大楼前的公告板上发现一些传单时,她的那股热情被迅速浇灭了。传单上写着:

  阿灵顿大学的男生们,谁真正该得到平安的夜晚?把平安的夜晚留给你们自己吧。把那些游行的女权主义者赶回

理论联系实际
—— 高校学生事务工作案例研究

去！我们也游行集会去吧——大家周二晚上 8 点在贝尔大楼集合。

她原本就对游行当晚那些下流话和燃烧瓶愤怒不已，这张传单无异于火上浇油。莫莉想知道，校方会对那些扔燃烧瓶的宿舍大楼采取什么措施。她还想知道，在学校有明文规定禁止性别歧视、性骚扰和仇视言论的情况下，校方将如何对周二男生的集会做出回应。莫莉表示她会在当天晚些时候再来找你了解学校将会如何处理这些事情。

与此同时，克劳德·佩恩正在仔细阅读一名校警提交的关于昨晚有人从宿舍窗户向游行队伍扔燃烧瓶事件的报告。报告没有提到具体人名。看完之后，佩恩向宿舍管理部门发了一封邮件，转发了这份报告。

索尼娅离开自己的宿舍大楼时被一名宿管助理拦住了。宿管助理给她看了一份警方制作的画有 8 月份袭击新生的嫌疑人素描头像的传单。但该传单已被涂抹，上面写着"泼妇，放弃吧""我们的英雄"。宿管助理说："这没什么大不了，也许就是一些男生对昨晚的游行感到害怕了吧。"

一名女生联谊会会员将一份通过网络征集的 300 多人签名的请愿书递交学生处陈处长，要求增设校园路灯，增加公共安保设施。这一要求是"找回平安的夜晚"行动的一部分。

午饭后，帕姆和莫莉在《阿灵顿大学新闻日报》上看到了关于游行的报道。她们认为记者对游行活动的报道是准确的，但同时又感觉文章对袭击游行队伍事件的叙述过于轻描淡写。在去上下一节课的路上，帕姆看到了里克·鲍德温，她对里克响应倡议不参加周二游行表示了感谢。接着，她补充道："我很高兴游行那天晚上你们男生联谊会在门廊摆放了蜡烛。这说明了你们对我们的支持。我希望其他男生联谊会在教育他们的会员时也能采取这样积极的立场。"

克莱尔·瓦斯教授在去办公室的路上留意到了号召男生在贝尔大楼集会的传单。瓦斯教授是化学系25名教师中仅有的3名女教员之一，她在阿灵顿大学工作期间非常清楚地意识到性别问题的存在。她觉得校园里的有些地方在夜间对女性来说很不安全。她也知道，她们班一些女生对晚上8点半下课后要走路回家感到担心。跟上午的课相比，很少有女生选她晚上的课。所以克莱尔认为，之所以女生不愿意选择晚上的课，是因为她们担心安全问题。晚上克莱尔自己也只会在大楼内有人时在实验室里工作。她决定和系主任谈一谈对强奸和袭击的恐惧会剥夺女生接受教育的机会的问题。

由于担心传单倡议的周二晚上的集会，莫莉联系了女生联谊会的指导教师琼·韦恩赖特，想和她讨论下她们该怎么办。

韦恩赖特教授仍对新生欢迎周发生的一起事件非常愤怒。当时，学生们玩了一个寻宝游戏，游戏要求他们收集一些具有种族歧视意味和性骚扰嫌疑的物品。比如寻找"胖女孩坐在马桶上的照片""乳头涂有花生酱的女孩的图片"等等。她认为燃烧瓶事件和男生集会是最近发生的一系列侮辱女性的事件的延续，于是她给学生处陈处长打了电话。除这些事件外，韦恩赖特教授还和陈处长讨论了发生在一个成绩优秀的女学生身上的另一起侵害案。这名女学生最近被拒发一项学校奖学金，因为她上学期成绩急速下滑。以男性为主的学术委员会知道那名女生在上学期遭到了强奸，但仍然觉得她应该能处理好此事，保持其良好的学习状态。

陈处长联系了你，告诉你韦恩赖特教授给他打电话的事。最近发生的寻宝游戏事件给阿灵顿大学带来了全国性的负面影响。陈处长想避免事态进一步恶化，因为这会严重损害学校的形象。他要你准备一份报告，详细分析目前女生所面临的校园环境，这份报告要能用于公关，还要能在下周的校董事会上消除董事们的疑虑。挂上电话前，陈处长要你保证，他所听到的"男生集会"

理论联系实际
—— 高校学生事务工作案例研究

不会破坏当晚为潜在生源举行的校园开放日活动,否则"阿灵顿大学会给那些女孩儿留下错误的印象"。

正当你和陈处长通电话之时,电脑的弹窗告诉你,你收到了黑人学生会主席雷特斯·布朗发来的一封电子邮件。结束与詹处长的电话交谈后,你查看了这封邮件。邮件写道:

> 昨晚我在校园里走路时听到有女生在高喊"女生们联合起来,找回平安的夜晚"。问了旁人,我才知道是在举行"找回平安的夜晚"游行。让我感到不安的是,黑人学生会并没参与这次活动,所以这次活动其实应当叫作"为白人女生找回平安的夜晚"。校园里的黑人女生人数可能不多,但是我们的问题也应该得到解决。女生的问题不仅仅是白人女生的问题。

莫莉、索尼娅和帕姆周一晚些时候再次来到了你的办公室。莫莉问你学校会采取什么行动来处理扔燃烧瓶的事,问你她们该如何应对周二的集会,并敦促校方迅速采取慎重的措施。然而,帕姆打断了莫莉的话,她说,她认为还有比男生集会和扔燃烧瓶更危险的情况,她主张把注意力放在更大的问题上,而不只是关注这两件事。帕姆认为,这两件事只是大学校园里需要引起重视的性别问题的冰山一角。事实上,帕姆觉得,对男生游行这件事采取措施只会火上浇油,没有必要。莫莉和索尼娅强烈反对她的观点。这三位女生在表达了自己的意见后,等着你的回复。

你该怎么办?

案例分析

为分析这一案例,你必须回答本章开头所提出的八个问题:

1. 案例中的关键问题是什么?
2. 哪些因素/情况对理解和处理这些问题十分重要?
3. 还必须收集哪些其他信息?
4. 谁是主要决策者,他能发挥什么样的作用?
5. 是否有与需要解决的问题相关的理论可以参考?
6. 对于主要决策者来说,还有哪些备选方案可以选择?
7. 每个方案的优缺点是什么?
8. 能采取哪些长期或短期的行动方案?

通过回答这一系列问题,你可以分离出有助于形成案例解决方案的各种信息。

决策问题

本案例提出了好几个需要解决的复杂问题,每个问题都有其不同程度的紧迫性。当然,近在眼前的是,你,学生活动的主管玛丽萨·菲尔兹,要回答坐在你面前的这位年轻的女生联谊会主席的问题,决定对"团结起来把女权主义者赶回去"男生游行集会采取哪些措施。你现在会怎么做呢?

阿灵顿大学和你有很多虽然现在看起来并不紧迫,但从长远来看更加重要的其他问题需要解决。这些问题包括:如何消除最近校园内持续出现的紧张气氛,使校内女生得到更多的欣赏与尊重?考虑到校内发生的多起女生遇袭事件,应采取什么措施让校园变得更加安全?男生们对"找回平安的夜晚"游行的抗议在多大程度上反映了其他保持沉默的学生的意见?他们是赞成还是反对?但是,扔燃烧瓶、号召举行反击游行的传单上的措辞以及对警方传单的涂抹,至少显示出了他们对女生的敌意。这些问题,连同已经报告的多起性别歧视案件,需要用较长的时间才能解决。

另一个问题是游行活动的筹划问题。女生联谊会主席是否考虑过邀请雷特斯·布朗及其他文化团体或族裔学生的领导加入游行并表达各自的诉求？此外，考虑到招生对学校财务预算的重要性，这些关系到学校声誉、校园安全的问题必须得到解决。最后，男生计划在星期二晚上举行的游行与学校原定的面向潜在生源的校园开放日活动在时间上重叠了，而且一星期后将召开董事会会议，这些都给学校增添了额外的压力。

校园内言论自由的边界究竟在哪里？当前环境是否会影响女生获得平等的接受大学教育的权利？应该如何划定幼稚的玩笑和对女性的仇视之间的界线？当举行诸如"找回平安的夜晚"之类的和平游行时，校园安保人员应当发挥怎样的作用？游行时应该出现校园安保人员吗？在制定大学政策以及教职员工培养计划，以提高学生事务工作者以及其他教职员工的能力、增强其信心、提升其士气方面，我们可以采取什么样的有关性别问题的措施？

这些问题为分析案例、做出决策提供了基本框架，并形成了模板。此外，你是否发现了其他应该得到解决的问题？通过回答本章开头部分的八个问题，你就能找到解决方案，做出决策。

事件基本情况

根据上述问题框架，要理解这一案例并采取恰当措施，有哪些信息非常关键？通常在案例研究的主体部分可以找到这个问题的答案。在本案例中，事件是按时间顺序呈现的。案例的"背景"部分提供了事件的历史背景与发生的场景，包括以下这些重要信息：这是一所公立的大型寄宿式学校。阿灵顿大学的行政管理部门对学校的对外公共关系十分敏感，侵犯女性的校园暴力案件已经对学校产生了负面影响。女学生试图使人们的注意力集中到安全问题上，她们的做法遭到了校内某些男学生的反对。另外，黑人学生会以及其他一些可能有意愿推动"校园安全"的学生联谊会没有收到游行的通知，他们认为自己没有得到足够的尊重。此外，尽管女生们为举行"找回平安的夜晚"游行提前做了宣传，但学校警署主管克劳德·佩恩是在第二天早上阅读报告时才得知游行遭遇了燃烧瓶袭击。

其他信息

对基本情况的审视直接引出了第三个问题：还必须收集哪些其他重要信息？

鉴于距离男生的反击游行没有几天时间了，你，玛丽萨·菲尔兹，正在思考以下几个问题：学校警署做好了准备，应对庞大而喧闹的男生游行队伍了吗？如果游行继续向前推进，是否要安排一些学生事务教职员工参与活动？男生计划举行的游行活动是否有具备号召力的领导者或领导团队来领导？阻止男生游行会对阿灵顿大学倡导的言论自由产生什么样的影响？谁应该为"新生欢迎周"寻宝游戏中的不当行为负责？另外，站在玛丽萨·菲尔兹的立场上，你是否想到了其他一些问题？

无论下周会发生什么事情，充分了解情况会有助于做出会带来长期影响的决策。在阿灵顿大学中，对教职工产生影响的性别问题的本质是什么？阿灵顿大学在为女性及全体学生提供安全的生活与工作环境方面做出了哪些承诺？是否有必要重新审视学生事务教职员工的招聘和培训流程？学生公寓指导教师的招聘流程和培训要点是什么？学校对性骚扰有哪些规定？学校是否有关于两性平等问题的政策？集体生活教育等在全校范围开展的活动是否致力于解决性侵犯、约会强奸等问题？最后，校内代表不同种族、文化、身份认同等的学生团体之间存在着什么样的联系？

关键人物

第四个问题是，谁是主要决策者，他们分别扮演了什么样的角色？上文"人物"部分列出了本案例的主要决策者。你是学生活动主管玛丽萨·菲尔兹,是与本案例中的学生和学生组织联系最为紧密的行政人员。你还充当了学生与学校领导之间的重要纽带。你必须立即做出决定,是采取行动阻止周二的男生反击游行,还是采取措施将游行转变为一场教育活动。本案例的主要决策者还包括以下学生:"找回平安的夜晚"游行活动协调人莫莉·泰特、索尼娅·詹金斯和帕姆·唐兰,男生联谊会会员里克·鲍德温,以及黑人学生会主席雷特斯·布朗。克莱尔·瓦斯教授和琼·韦恩赖特教授在学校里是女生的代言人。学生处处长罗宾·陈最关心的似乎是学校形象和新闻舆论问题。而无论采取怎样的措施,学校警署主管克劳德·佩恩都会参与其中,竭尽全力使校园变成一个对女性而言更为安全的地方。

除案例中列出的人物外,其他参与者和决策者可能还包括:其他族裔和身份认同群体的学生领导;女生联谊会,她们已经向处长提交了300人签名的请愿书,要求增加校园路灯及公共安保设施;负责学生宿舍管理的领导;女生联谊会指导教师;学生自治会;新闻媒体和试图帮助阿灵顿大学,对新闻媒体施加影响的人士;校报的编辑和顾问;校长咨询委员会成员;当然,还有掌管大学的董事会成员。考虑到根深蒂固的校园文化性质,以及与校园安全相关的事宜,人们可能会说,实际上校内的每个成员都受到了影响,校园安全和每个人都休戚相关,每个人都应做出个人的决定,而他们的决定将会对这一案例的结果造成长远的影响。

相关理论

第五个问题是,哪些理论可能与需要决策的问题相关?与这些问题密切相关的理论可以为主要决策者提供帮助。你可以通过学生事务管理相关文献了解到应对当前迫切需要解决的问题的办法。

为了对接下来几天的行动和决策寻求理论指导,可以参考邓肯(Duncan,1993)或柯恩和马奇(Cohen & March,1974)提出的校园危机处理实践模型。该模型提供了一份校园危机处理实用行动清单。而环境评估理论(例如 Strange,1994)可以帮助你和其他人在校园风气方面深入了解阿灵顿大学正在发生的事件。

你和其他大学管理者可以从有关白人学生和少数族裔学生"种族认同发展"(例如 Helms,1990;Kerwin & Ponterotto,1995)的文献中获得帮助。另外,认知发展理论(Chickering & Reisser,1993;Erikson,1968;Perry,1970)以及性别身份认同和女性观点模型(Gilligan,1982;Josselson,1987;Marcia,1966)有利于理解男女大学生的各种问题和观点。

阿灵顿大学可以考虑制定一项有关校园多样性的综合方案(Stage & Hamrick,1994)。为更好地理解案例中的关键人物并与他们合作,可参考托雷斯、霍华德-汉密尔顿和库珀(Torres,Howard-Hamilton & Copper,2003)等人的研究。可根据最新的法律法规来判断案例涉及的法律与纪律问题(Kaplin & Lee,1997)。此外,乌尔塔多(Hurtado,2007)将学校全体成员同学校的教育使命以及公民使命紧密联系起来的观点也为我们提供了另一个非常好的看待问题的角度。

当你在思考这些问题时,除以上提到的理论之外,还有许多理论可能对你有所帮助。然而,与其用十几种理论将问题复杂化,不如选定四五种你最熟悉的。

备选方案及每个方案的优缺点

回答第六个问题"对于主要决策者来说,还有哪些备选方案可以选择?"以及第七个问题"每个方案的优缺点是什么?"时,需要将这两个问题结合起来考虑。

针对男生将于周二举行的反击游行,可以采取多种应对方案。可以什么都不做，顺其自然。这样做的好处是不会犯错误，但缺点是显得无能，甚至被上级领导视为不负责任。可以要求处长协调，确保校园安保人员到场维持秩序。这样做的好处是可以避免学校财产损失以及游行失控时师生受到伤害。但坏处是，如果安保部门不保持低调，形势可能会进一步激化。可以请教处长如何巧妙地将情况告知校长咨询委员会。这样做的好处在于可以预先通报校领导并获取建议。但缺点是，他们可能会影响你及时采取措施限制下周二的游行。

可以让女生出面，对游行可能会出现的性别歧视倾向表示反对。这样做的坏处是，可能会在关注校园安全的女生和对其做出回应的男生之间进一步制造紧张气氛，从而导致一场严重的对抗。可以与游行活动的学生领导进行对话，建议对事件表示关切的女生和男生代表组成专门委员会，直接参与校园安全问题的解决。直接参与可能会使反击游行活动转向更为积极的方向，但是也有可能带来其他风险。

如果周二的游行活动按计划举行，那么学生处处长和校园保卫处处长必须要做好准备应对学生示威者的不良行为。此外，招生办公室的工作人员必须为可能会受到的影响做好准备，因为为招生而举行的校园开放日活动与游行是在同一天的晚上。对游行活动的宣传只会提高人们对女生校园安全问题的关注度。

阿灵顿大学及其主要决策者有许多方案可选择。这主要取决于学校对女性校园安全问题的重视程度。可以用一些华丽的辞藻来谈论公共安全的重要性，强调在确保校园安全方面学校采取了哪些措施，但实际上并不真正投入资源来加强校园安全。这对于对负面新闻舆论相当敏感的管理者来说十分有吸引力。但是这种方式只会延迟问题的解决，使问题恶化。阿灵顿大学的领导也可以立即成立委员会，听取女生的意见，制定确保女性安全的行动计划。可通过专项拨款向管理机构传递有力信号，引起他们对问题的重视。但这样做的缺点是，会引起人们对学校在校园安全方面的领导能力的关注，但优点在于能使阿灵顿大学真正实现自身使命，为所有人创造一个安全的环境。

阿灵顿大学也可以采取一些折中方案。一个相对安全且成本低廉的选择是满足女生联谊会请愿书的要求，增设校园路灯及公共安保设施。这会向关注校园安全问题的女性传递重要信息，也是使校园变得更加安全的第一步。此外，这一方案将为大学做出良好的宣传，并且很可能会给正在考虑报考阿灵顿大学的学生留下深刻印象。缺点是，该方案未能解决学术部门和学生团体中对待女性的态度问题。

其他需要做出决策的问题也同样需要分析可采取哪些方案。这些问题包括：学生组织之间缺乏联系，导致黑人学生会未能参加"找回平安的夜晚"游行活动，可采取哪些措施？另一个值得担忧的问题是言论自由。在言论自由和相互尊重的基础上，校内的言论自由的边界在哪里？针对这些问题，你找到了哪些解决方案？每个方案分别有哪些优缺点？

行动方案

最后一个问题是，应该采取什么样的长期或短期行动方案？要回答这个问题，必须对备选方案的优缺点加以衡量。

从短期来看，应告知阿灵顿大学的校领导和保卫处周二晚上可能出现学生游行。应让他们了解学生及教师对女性在校内的安全问题表示担心的情况。此外，虽然本案例中，对校园安全问题表示担心的教职员工不多，但她们对校园安全问题的关切都应该得到重视。如果允许游行活动按计划进行，学校新闻发言人必须做好准备，回答来自新闻界、开放日来访的学生及其父母可能提出的问题。

你决定直接去找雷特斯·布朗，经过一番长谈后，你请她在校园性别问题上发挥领导作用,为你的工作提供支持。你做出承诺,会更积极地鼓励所有学生群体参与策划重大活动。此外,学生群体的参与将成为未来校园活动领导的培养和校内培训的一个重要内容。

女生团体的学生领袖——莫莉·泰特、索尼娅·詹金斯、帕姆·唐兰和雷特斯·布朗,参与组织请愿的女生联谊会协调人,男生联谊会会员里克·鲍德温等,都可以协助你起草报告,提交给阿灵顿大学管理层。此外,他们也可能成为长期致力于解决校园安全问题的全校性团体的成员。

反击游行、毁损警方传单以及似乎尚未造成伤害的燃烧瓶,都成了阿灵顿大学的导火索。阿灵顿大学的领导层务必须做好准备,认真听取校内女生的诉求,并制定短期和长期方案来解决这些问题。问题的焦点在于阿灵顿大学是否致力于给所有学生营造一个安全的学习环境。制定并公开阿灵顿大学解决校园安全问题的计划,其重要性毋庸置疑。

学生事务工作者和女生联谊会指导教师应该重点关注性别相关的问题,并把这一问题作为学生领导培养项目的一个内容。制定长期计划时应考虑如何针对校园内的性别问题对宿管助理和其他学生干部进行培训。此外,学生事务部门还需要考虑如何将族裔和身份认同问题纳入学生干部培训计划。关于如何通过学生干部培训和项目策划(Hurtado,2007;Stage & Hamrick,1994)解决这些问题,学生事务的文献中有许多可用的资源。

结 论

本书读者应当了解的一个要点是所有案例都没有所谓唯一的正确分析。事实上,案例分析可以被视为一种艺术,正如表演者的表演是独一无二的,案例分析和决策对于学校管理者而言也是因人而异的。每位分析者都会对案例中不同因素之间的相互作用进行不同的权衡。因此，集体分析案例的价值之一是可以得出许多不同的、同样有效的，并且可操作的备选解决方案。

与许多案例研究不同的是，本书的案例并不会以一组需要回答的问题作结。恰恰相反，案例的结尾，学生事务工作者要么陷入痛苦的两难境地，要么倾向于服从上司的指示，而这正是现实生活中的状况。希望在实际工作中遇到类似问题时，案例分析者能够参考本章中提供的问题找到自己的解决方案。

此外，要记住的一个重点是，我们不推荐你把对一个案例的分析归纳应用到另一个案例中去。应用案例分析方法的一个原则是，在某种情况下适用的方案可能并不适用于另一种情况。班级或其他团体背景下的案例分析强化了高等教育中的协同合作与团队决策。而我们所接受的专业教育有助于我们了解学生事务管理者应该履行的职责。现在，让我们一起来看看这些案例，并找到适合自己的处理方式吧。

参考文献

Chickering, A. W. & Reisser, L. (1993). *Education and identify* (2nd ed.). San Francisco: Jossey-Bass.

Cohen, M. & March, J. G. (1974). *Leadership and ambiguity: The American college presidency*. New York: McGraw-Hill.

Duncan, M. A. (1993). Dealing with campus crises. In M. J. Barr & Associates (Eds.), *The handbook of student affairs administration* (pp. 340—348). San Francisco: Jossey-Bass.

Erikson, E. H. (1968). *Identity: Youth and crisis*. New York: Norton.

Gilligan, C. (1982). *In a different voice*. Cambridge, MA: Harvard University Press.

Helms, J. E. (1990). *Black and White racial identity: Theory, research, and practice*. New York: Greenwood Press.

Hurtado, S. (2007). Linking diversity with the educational and civic missions of higher education. *The Review of Higher Education*, 30 (2), 185-196.

Josselson, R. (1987). *Finding herself: Pathways to identity development in women*. San Francisco: Jossey-Bass.

Kaplin, W. A. & Lee, B. A. (1997). *A legal guide for student affairs professionals*. San Francisco: Jossey-Bass.

Kerwin, C. & Ponterotto, J. G. (1995). Biracial identity development. In J. G. Ponterotto, J. M. Cass, L. A. Suzuki, & C. M. Alexander (Eds.) *Handbook of multicultural counseling* (pp. 199-217). Thousand Oaks, CA: Sage.

Marcia, J. E. (1966). Development and validation of ego-identity status. *Journal of Personality and Social Psychology*, 3, 551-558.

Perry, W. G., Jr. (1970). *Forms of intellectual and ethical development in the college years*. New York: Holt, Rinehart, Winston.

Stage, F. K. & Hamrick, F. A. (1994). Diversity issues: Fostering campuswide development of multiculturalism. *Journal of College Student Development*, 35, 331-336.

Strange, C. (1994). Student development: The evolution and status of an essential idea. *Journal of College Student Development*, 35 (6), 399-412.

Torres, V, Howard-Hamilton, M. F., & Cooper, D. L.

(2003). Identity development of diverse populations: Implications for teaching and administration in higher education. *ASHE-ERIC Higher Education Report*, 29(6). San Francisco: Jossey-Bass.

第四章　组织管理案例

几乎没有任何校园危机能逃出大学管理者的视线。大学里任何一个二级部门内的问题的解决，都需要从整个学校的角度考虑。本章所列举的案例聚焦于那些对全校，尤其是对学生事务部门影响深远的校园事件。

在凯蒂·布兰奇（Katie Branch）的案例《少喝酒，否则成绩下降？》中，一名年轻的学生事务专业人员，为让自己的观点在学校会议上得到认可、获得重视而不懈努力。葆拉·斯泰瑟·戈德法布（Paula Steisel Goldfarb）的案例《战略项目规划：改进计划以达到预期目标》，主要介绍了一名年轻的学生事务专业人员，如何在学校的经济危机中竭力忠诚于自己的大学，以及如何致力于自己专业能力的提升。罗纳德·C.威廉姆斯和崔西·戴维斯（Ronald C. Williams & Tracy Davis）在《学业基础与学位获取：西迪斯伯里州立大学》案例中描述了一所大学所面临的困境：该校必须保证招生标准不降低，同时提高学生保持率，但在学业上没有做好大学入学准备的学生人数却不断增长。

金·约什－埃尔泽纳（Kim Yousey-Elsener）的案例《政治驱动的评估结果》分析了一位学生事务评估主管在进行一项关于学生如何使用时间的研究时，是如何避免触及政治雷区的。在巴特·格拉根编写的案例《利益冲突：利用从外部获取的信息》中，一位荣誉项目的主管正在审核一名学生的入学申请，但他从校外了解到该生的负面信息,这使得他难以做出决定。在案例《沃伦社区学院的学生分歧》中,弗洛伦斯·A. 哈姆里克(Florence Hamrick)卡特丽娜·加洛(Catrina Gallo)介绍了一起以一位神父的名字来命名学校建筑物引发的校园冲突,按现在的观点来看,该神父的观点颇具争议。梅丽莎·博伊德-科尔文和凯蒂·布兰奇编写的《美国西部大学面临的评估困境》中,一位管理人员在领导一项校内评估工作时不但没有得到支持,反而受到了阻挠。

研读第一个系列的案例之后,你将对学生事务部门及其面临的常见问题有一个整体的了解。

少喝酒,否则成绩下降?

凯蒂·布兰奇

背景

普赖德大学是南部各州州立高等教育机构中的典范。该大学在校生总数大约是 14 000 名(其中本科生 11 000 名,研究生 3 000名)。近45%的学生为住校生。校园住宿设施包括集中在三个居住区的 14 座宿舍楼,每个区有自己的公共餐饮场所。其余的学生多数是居住在距离校园 50 英里内的走读生。普赖德大学坐落在一个小村子里。不过,该州第四大城市离校园只有约 15 英里。

人物

詹姆斯·波特(James Porter):住宿生活部主任,在普赖德大学工作了 15 年。他在获得大学学生事务专业的硕士学位之后就来到了普赖德大学工作。起初,詹姆斯担任公寓区楼栋生活指导老师,负责一栋楼的学生的指导。两年后,他晋升到公寓区学生事务区域协调员的岗位。在此岗位工作的 5 年中，詹姆斯负责督导楼栋指导教师，并与所在公寓区设备管理部门及运行部门密切合作，如与餐厅经理合作。在担任协调员期间，詹姆斯还是该校高等教育管理专业的在职博士生。当学校公开招聘住宿生活部副主任时，詹姆斯成功竞聘上了这一岗位。当了 3 年副主任后，詹姆斯不仅获得了教育博士学位，而且在前任主任退休时晋升为住宿生活部主任。他已在这一岗位上干了 5 年。詹姆斯是高度重视协作的领导者。他因致力于多元文化的发展和为普赖德大学学生所做出的贡献而闻名。詹姆斯直接向分管学生事务的副校长述职。

威廉·斯坦福德（William Stanford）：学生处处长，在普赖德大学工作了 28 年。他在本州一所规模较小的私立文科学院读大四时，担任过该校学生会主席。他的职业生涯开始于普赖德大学学生活动指导教师一职，在此期间他还在该大学攻读公共行政政策硕士学位。威廉在普赖德大学的职业发展轨迹还包括在学生处兼任副处长。18 年前，当前一任学生处处长退休时，威廉便晋升到处长职位。他管理风格严谨，为人热情友善。他在学校名望很高，深受学生、教职员工和校友的好评。他被大家所熟知，直接向分管学生事务的副校长述职。

保罗·提蒙斯（Paul Timmons）：学生健康与福利中心主任，已在普赖德大学工作 3 年。他在一家私营集团工作 5 年后来到普赖德大学。而在这家私营集团工作前，他已在美国另一个地区的高等教育机构的保健服务中心工作了 12 年。当他的妻子在普赖德大学附近市区获得一个工作岗位后，他们决定搬家，提蒙斯则前往一家私人诊所工作。后来，当学生健康与福利中心对外招聘主任时，提蒙斯前来应聘，填补了这一职位的空缺。虽然提蒙斯医生对这一职位很陌生，但他已经以社区健康的专业运作模式树立起了作为大学领导人的威信。他直接向分管学生事务的副校长述职。

迈克尔·亚当斯（Michael Adams）：酗酒吸毒教育服务协调员，已在此岗位工作两年。他在获得心理咨询专业药物滥用方向博士学位后来到普赖德大学工作。为了做好扩展活动、雇用辅助工作人员，包括雇用普赖德大学的研究生到辅导和咨询服务中心实习，亚当斯博士在很大程度上依赖于财政拨款和补助金。他凭借其超强的补助金申报书写作能力在同事中倍受尊敬。迈克尔向学生健康与福利中心主任提蒙斯述职。

欧利维娅·费尔德斯（Olivia Felds）：住宿生活区协调员，两年前来到普赖德大学。此前，她在美国另一个地区的一所位于城区的大型知名公立高校担任过3年的综合事务部主任。该主任职位是欧利维娅获高等教育学生事务硕士学位后的首份工作。在普赖德大学工作的两年间，欧利维娅之所以赢得学生和同事的尊重，是因为她具有合作式领导风格并致力于多元文化的发展。她向詹姆斯·波特述职。

案例

新学年，在住宿大楼开放后的一个月内，许多住宿生活区大楼的工作人员都承受着巨大的压力。他们的压力源自近期的好几起酗酒事件。在这些事件中，因酒精中毒而有生命危险的学生急需送往最近的医院救治。这家医院离校园约14英里，通往医院的路途主要是乡村小道。从病人送上救护车到抵达医院需要15分钟以上。救护车配有兼职急救员，他们在普赖德大学学生健康与福利中心接受过培训。学生住宿生活部的统计数据显示，过去3年，普赖德大学这类酗酒事件的数量呈持续上升趋势。

学生主办的报纸，包括纸质版和电子版，已开始登载校园的酗酒事件以及相关的报道。一位编辑流露出这样的情绪："当在学校除了酗酒便再也无事可做时，你还有什么盼头呢？"学生报纸上的故事不仅开始引起附近市区的出版社和广播媒体的关注，而且也开始引起地方和州政界人士的关注，因为他们当中的许多人都毕业于普赖德大学。

在事件发生两周之后，直接向分管学生事务的副校长报告工作的两名主任和学生处处长（住宿生活部主任波特、学生健康与福利中心主任提蒙斯、学生处处长斯坦福德）碰了头，讨论了校园相关问题。通常，这种见面是以休闲的方式进行，例如在午餐时见面。处长和两位主任已决定，在下次会面时他们将讨论校园酗酒事件日益增多的问题并提出对策。他们邀请迈克尔加入他们的讨论。此外，他们还决定，如果需要的话，他们会在学生会的会议室碰头，以便使用会议室的黑板和投影仪。迈克尔最近参加了一个研讨会，会议主题是使用罚款来解决酗酒问题，提蒙斯医生和斯坦福德处长对此格外感兴趣，希望进一步了解情况。

在这次会议的前两天，詹姆斯·波特得知他必须参加另一个会议。詹姆斯问欧利维娅是否能代表他出席酗酒问题讨论会。他之所以特地问欧利维娅，是因为他知道她在攻读硕士期间曾经参与过一个社区酗酒干预项目，并拥有与司法制裁相关的专业技能。欧利维娅确实在这一领域有过相关的研究与实践，她很高兴可以代表住宿生活部主任参加这次会议。欧利维娅列出了一份普赖德大学可以采取的干预策略清单，为参加此次会议做好了准备。

当欧利维娅走进会议室时，提蒙斯医生和斯坦福德处长已经先到了。他们对她的到来表示了欢迎。斯坦福德处长问她在普赖德大学工作有何感觉。她回答说，今年感觉特别好，因为她在普赖德大学的头两年收获很大并且工作很愉快。迈克尔到会后，他们便开始讨论近年校园酗酒事件数量上升的趋势。斯坦福德处长让迈克尔介绍他在研讨会上了解到的利用罚款控制饮酒的方法。迈克尔给大家了做了一番简要介绍，并主张对普赖德大学住宿区的饮酒行为采取罚款措施。他认为，罚款是对住宿区发生的公然违背学校酗酒问题政策的一种"及时制裁"。这就意味着,宿舍助理可以开罚单,而违规者则要支付预先规定的罚金。他还建议,应制定学生对罚单进行申诉的程序,同时别的处罚措施也应该按照通常的法律程序进行。

欧利维娅对让在学生宿舍区承担指导教师工作的实习生充当罚款者的角色提出质疑。她还谈到她所熟悉的研究与实践都证明,罚款无法制止学生饮酒,特别是从长远来看。斯坦福德处长说,他已经在这个岗位上工作了多年,不管相关研究怎么说,他都认为值得在普赖德大学尝试下这一方法。欧利维娅对他们说,有些研究给出了其他办法,可以防范和应对在大学宿舍喝酒引发的事件。斯坦福德处长对欧利维娅说:"你把与罚款有关的内容记下来让波特看一看就行了。"提蒙斯和迈克尔对欧利维娅的发言一点儿也不感兴趣,他们三个人又接着讨论罚款问题去了。欧利维娅目瞪口呆地坐在那儿,觉得斯坦福德处长把自己当成了记录员。虽然在后面 20 分钟的会议上欧利维娅不时发言,但是她始终没找到合适的机会充分表达她的看法。

回到办公室后,欧利维娅在电脑上为住宿生活部主任波特总结了一份会议纪要。在撰写会议纪要时,她对会议上发生的事越发感到愤怒。她不知道为什么自己受到忽视。是因为就专业和个人而言,这三位男士彼此之间更为了解,还是因为与谈论小组的其他人相比,她更年轻或大家感觉她更缺乏经验?抑或与她的性别有关?她越想越不安。她原来以为,有了硕士毕业后 5 年的成功的工作经验,她已经建立起信誉,是一个受到认可的学生宿舍管理专业人员。

她把一张便条附在会议纪要上,告诉詹姆斯她想与他谈一谈本次会议的情况。第二天上午她去送材料时,詹姆斯恰好在办公室。他问:"会议进行得怎么样?"欧利维娅回答说她在会议纪要中总结了会议的内容,并且说道,她觉得她的加入好像并没有受到他们的欢迎。詹姆斯说，这几个人彼此相熟，也许那只是她自己的感觉。他还表示，他希望她继续代表他参加他们的会议，直到问题得到解决，因为他刚接手另一个需要他特别关注的重大项目。欧利维娅告诉他，她不想再参加他们以后组织的会议了，因为他们好像更愿意詹姆斯本人参加。然而，她并未提起她前一天思考的自己被忽略的问题，因为她非常希望能尽快采取措施，扭转学生宿舍酗酒事件逐步增多的势头，为此她有很多工作要做。她担心，如果不尽快扭转这一局面，将会有学生死于酒精中毒。她请求詹姆斯给她时间，让她考虑是否继续作为学生住宿生活部的代表参加他们召开的会议。詹姆斯建议在明天上午的每周例会上讨论此事。此外，他还想讨论下她所提出的减少酗酒事件数量、减轻其严重程度的思路。

欧利维娅对詹姆斯愿意听取她的想法表示了感谢，然后就去参加她所在宿舍区的例会了。像往常一样，她又将开始忙碌的一天，她没有时间进行自我反思。不过，她知道，她必须抓紧时间决定第二天上午向詹姆斯报告什么。

你是欧利维娅，第二天上午与詹姆斯见面时，你会怎样向他汇报呢？

战略项目规划：改进计划以达到预期目标

葆拉·斯泰瑟·戈德法布

背景

中西部大学是美国中西部一所规模较大的州立大学，拥有30 000名学生。这些学生主要来自本州各地，但该校也吸引了来自其他州的大量学生。中西部大学是一所公立大学，尽管学生众多，但学校主要依靠州政府拨款来维持学校的正常运转。该校提供本科与研究生课程，一直享有盛誉。教师及管理部门致力于履行学校的使命：给最优秀最聪明的人才提供教育，为地区培养优秀人才。该校与其所在的社区关系密切，被视为本地区经济增长的重要推手。

人物

雪莉·莫尔（Shirley Moore）：研究生院负责课程规划的副院长。

玛丽·劳伦（Mary Lauren）：中西部大学校长。

约翰·卡尔森（John Carlson）：首席财务官。

乔治·坦普尔（George Temple）：研究生院院长。

案例

为了迅速找到为学校创收的办法，校长指派了研究生院院长全权负责。州政府减少了对学校的资助，学校必须找到更多增加收入的方法才能维持正常运转。院长向该院各级领导寻求建议，让大家为大学发展献策献计。考虑到学校财务状况和地理位置，选择合适地点花费尽可能少的资金建立分校是最明智的选择。否则，在未来 5 年内学校将会面临严重的财政问题。现在，时间至关重要，而解决经费短缺问题的最佳选择就是建立分校区。

你是雪莉·莫尔，研究生院副院长，负责研究生课程规划。两年前，校长玛丽·劳伦明确了你接下来要完成的任务。这段时期经济不景气，全国各州的立法机构都削减了对学校的拨款。对于一所大型公立大学来说，失去拨款会带来致命打击。那么，中西部大学如何才能保全学校，甚至在这种情况下发展壮大？劳伦校长给包括研究生院院长乔治·坦普尔在内的学校领导下达指令，要求大家寻找增加收入的办法。坦普尔院长必须在三个月内提出一个可行方案，使学校免于大规模裁员。

坦普尔院长向研究生院的教师及学院高层发出信息，呼吁所有人提出自己的想法。他在教师会议及领导团队会议上提到了这个问题。几个星期后，他收到了一些回复，并意识到他说的话并没有起到太大的作用。他决定召集学院的所有领导参加为期一天的会议，让大家暂时脱离日常工作，讨论目前情况的严重性，集中时间想出办法来。

会议结束后，那些新的想法始终在坦普尔院长的脑海中徘徊。他非常兴奋，以至于晚上无法入睡。吸引他注意的想法是创建一个分校区，招收在郊区工作的在职学生。校区建在一些企业附近，其中有一家大型消费品公司，也离很多年轻人的家不远。

坦普尔院长决定让负责研究生课程规划的副院长雪莉·莫尔成立一个工作组来检验这个计划的可行性。在工作组完成对该计划的正式审核后，坦普尔院长于两周后开展了可行性研究。工作组的工作内容包括统计人口资料，收集对读在职研究生感兴趣的人员的信息，了解该地区的经济状况，统计当前学生人数以及竞争对手的信息。该地区看起来像是建立分校区的一块沃土。

研究结果表明，在该地区建立开设研究生课程的分校区的时机已经成熟，所有因素都表明了校区很有可能取得成功。事实上，根据坦普尔院长的调查，其他院校并没有在该地区开设过类似分校。

坦普尔院长向劳伦校长提出了这个方案，而校长将会在下次的董事会会议上提出这一方案，并交由董事会决定。在明确几个问题之后，董事会表示认同，认为这个方案可能是他们所有人都在寻找的增加学校收入的可行方案。根据提交的市场分析数据，董事会批准学校创建分校区。

方案

分校区的建立有一些初期运营成本，但工作组和首席财务官约翰·卡尔森认为这些成本微不足道。在该地区，学校已经有了一幢小楼，可以利用这一幢小楼来开设分校区，开展研究生课程教学。为使建筑符合规定，需要对小楼做一些改造，并且要建教室。学校购买了设备，这栋楼被分配给研究生院。运营成本包括小楼的电费和维护费用，此外还有一些营销成本，例如印发小册子和打广告。该项目计划在几个月内就完成学生的招生入学，用来填补额外费用的空缺。

该方案得到了近乎一致的称赞。教职员工及行政管理部门都对分校区很感兴趣，一些校友也为学校扩大规模而感到高兴。分校区的成立使得新建的校区以及整所大学都受到了媒体的广泛报道。令中西部大学校长感到宽慰的是，研究生课程能够解决学校的财务问题。所有迹象都表明分校区的建立取得了成功。

实施

然而，在具体实施过程中出现了一些问题。学校教师一般都住在主校区附近，他们不愿意到分校区去上课。晚间课程在主校区已经不受欢迎了，分校区更是如此。分校区是为了满足在职学生的需求，所以提供了大量的晚间课程。行政管理人员也难以在主校区对分校区进行管理。超负荷工作的行政部门把新校区放在了次要地位。为吸引人们的关注，市场宣传活动耗时超过预期，而且必须要专门聘请教职工从事研究生课程的管理、拓展以及招生。意料之外的成本开始增加。

第一个入学的班在秋季开始上课，学生人数少于预期。学生对他们在分校区学习抱有很高的期望。然而，新校区尚未完善，设施有限。学生不能在校内查看邮件，也无法获得主校区提供的一些服务，例如使用图书馆的在线资源。这些服务，对于学生，尤其是在职学生来说至关重要。因为学生人数少于预期，所以可提供的课程有限，学生们对课程的质量感到十分失望。此外，校区工作人员的变动意味着校区缺乏足够的支持，也缺乏学生服务，而这些都是诸如中西部大学这样一所声誉良好的学校通常能够提供的。

设立分校区快两年时，学校发现最初的预估似乎过于乐观，并未考虑到实际的运营成本。此外，学生都有工作，需要履行其他职责，他们需要开课时间和结课时间能够灵活变通，因此学生的保持率问题逐渐浮出水面。

现在，两年后，在坦普尔院长对研究生院状态的半年一次的审查期间，他在首席财务官约翰·卡尔森的演讲中注意到，已经创建18个月的分校区现在仍然和最初的预期相差甚远，深陷财政赤字泥潭。本应该给学校增加收入、挽救学校的新校区反而正在让学校相当有限的资金进一步流失，这令他忧心忡忡。

坦普尔院长对该方案能否取得成功表示担忧，他要求重新审核分校区的市场及潜力。他指示你制定一项能够拯救分校区的计划，并将你的计划提交给校长及董事会。

你会提出什么样的计划？你会分析哪些其他因素？工作组最开始的分析遗漏了哪些内容？你认为应当怎样对该方案进行预算，会将哪些项目纳入预算？开设新的研究生课程、建立分校区是否有隐藏成本，即未确定的成本？在这种情况下，这些隐藏成本会是什么？是否应该咨询其他利益相关者？在运营分校区这个问题上，你还会咨询哪些人，原因是什么？在这种情况下你会采取些什么不同措施？你如何解决上面提到的管理问题？你会建议关闭分校区吗？为什么会或者为什么不会？

学业基础与学位获取：西迪斯伯里州立大学

罗纳德·C.威廉姆斯　崔西·戴维斯

背景

西迪斯伯里州立大学是一所公立的、地区性综合大学，拥有两个校区。该大学位于郊区的校区是传统的四年寄宿制校区,学生大约15 000名;而位于人口超过45万的大都市的走读校区一共有25 000名学生。学校共有5个本科学院:工程技术学院、教育学院、商业科技学院、人文美术学院,以及自然科学与数学学院。学校还有几个引起外界广泛关注的中心,包括海外留学项目与国际研究中心,荣誉课程和男性发展研究中心。学生通过修读课程学分,获得专业学位和证书。该校重视教学,关注学生个体的学习,学术研究和相关服务正在成为学校发展的重点。

西迪斯伯里州立大学的年度预算超过3.25亿美元,提供86种本科课程、47种研究生课程。该校受到美国教育部及高等教育认证委员会认证的美国大学联盟的认可。西迪斯伯里州立大学学生与教师的比例为17:1,学校有772名全职教师,他们讲授95%的本科和研究生课程,此外还有20个预科和29个认证项目。入学率最高的专业是生物科学、农商学、犯罪学、工程学及心理学。

人物

桑娅·马雷凯尼尔·拉皮拉坦诺(Sonya Marechalneil Lapiratannagool):学术事务副校长助理。她向教务长和执行副校长述职,现已任职3年。

柯克·勒福德(Kirk Relerford):学生事务副校长助理。他向学生事务副校长述职,任职12年。

梅雷迪思·科利尔·艾伦(Meredith Collier Allen):学校研究和规划主管。

托马斯·弗兰恩斯(Thomas Franzone):校长行政助理。

丽贝卡·菲尔兹(Rebecca Fields):物理工程专业的大三学生,20岁。

加勒特·辛格(Garrett Singley):大学辅导与咨询中心

主任。

尤尼斯·泰勒（Eunice Taylor）：社会学和人类学系主任。

布兰登·威尔克斯（Brandon Wilkes）：学生发展办公室主任。

案例

近年来，西迪斯伯里州立大学的毕业率从 86.9% 的高点大幅下降到 60.3%。长期以来，该校一直保持着对教与学的最初承诺，特别重视学术研究和调查。

过去几年里，这一承诺已经扩展到了为弱势群体学生提供教育。目前在西迪斯伯里州立大学注册的学生中，约有 35% 的学生为低收入家庭第一代大学生，他们有资格获得佩尔助学金的补助。虽然学生与教师的比例为 17∶1，相对较低，而且教师也积极参与学生的教育成长，但似乎许多新生并没有做好学业准备，不能在大学学习中取得成功。

西迪斯伯里州立大学有极为优秀的学术项目和卓越的师资力量，大多数教师都愿意给予所有学生必要的帮助，大学以培养学生成为有能力的、在多元化社会中占据领先地位的专业人士为使命。在充满挑战和鼓励的学习氛围中，教师强调学生要有批判性思维，开展参与式学习和学术研究，提高创新能力。学生积极参与学术活动，并被鼓励与同学和教师合作。目前，该校男生占比 54%，女生占比 46%。一直以来，由于很多男生在报考大学时选择热门专业，因此入读西迪斯伯里州立大学的男生更多。绝大多数男生选择了农商学、犯罪学和工程学专业。从种族角度来看，在该校注册学生中，86.1% 为白人，4.2% 为非裔，3.1% 为亚裔，1.1% 为拉美裔，0.1% 为印第安裔，0.1% 为太平洋岛民，3.1% 为两个及以上种族混血，2.2% 为国际学生。

不幸的是，在过去的 5 年中，超过 45% 的新生经测试后需要参加大学开设的数学发展课程。而数学发展课程基本上是对高中时期学习的代数知识的复习,并不计入大学学分。但是,学生必须通过数学发展课程的测验才能修读"数学101"课程。"数学101"课程能够满足大多数专业对学生数学能力的要求。参加发展课程的学生一般在获得满足大学毕业所要求的数学能力方面存在困难。对高中成绩单的随机抽样调查结果显示,这些学生中有不少在高中的最后两年没有学习过数学课程。因此,对于数学系的教师来说,让学生具备数学能力变得越发困难。

由于新生缺乏学业准备,毕业率受到影响,持续下降。你是学术事务副校长的助理桑娅·马雷凯尼尔·拉皮拉坦诺,校长指派你担任学业咨询委员会的主席。该委员会负责与数学系、其他教师和其他利益相关者共事,为学生的学业准备、学位课程完成等问题寻求解决方案。校长内阁希望你能在3个月内提交一份完整的报告,提出最优策略及改进建议。此外,由于经费有限,这份提议不能对学校的预算安排产生较大的影响。

根据他们在大学担任的职务及承担的责任,你很快选出了学业咨询委员会的成员。柯克·勒福德同意担任委员会的副主席。勒福德的职务有利于收集学生事务专业人员的意见,他们对西迪斯伯里州立大学学生的行为和观念非常了解。在你的要求下,梅雷迪思·科利尔·艾伦同意加入,并提供有关入学、毕业和在册率及其发展趋势的数据,提供未达到理想水平的学生信息。当学业咨询委员会成员研究对存在问题的可能的补救措施时,他们可以根据这些信息展开讨论。虽然学校曾制定过战略计划,但现在计划已经过时,需要改进。梅雷迪思是该方案的主要制定人之一,她能够提出有价值的观点和见解,推动讨论往积极的方向发展。

你主要关注学业问题,在参加学业咨询委员会第一次会议期间,你从其他人那里了解到问题主要在于许多学生的家庭经济状况不佳。此外，你了解到，对低收入家庭第一代大学生来说，家庭的观念和态度可能会对学生顺利完成大学学业、拿到学位产生负面影响。例如，从事全职工作自己支付学费的学生，甚至在某些情况下还要养家的学生，当开始全日制大学学习后，可能很难管理并优化自己的时间。这可能会使得他们难以在学校专心学习，并在 6 年内顺利毕业。此外，许多低收入家庭第一代大学生没有家人给予他们指引，帮助他们完成高等教育。他们容易错过经济援助和奖学金申请期限，可能不会加入学生组织、男生联谊会、女生联谊会，他们甚至可能感觉不到自己是学校的一员。

  之后，你在参加学业咨询委员会的会议后发现，许多教师对于教育仅达到入读西迪斯伯里州立大学最低标准的学生感到不满。尤尼斯·泰勒表示，人文学科的教师同事们对高等教育越来越持有精英教育的态度。例如，尤尼斯说，一位副教授表示，"我希望西迪斯伯里州立大学只允许录取在美国大学考试（ACT）标准化测试中获得 GPA 3.5 或更高成绩的学生"。尤尼斯提到，这位副教授还说："我作为所在领域的专家，只想教导全国最优秀、最聪明的学生。为什么我要去教那些 B 等级或者是处于平均水平的学生呢？"来自校长办公室的托马斯·弗兰恩斯补充道："有好几个负责不同事务的全校性委员会从一些教师那里听到了类似的想法。"一位在商业技术学院的会计与财务系任职的同事和你关系十分密切，表示很难理解你的一些同事对高等教育持有的精英主义观点。在你担任行政职务之前，你晋升为教授已有好几年了。你对教导任何学生都感到非常高兴，从不介意学生之间可能存在的差异。校长指派你确定问题的解决方案，但是到目前为止，你只了解到了引发该问题的其他问题。

  自 20 世纪 90 年代末以来，西迪斯伯里州立大学因为录取勉强达到入学标准的低收入家庭第一代大学生且对其成功教育而获得国内广泛认可。直到最近几年，低收入家庭第一代大学生才达到了较高比例的 6 年内毕业率。学业咨询委员会的许多委员认为，之所以能取得这一成绩，是由于全校范围内对学校价值观——学术探究、多样性和环境责任的践行。而这对于创造一个包容所有个体的环境至关重要。然而，尤尼斯和托马斯提到的一些教师，并不赞同西迪斯伯里州立大学对教育公平和机会均等的承诺。

丽贝卡·菲尔兹，工程系物理工程专业的一名大三学生，就是上文提到的副教授所说的那种学生。西迪斯伯里州立大学录取的学生平均成绩是 GPA 3.0，ACT22。丽贝卡是通过另一个招生项目入学的，因为她高中毕业的 GPA 为 2.7，ACT 为 19。作为一名低收入家庭第一代大学生，她没有机会参加合适的高中课程，因此她好几个科目都没有学习过。然而，她坚持不懈，现在已成为一名优秀的工科学生，GPA 为 3.8。因此，在大学辅导与咨询中心，她负责辅导学生的数学课程。加勒特·辛格说："她是一个优秀的学生，道德品质优良。"他进一步表示，"丽贝卡是我们的大学校园需要多元化的一个很好的例子，她是所有学生，尤其是那些与她情况相似的学生的榜样"。

在第二次会议至最后一次会议期间，也就是学业咨询委员会成员必须向校长内阁提出建议之前，布兰登·威尔克斯提出，酒精可能是导致学生无法获得学位的另一因素。虽然西迪斯伯里州立大学提供相对廉价的优质教育已有 150 余年，但饮酒已经成为学生校园生活文化的一个重要组成部分。显然，行政管理人员和教职工都是不提倡饮酒的。但是，21 岁及以上的大学生可合法饮用酒精饮料，而有时这种饮酒文化控制不当便会造成问题。学生发展办公室向学生宣传了饮酒的危害，举办了相关研讨会，讨论了饮酒过多造成的危害及实例。

几个月来，学业咨询委员会在会议中总结出了影响学生的学业准备以及完成学位情况的三个主要因素，包括：第一，低收入家庭第一代大学生在高中时期获得的家庭支持以及大学预备课程机会十分有限；第二，教师对低收入家庭第一代大学生持有负面态度；第三，饮酒。你和学业咨询委员会的其他委员必须找到提高学位获取率和在册率的方案，并解决新生学术准备不足的问题，同时又不会大幅度提高入学要求，背弃学校使命。此外，请记住，指责教师不愿意教导学业上毫无准备，家庭社会地位较低、经济状况不佳或来自少数群体的学生，是有政治风险的。因此，这些内容不能写进你为校长内阁撰写的报告中，因为这份报告最终将会向整个学校发布。

你会怎么做？你会提出哪些建议来提高你所在学校的学位获取率？请说明一下理由。

政治驱动的评估结果

金·约什-埃尔泽纳

背景

麦德龙大学位于美国中西部的一个中型城市，是一所规模较大的私立大学。这所综合性大学拥有超过25 000名本科生和研究生，分布在商学院、教育学院、文理学院、护理学院、表演艺术学院、法学院和医学院这7个学院。选择就读这所大学的学生都为自己的独立性而感到自豪，经常在所在城市寻找课堂外的机会。

该校所具备的规模，再加上具有高度独立性和不同背景与兴趣的学生群体，对学生事务处来说是一个不小的挑战，学生事务处必须要充分了解学生的需求、兴趣以及行为表现。负责学生事务的副校长管理由12个部门组成的学生事务处，他决定开展一个评估项目，了解学生的时间分配情况，以便更合理地设计课程，开展教学和管理。

第四章 组织管理案例

人物

博伊德·杰克逊（Boyd Jackson）：负责学生事务的副校长，本项目的领导者，他参与的上一个在校学生时间分配研究项目获得了成功，并且也坚信对于学校来说这是一个有益的项目。

艾比·汤普森（Abby Thompson）：评估项目主任，负责设计和管理时间分配研究项目。

莎拉·怀斯（Sarah Wise）：通信与技术部主任，主要负责使用新技术收集学生的时间分配数据。

副校长内阁成员（Vice President's Cabinet）：由学生事务处各部门主任组成，负责对收集的数据加以利用。

校内审查委员会（Institutional Review Board，IRB）：由该校教师和行政管理人员组成，负责监督校内正在开展的研究项目，确保项目人员遵守既定的道德标准，并且确保参与者自愿参加并对项目保密。在该校，所有要收集数据并通过出版物、会议提案、墙报等对外发布研究结果的研究项目，都必须得到校内审查委员会的批准。一般情况下，若项目数据仅供内部使用，例如仅在某一部门内使用数据，不对外公布，则不需要经校内审查委员会批准。

［注：每个校区的校内审查委员会都应明确该委员会要对哪些类型的项目（例如外部或内部项目）进行审查和批准。在开展所有研究或评估项目之前，应先咨询校区的校内审查委员会。］

案例

艾比·汤普森最近被聘为学生事务处评估项目主任。虽然她负责许多重点项目，但她最为重视的是在校本科生时间分配研究项目的设计和管理。在她上任前，学校已经完成了一个试点研究项目。这一次，她必须开发收集学生信息的新技术，制定鼓励学生参与的措施。除管理该项目外，她还要确保学生事务处的每个部门在学期结束时至少完成一个评估项目。为实现这一目标，她与各部门的主任会面，对他们负责的评估项目一一进行讨论。在会面时，她了解到大多数主任认为没有必要做时间分配的调查研究，而且他们认为这是对部门经费及人力的无谓消耗。

在进行调查前，艾比首先与莎拉见面，讨论如何优化在线数据收集工具。该调查要求学生将自己的日常活动写入日记中，而现有技术无法满足这一需求，因此莎拉一直负责开发一个网页式的日记工具，以满足研究需求。莎拉曾参与实施试点研究，发现所使用的工具细节要求过多，导致难以输入信息。因此，在为期一周的项目实施期间，学生参与率大幅下降。

博伊德并未受到试点研究的影响，他让艾比和莎拉组建了一个团队，成员包括他自己、两名管理员和四名学生，负责共同优化技术，并为确保参与者顺利完成为期一周的调查制定一个适当的方案。博伊德还投入了大量的资金以刺激学生参与。规划会议的时间确定了下来，几个星期之后新技术也开发出来了，当和学生一起进行测试时，试点研究存在的很多问题似乎迎刃而解。

随后，为获批开展项目，艾比向校内审查委员会提交了申请。由于博伊德并不打算仅将研究结果用于本部门的工作，还准备在会议上发布报告、公开发表研究论著，因此获得校内审查委员会的批准对于项目的推进来说至关重要。在对项目进行仔细审查后，校内审查委员会没有批准该项目，主要是出于两个方面的考虑。首先，收集上来的数据性质敏感，而且涉及参与者的姓名。参与的学生要提供与其行为相关的数据，因此可能会暴露其违法行为，例如不满21岁饮酒。校内审查委员会的道德准则规定，收集数据时不能收集学生姓名、邮件地址或学生证号码等。对于这种类型的数据，校内审查委员会希望是匿名的。虽然艾比试图通过更改项目实施办法使数据匿名，但项目筹划团队认为，参与者的姓名关系到奖励的发放，并且便于跟踪参与学生，确保其完成时间日记。其次，校内审查委员会反对该项目的奖励措施。虽然校内审查委员会通常会批准合理的奖励措施，但该项目的奖励额度过大，委员会认为奖励超标，可能会导致一部分学生被强制参与。这再次背离了校内审查委员会的主要道德准则，因为参与者应该始终是自愿的。校内审查委员会认为，在这种情况下，向参与者提供几千美元的奖励，并且每天向他们发送提醒，等于变向告知参与者他们必须参与并完成调查。艾比试图向项目筹划团队解释校内审查委员会的顾虑，然而筹划团队坚持认为奖励绝对是必要的手段，能确保参与者完成调查。经过多次讨论后，筹划委员会和博伊德决定，即便得不到校内审查委员会的批准，该研究也要继续进行。艾比当即表示，如果没有校内审查委员会的批准，那么这项研究只能用于内部决策，不能出现在涉外会议或公开出版物中。

该项目将于 2 月份实施，共计邀请了 10 000 名学生参加，目标是有 1 000 名学生完成项目。参加的学生需要在为期一周的项目实施期间，每天通过在线日记记录自己的时间使用情况，学生每 15 分钟记录一次，通过下拉菜单可对记录进行分类，包括学习或为上课做准备、在上课或在做实验、排练、社交、吃饭、睡觉、锻炼、使用应用程序如电子邮件或脸书等。完成项目的每个参与者都得到一件奖励 T 恤，此外，每天还有礼品券发放，周末还会举办大型抽奖活动，一周的奖励措施总计花费数千美元。

随着项目的推进，对项目的质疑越来越多。由于未得到校内审查委员会批准，研究成果的使用范围受到限制，学生事务处的不少部门主任和员工开始对项目使用的资源以及数据的使用方式提出异议。此外，参与项目的学生很难做到坚持记时间日记，也很难保证日记内容准确反映了他们的时间使用情况。截至本周末，刚好有 1 000 余名学生完成了项目，数据分析开始。

理论联系实际

——高校学生事务工作案例研究

艾比和莎拉很注意在完成数据的清理工作,即删除未完成调查学生的数据,并把在线日记的数据库转变成可统计分析的形式之前,不透露任何数据。博伊德急于获取研究结果,而副校长的内阁成员对数据的使用价值心存疑虑,在这双重压力之下,艾比尽全力确保对数据进行快速且准确的分析,避免结果产生任何误差,使数据公布时遭受质疑。

在发布项目研究结果的当天,艾比遇到两个难题。第一个难题来自副校长内阁。副校长内阁对整个项目的研究结果表示质疑。内阁成员认为,该研究的结果充其量只是一种可在非正式场合讨论的"有趣"谈资,似乎是对麦德龙大学中一些有关日常琐事的问题的回答。最为糟糕的是,他们认为该研究并未获得任何可以加以利用的数据,研究数据无法用于调整课程或改进服务。他们对项目浪费了资源感到非常失望,并对数据并没有增进对在校学生的了解而感到不满。虽然博伊德是该项目的最初支持者,但他让艾比来回答校长内阁提出的这些问题,并且找到应用研究数据的方法。

第二个难题来自副校长本人,博伊德。虽然他从一开始就十分支持这个项目,但项目呈现的结果在很多方面都未如他所愿。他对项目缺乏与 GPA、学习时间和学习效率相关的统计数据感到失望,认为研究没有达到他预期的效果。他要求对数据进行重新分析,获取新的研究数据。此外,博伊德要求艾比针对研究项目准备会议提案和论著提纲,希望在部门外甚至校外更广泛地分享数据。

你是艾比,考虑到项目结果"令人失望",而且没有得到校内审查委员会的批准,你会怎么做?

利益冲突：利用从外部获取的信息

巴特·格拉根

背景

县立社区学院是一所中等规模的社区学院，全日制学生人数4 000，总学生人数接近9 000。这所学院位于东北部一个繁华的城郊居住区，靠近一座大都市的中心地带。周围社区的居民大多数都是蓝领和白领中产阶级，该地区大学入学率长期高于全国平均水平，大约70%的高中生毕业生选择进入大学。然而，学生的择校方向一直都在变化。截至10年前止，约有20%的学生选择就读该地区的社区学院，其余则选择进入公立或者私立院校，而其中一些学生在顶尖大学就读。但在过去的10年中，随着上大学的高中毕业生数量的增加，特别是该地区的低收入学生数量的增加，进入社区学院的学生比例已增长到25%。然而，在过去的两年里，这一比例增长到近30%。县立社区学院的入学人数增加了15%，因为该地区的中产阶级家庭开始通过让孩子就读学费低廉的两年制县立社区学院来省钱，以最终转入高学费的优质院校。

由于为转学而进入学院的学生越来越多，为让他们在县立社区学院获得副学士学位（这是学院获取州财政资助的一个重要因素），学院开设了一个荣誉项目。该项目给学生发放奖学金，提供特殊荣誉课程、专业支持、活动与辅导，并与周边的四年制院校签订合作协议。学生可在入学时申请修读荣誉课程，进入转学班（而不是拿应用学位），参加荣誉课程的学习，保持3.5的GPA成绩，并顺利毕业。

人物

理查德·佩顿（Richard Payton）：县立社区学院荣誉项目主任。理查德担任了5年的主任。他全职做行政管理工作，同时兼职教授一些大学入学课程，但他并不是教师岗，没有终身教职。他负责对新生和老生的荣誉项目申请进行审批。

艾丽西亚·易卜拉欣（Alicia Ibrahim）：申请荣誉项目的学生。艾丽西亚是县立社区学院附近城镇上的一名高中生。除申请县立社区学院的荣誉项目外，她还申请了十几所其他院校。有的学校拒绝了她，有的四年制大学录取了她，但不提供足够的助学金。所以她正指望着县立社区学院的荣誉项目让她渡过难关，好在两年内申请转学。

案例

理查德正坐在办公室里审核他负责的县立社区学院荣誉项目的申请人名单，这时他听到了一声杂音，然后才意识到制造杂音的正是他自己——当他浏览到艾丽西亚的名字时，不自觉地发出了叹息声。艾丽西亚不停地给他发电子邮件，这些邮件不是正常邮件，理查德觉得自己是被迫回复的。艾丽西亚一天要给他发三四次邮件，如果他在几个小时内没有回复，就会引发新一轮的"我不确定您有没有看到，所以我重新把这封邮件发送过去……"

他正在审核的名单来自学院的招生办公室。由于经济低迷，大学学费暴涨，县立社区学院的荣誉项目越来越受到本地及周边地区的高分学生的欢迎，若是放在几年前，这些学生根本不会申请县立社区学院。由于该校是一所公立社区学院，学费本身就十分低廉，所以即使没能进入荣誉项目，学生们仍会选择就读该校。他们主要被以下三点所吸引：时间安排灵活，可以自由探索课程而不"浪费"金钱，以及能够住在家里边工作边学习，节省一大笔钱。

与预期的一样，不管是在社会声望还是教学成绩上，招收到优秀学生让县立社区学院获益良多，而优秀生源给学院带来的其他益处也正在显现。艺术、语言和文学课程中所有以前报名人数不足的课程，以及那些本来可能被取消以让位于职业教育的课程，现在已经被需要转学的学生报满。除此之外，相对于其他学生，这些优秀学生更有可能拿到学位并升入四年制大学，而这两个数据对于县立社区学院筹集资金来说非常重要。荣誉项目为学生提供了真正的福利，与此同时，项目以外的许多人也能从中受益。

理查德瞥了一眼艾丽西亚提交的申请书。她发给他的几十封邮件的结果是，艾丽西亚对他的反应做了预判，她的申请书完全满足他和荣誉项目的所有要求。她的成绩单无可挑剔，她的成绩打破了县立社区学院的招生记录，她的考试成绩足以申请很多四年制的顶尖大学。艾丽西亚是一个典型的"差不多"学生——差不多够资格获得各种州与联邦资助，差不多能获得大型院校的奖学金……差不多，但没有十足把握。艾丽西亚把县立社区学院看作一个跳板。每一封邮件、她的字里行间、她简短的回答都体现出她的愿望非常迫切。而事实上，太迫切了，有点让人不不舒服。除成绩出色外，辅导员给她写的推荐信也对她大加赞赏。所以，理查德准备批准她的申请，并在第二天提交名单时颁发奖学金。

那天晚上，理查德在一家餐厅等餐时遇到了一位老朋友。当他们聊天时，不可避免地聊到了工作。这位朋友在当地一所高中任教，听说理查德是县立社区学院荣誉项目的负责人，这位朋友开始怪笑。

"天啊。那你肯定知道艾丽西亚。我知道她正在申请这个项目。我给她上过课，两个月来她一直提到这个项目。"

理查德笑了起来。"是的，我当然知道艾丽西亚。她真是一

理论联系实际
——高校学生事务工作案例研究

个不肯放弃的人，是不是？她在你的课上也是这样吗？"

这时，朋友环视酒吧四周，然后俯身说："实际上有点太不肯放弃了。就因为我有次给她的论文一个C，接下来的两个月里我被要求参加各种谈话，因为她认为我是一个种族主义者。这次我排除了嫌疑，但抹黑我给我带来不好的影响。这些年来，她总是拿这种事对付我们这些老师，说我们有性别歧视，有种族歧视，说我们不喜欢她，等等。学校都知道她是一个大麻烦，但她声称根据相关法律，他们不能无视她的意见。她会打出任何她能想到的牌来获得想要的东西，一定要小心。"理查德提到的《家庭教育权利和隐私权法》就像红色警报一般在他脑海里一直闪烁。他知道他不应该和校外的任何人讨论学生的情况，但此事与他关联紧密，他不能当作没有听到。

他认为只是听听的话并没有违反任何规定，于是，他让朋友说得更详细一些，其间他频频点头。他在餐桌上就做出了决定。第二天，他提交了学生名单，这些学生将在接下来的秋季进入荣誉项目。艾丽西亚不在名单上，她是个大麻烦，而他在接下来的两年里根本不想遇到任何麻烦事。

两周后，"佩顿先生，你现在可以进去了"，校长的行政助理打开了办公室的大门，理查德进入办公室。校长、教务长和学术事务院长在等待着他。艾丽西亚收到了入学通知，但没有收到荣誉项目录取通知。于是，她开始疯狂地发邮件打电话，把她的申请书、成绩单、论文和推荐信的复印件发送给了学校十几个人，包括现在房间里正在看着理查德的三个人。

"理查德，你能告诉我们关于这位年轻女士的事情吗？我们通常不会被叫来审核入学申请，但这是一位非常坚定的年轻女士。她也有你与她往来的邮件复印件。所有迹象都表明，你认为她是一名优秀的荣誉项目候选人。她甚至致函给当地报纸的编辑，称荣誉项目为骗局，并要求审查项目的种族、民族和性别细则。这位编辑正巧是学校的董事会成员,所以他要求我们在他发布新闻之前对这一项目进行调查。你拒绝她进入该项目的依据是什么?"

你是理查德。该怎样对情况进行解释?为了避免出现这类谈话,你应该如何处理这种情况?可采用的方法有哪些?

沃伦社区学院的学生分歧

弗洛伦斯·A.哈姆里克 卡特丽娜·加洛

背景

沃伦社区学院现在隶属于美国西北部州立社区学院系统,主要服务于12个郡县的农村和郊区。沃伦市(10万人口)是该地区最大的城市。始建于1948年的沃伦社区学院,最初定位是为当地工业和制造业培训工人的技术学院。如今,沃伦社区学院拥有14 000多名学生,大多为升学到四年制大学攻读学士学位而修读以下课程:环境科学类课程(ES)、工程技术类课程(ET)、计算机科学类课程(CS),以及通识教育课程(GE)。尽管这四大类课程都一直保持着较高的吸引力,但近年来由于四年制院校学费的上涨,沃伦社区学院选修通识教育课程的学生人数不断增加。过去15年来,因为该地区的政治氛围愈发趋于保守,当地一些老牌企业已经逐渐将部分业务外包给其他国家的制造商或在其他国家新办厂区。

沃伦社区学院的学生大部分是男生,比例高达68%。所幸得益于积极的招生工作,特别是针对本地高中的招生工作,过去10年来女生入学率几乎翻了一番,女生比例从10年前的18%增长到目前的32%。与此同时,有色人种学生的比例一直保持在18%~20%。女生平均年龄为22岁,男生平均年龄为27岁。

人物

邓尼斯·奥斯丁（Dennis Austin）：教学与教育服务处副处长。邓尼斯31年前任职环境科学院，在现任职务前任环境科学院的院长。

安吉拉·李维斯（Angela Reeves）：过去8年一直担任学生处处长。她向邓尼斯·奥斯丁述职。

吉姆·鲁舍尔（Jim Russell）：沃伦社区学院就业中心主任。他向邓尼斯·奥斯丁述职。

阿黛尔·威利斯（Adele Willis）：信息及公共关系处副处长。两年前，她从当地一家公司的高级营销职位离职，加入了沃伦社区学院。

亨利·拉森（Henry Larson）：29岁，环境科学专业在职学生，就职于雷根希制造公司。

菲尔·科诺斯（Phil Connors）：19岁，计划升入州立大学攻读历史学位，是沃伦社区学院人文学科俱乐部的学生干部。

布伦达·芳丁（Brenda Fountain）：20岁，工程技术专业，女性科学俱乐部主席。

杰米·拉米雷兹（Jaime Ramirez）：31岁，计算机科学技术专业，学生联合会主席。

案例

你是安吉拉·李维斯，主要负责大学生的学业辅导和咨询，监管学生发展教育和辅导办公室，注册各类学生组织，协调学生家庭事务，指导学生组织并推荐学生加入学生组织。你还要与吉姆紧密配合，为校友和在校学生提供就业服务。

你没有上过社区大学，当申请沃伦社区学院的工作时，你以为学生参与度会很低。相反，看到沃伦社区学院学生以学院为荣，学院的晚间以及周末活动吸引了众多校友的参与，你感到非常高兴。你喜欢在沃伦社区学院工作,并推测是你的化学学位提高了你在沃伦社区学院学生和教师中的可信度。你已经获得了优秀员工奖,并刚刚被提名沃伦社区学院突出服务奖。在任职的 8 年里,你因为作为学生顾问"遇事冷静"、领导学院有方而备受称赞。

在过去 10 年中,国家拨款的减少导致沃伦社区学院不得不推迟大量建筑的维护,一些旧建筑已经严重失修。沃伦社区学院的新任校长正值上任的第一年,他与由 9 人组成的董事会密切合作,为学生资助项目和学生奖学金策划各类筹款活动。当选董事都是来自沃伦社区学院周边 12 县区的知名企业和社区的领导。除取得公司的赞助外,他们还要求校长想法增加校友捐款。

在这一年中,校长极为谨慎地与一些知名校友和商界领袖进行接触,邀请他们参加签名计划,这一计划将在活动的开幕晚宴上对外宣布。由于晚宴是在本周五,即四天之后马上就要举办,校园和社区里大家都在猜测会出现哪些"惊喜"。

有传言称,校董事一致通过了一项决议,学院大礼堂——沃伦社区学院始建时修建的教室和办公楼——将得到修缮并被重新命名为菲利普斯礼堂,以纪念已故神父查尔斯·菲利普斯。查尔斯·菲利普斯参加过第二次世界大战,1948 年进入沃伦社区学院学习,两年后成为第一个从沃伦社区学院毕业的非裔美国人。在雷根希制造公司工作了 10 年后,他被正式任命为牧师,并在 20 世纪 60 年代末至 70 年代初担任全国有色人种协进会(NAACP)该州分会的主席。他的一个女儿塞雷娜·菲利普斯,于 1975 年修完了沃伦社区学院的通识教育课程,并在州立大学取得生物学学位。作为沃伦社区的一员,菲利普斯女士一直坚持致力于其父的社区组织与教育工作,她被邀请作为贵宾参加周五的晚宴。

第二天,即周二,学院的一名学生亨利·拉森通过电子邮件

理论联系实际
—— 高校学生事务工作案例研究

给沃伦社区学院的学生发了一封公开信，要求同学们广泛转发。亨利的哥哥亚伦刚毕业于美国一所州立大学，他把菲利普斯神父作为其高级荣誉论文的研究对象，并且发现，他在一生当中的许多次布道中都认为智慧设计论①是一种合乎情理的科学理论。经亚伦允许，亨利在邮件中引用了亚伦论文中的部分内容，并得出结论，菲利普斯神父的立场与沃伦社区学院作为一所在科学技术领域享有盛誉的学术机构的地位不相符合。亨利在邮件中总结道："如果我们既看重真正的科学，也认为沃伦社区学院是一所值得信赖的大学，那么，某人若是在这里拿到了学位却被揭露出认可如此荒唐的理论，我们就不能以这人的名字来命名这座建筑。董事们已经投完票，但学生们必须改变这一决策。本周四晚上七点在生物楼会议室，我们要召开一场讨论会商讨对策。"

周三亚伦的发现和周四即将召开的会议成了校园热门话题。在你和学生的闲聊中，你可以听到各种各样的反应。在一场关于人文学科俱乐部即将举办的活动的会议上，菲尔·科诺斯抱怨道："我真的不知道该如何评价。这里的一栋建筑将以一位不仅为我们的国家服务，而且也是第一位从沃伦社区学院毕业的非裔美国人的名字命名，这一点让人激动。虽然我不同意他个人对智慧设计论的信仰，但谁能否认他为社会做出的巨大贡献，以及他通过民权运动在历史上获得的地位呢？我认为他值得尊敬。"

布伦达·芳丁来到你的办公室说："我们怎么能让这种事发生呢？这些关于菲利普斯神父的新的信息已经反映了他到底是什么样的人。他对智慧设计论的倡导与这个机构所主张的一切背道而驰！如果我们尊重一个支持这些荒谬想法的人，沃伦社区学院将会成为一个笑话。难道我们不该为我们的科学项目感到骄傲

---

① 译者注：智慧设计论，或称反对自然选择论，认为宇宙及生命的复杂性是智慧以至高造物主的形式造就的。

吗？这怎么可能！"安吉拉给邓尼斯发了一封电子邮件，向邓尼斯说明情况。自动回复的邮件让她想起来，邓尼斯和家人一起到海上去划皮划艇了，要周五才会回来。安吉拉给邓尼斯的手机留言，让他尽快给她回电话。

周四清晨，你接到阿黛尔打来的电话。她说，学院的推特账户（@WarrenCC）已经成为来自全州以及越来越多的来自全国各地的愤怒的推特用户的攻击目标。阿黛尔说，关于沃伦社区学院的推文数量在稳步增长，她最近读到了两条信息：

@HenryLarson WCC："@WarrenCC 为一座建筑命名，以纪念一位神创论者？♯沃伦社区学院是个笑话。不管怎样，我可能要退学了——不是＄＄。终于摆脱了？"

@JebSmithUTP："智慧设计讨论？！？@WarrenCC 是否认为今年的愚人节来得比较晚？是的♯沃伦社区学院是个笑话。"

阿黛尔继续说："我向校长解释了这意味着什么——当其他推特用户在他们的推文中敲下@WarrenCC 时，我们的推特账号将收到通知。此外，我还向他解释了，任何人都可以创建一个带有♯号的"散列标签"，让其他推特用户也使用这一标签，以创建一个吸引更多推文的热门话题。这对我来说是新鲜事物，我正在尽我最大的努力来撰写和鼓励发表积极的、有建设性的推文，但我们的账户仍然受到负面评论的轰炸。现在，沃伦社区学院的脸书页面上也贴满了尖锐的留言。到目前为止，我已经找出了三名发布极其负面的虚假信息的沃伦社区学院学生，他们需要对此承担责任。"

根据日程安排，你接下来和吉姆·鲁舍尔会面了。你和吉姆互相通报了下个月就业双选会的工作进度，然后你们的话题转到了菲利普斯大礼堂上。吉姆说："我很担心。这个星期，在我给

理论联系实际
—— 高校学生事务工作案例研究

准备参加招聘的单位打跟进电话时,他们说听到关于菲利普斯神父的传言,还问了很多问题。与我们长期合作的招聘单位没问题,他们知道我们的教学质量很高,被他们笑话下也没什么。但是,一些新公司才刚刚开始在这一地区招聘,这确实影响了他们对我们的看法,面对他们,想要绕开此事而只强调我们的教学质量就很难。如果我们想让学生的学位有价值,我们就需要保持一定的形象。这些新公司对我们学院的认识非常重要,而这件事很可能会威胁到我校的声誉。"

下午的另一场会议结束后,你在回办公室的路上又遇到了吉姆,他说:"这太疯狂了。很多学生都很愤怒,而且不只是学生。今天早上,我在街上的商店买东西,无意中听到结账队伍里的一个女人在打电话。她说,她的女儿加入了脸书上的某个团体,主要是为了抗议我校建筑的命名。当我今天登录账号时,我注意到了其他几个名字相似的新群组。即使学校没有兴趣听取学生的意见,脸书也会确保我们的声音被听到。这太棒了。"

当你回到办公室时,阿黛尔的语音留言正等着你。她慌慌张张地说:"你不会相信的,我现在已经看到不止一个脸书群组在散布谣言和虚假信息。布伦达·芳丁不是我们的学生吗?她创建了一个名为'让我搞清楚这件事——沃伦社区学院的科学精神怎么了?'的群组,已经有超过2 000个点赞了。每次我查看这个群组,群里的人都越来越多,人数增长得飞快!我们该怎么办?我真的很担心董事和晚宴嘉宾很快就会听说这件事,当然,我已经通知了校长。"

你瞥了一眼时钟,发现已经3点45分了。一位与你共事过的工程技术教员敲开门,走了进来。他说:"嘿,真是让人心情激动啊,是不是?我的邻居是菲利普斯大礼堂改造项目的两家主要赞助商的好友。有人给他俩转发了亨利·拉森在校园里发的公开信,我邻居的孩子也给她看了一些脸书评论。你可能认识她,她在这里做兼职教授，教进化生物学，她很生气自己之前完全不了解菲利普斯神父的背景。今天早上，有两个学生让我读他们为当地报纸撰写的一篇投稿。他们写得很不错，引用了菲利普斯神父一些布道中的段落，对需要重新考虑大楼命名说明了理由。哇，这里的学生真的有一套。多么好的学习机会！我在沃伦社区学院工作了20年，从来没有见过这种情况。"

你的手机响了，他挥手告别，走了出去。电话是邓尼斯·奥斯丁打来的。他说："我们刚下水，我就看到了你的留言。有什么事吗？"你向他简单说明了最近发生的事，告诉他几分钟后你要去参加下午4点的会议。邓尼斯说："这很糟糕。在上次会议上，校长和董事们认为，从很多方面来看，以菲利普斯命名大礼堂是正确的决定。我们必须支持校长，和学生一起解决问题。希望你能让学生改变看法，现在就得开始动手。还得等一天，皮划艇装备店的人才会来接我和我的孩子，然后带我们回城里。我明天会飞回来准时参加晚宴。我现在会和校长联系，让他知道我们正在想办法。会议结束后给我打电话。运气好的话，我们今晚露营的地方会有手机信号。"

你打算怎么办？

美国西部大学面临的评估困境

梅丽莎·博伊德－科尔文　凯蒂·布兰奇

背景

美国西部大学是一所中等规模的本科院校，长期为近8 500名本科生提供服务，另外还有500名学生在本校攻读硕士或专业学位。美国西部大学位于大城市周边，交通便利，与前年相比，入学人数增加了5%，非传统年龄本科生的申请人数明显增加。学校高等教育研究室将人数增加的部分原因归结为三年前与位于同一城市的社区学院签订的合作协议。直到最近为止，该社区学院都是本地区唯一达到联邦规定的西班牙裔服务机构（HSI）标准的高等教育机构。

美国西部大学在致力于履行以尊重多样性为基础的使命的同时提供优质的人文教育，而且最近刚刚被授权成为西班牙裔服务机构。该校数据显示，超过70%的本科生都获得了某种形式的经济资助，超过47%的学生每周至少工作20小时。目前，西班牙裔本科生的总入学率为28%，本科生中有56%为女生。

人物

凯勒·杰克逊（Caleb Jackson）：招生办副主任，任职8年。他在附近高校获得了教育领导专业教育学博士学位，并且是美国西部大学院校评估团队的一员，被学校同事称为"实干家"。他因为目标明确、时间规划清晰而在领导委员会中获得一致好评。凯勒向分管学术事务的副校长述职。

克里斯蒂娜·雅各布斯（Christina Jacobs）：任职16年，数十年来一直担任美国西部学者计划（AWSP）主任一职。美国西部学者计划的创建是为了录取并留住第一代及少数民族大学生。作为曾经的第一代大学生，以及美国西部大学的前学校运动员，克里斯蒂娜对学校和学生感情很深。她拥有工商管理硕士学位并向凯勒·杰克逊述职。

安娜·贝尔特兰（Ana Beltran）：学生服务部主任，在美国西部大学工作了6年。在她众多的职务和职责之外，安娜还负责领导学生事务处刚成立的评估委员会。分管学生事务的副校长认为安娜是部门中最有资格担任这一职务的人选，因为她在评估第一代和少数民族学生工作方面经验丰富。安娜是高等教育和学生事务专业的博士研究生，委员会的工作刚好契合她的研究兴趣。安娜向分管学生事务的副校长述职。

詹森·摩根（Jason Morgan）：体育部副主任，在美国西部大学工作了4年。詹森曾经在一家规模较小的大学从事过类似的工作。他认为这是一个很好的机会，可以参与较为成熟的运动项目。詹森负责协助解决合规问题，监督教练的工作并确保学生运动员学有所成。作为领导者和监督者，詹森重视工作中的团结协作，他将主要精力放在建立稳固的关系上，并以此作为保持项目质量的手段。詹森向体育部主任述职，体育部主任向分管学生事务的副校长述职。

格雷格·塞缪尔（Greg Samuels）："学生参与度调查"协调员，向安娜·贝尔特兰述职。格雷格是一名新员工，刚刚拿到工商管理学士学位。他本科一毕业就开始攻读大学学生事务专业硕士学位，为在研究生课程中尽可能多地获得实用经验，格雷格努力寻求机会，同时在信息技术和学生事务学习成果委员会工作。作为美国西部大学的新员工，格雷格充满热情。他负责管理50多个学生组织以及夜间课程。他与许多学生合作紧密，负责向校园管理部门传达学生的需求和反映的问题。

布琳·马丁内斯（Bryn Martinez）：27岁，拉美裔学生。从与美国西部大学签订合作协议的社区学院毕业后，她升入美国西部大学继续读心理学专业。她是"学生参与度调查"的兼职员工，她半工半读，每周大约可以获得15个小时的工资。因为要照顾孩子，布琳在下午工作，参加夜间的本科课程。

维克托·阿尔文（Victor Alvin）：21岁，大四学生。他通过美国西部学者计划被美国西部大学录取。他是多种族学生协会（AMES）的副主席。该团体是多民族美国人协会的地区分支，由格雷格·塞缪尔监督管理。维克托是一名全日制学生，每周在校外工作约25小时。

理论联系实际
—— 高校学生事务工作案例研究

案例

在收到学生事务处评估委员会主席的任职通知后,安娜迅速召集了处内各部门的相关人士,以及学生和学术事务处的代表,共同召开了第一次委员会会议。

为告知参会者任职通知的情况,并阐明目前的任务,安娜准备了一份报告,报告内容包括过去5年来美国西部大学的学生入学情况、地区的人口统计数据、西班牙裔服务机构资金的情况以及各部门负责人提交的上年度报告中的一些部门数据。安娜的报告结束后,来自学生事务处各部门的相关人员分别做了汇报,内容是关于各部门或办公室如何支持部门实现目标,以及本校成为西班牙裔服务机构之后存在哪些优势。委员会要在接下来两周的每周例会上对这些信息和支撑数据进行讨论,之后,还要准备一份报告,提交给副校长。安娜向委员会的各位委员保证,收集数据主要是用来改善工作,为学生创造更多机会,与部门及个人的绩效评估无关。这一点是她在被委任为评估委员会主席时了解到的。

在评估委员会的第二次会议中,与会者分享了所要求的信息,几天后,部门负责人收到了学生事务副校长的邮件,提醒他们下一学年可能会削减财政支出。因此,副校长要求部门负责人优先考虑来年的预算问题,并拿出上一年的"增值"成果的相关证明,以便获得西班牙裔服务机构的资助经费。几乎在同一时间,安娜收到了一些委员的邮件,称她未如实表达委员会的目标,他们不想再在公开场合分享信息。安娜注意到其中两条信息来自其他部门的负责人,他们的员工在评估项目中举步维艰。

为应对这一情况,安娜希望听取学生事务副校长的意见。她想和副校长见面,但副校长出差了,她没法在下一次召开评估委员会会议之前见到副校长。安娜提出在线交谈,但没有得到同意。

为准备即将召开的评估委员会会议,安娜约詹森和格雷格见面,为会议制定统一的方案,讨论她所在部门愿意继续分享哪些数据。詹森提议说,可以分享有关学生对取得成功的积极性的数据,这一数据需要整个部门通力合作获取。格雷格正在用一些互联网和智能手机程序(例如 SurveyMonkey、SurveyGizmo、脸书、推特)来收集有关校园参与度的数据,他说他已经把数据发给了学生事务副校长。格雷格希望重点关注夜间课程,并根据学生的要求提议增加资金投入。

正当他们讨论之时,安娜得知克里斯蒂娜·雅各布斯要求立即与她见面。虽然被告知安娜正在开会,但克里斯蒂娜坚持在与她的主管凯勒·杰克逊会面之前(一个小时之后),先和安娜讨论下评估问题。安娜让詹森接替自己继续和格雷格讨论,并要求他们拟定一个有具体议题的议程草案。安娜和克里斯蒂娜谈了30分钟,在此期间,克里斯蒂娜表示,凯勒可能会让她和他自己都退出评估委员会,因为他说"我们的重点应该是与想参与的人一起工作,进行积极的评估"。除认为学生事务处分享数据存在阻力外,他还对克里斯蒂娜说,"他们的大部分数据似乎都是通过不可靠的研究方法获取的"。克里斯蒂娜认为,如果从委员会中退出,她的学生可能失去获得资助的重要机会。她对此表示担忧,并且她很可能要与学生事务处竞争资助名额。

为在这件事情上取得进展,好接下来去处理其他紧迫问题,安娜直接与凯勒联系,并要求他就下次学生事务评估委员会会议的议程提出意见。在提到大家关于委员会的目标持有不同观点的问题时,他立马回复说,这是"副校长会解决的问题"。凯勒还说,他和克里斯蒂娜都觉得针对学生的调查太多了,他很感谢安娜的来电,同时表示目前不确定他和克里斯蒂娜是否会参加下一次委员会会议。

安娜不知道该如何是好。她在匆匆忙忙赶去与校园警察开会讨论昨晚发生的暴力事件的路上感到十分沮丧,挫败感严重。在离开办公室之前,她看了眼日历,她注意到,在学生事务副校长的要求下,日历上增加了一个名为"初步评估报告:预算优先事项会议"的新活动。她还注意到布琳·马丁内斯已经为她安排了第二天和副校长见面。

安娜一边等待与校园警察的会议开始,一边浏览推特标签#awstudentorgs。她看到维克托·阿尔文发布了"塞缪尔来救援埃姆斯,有史以来最好的配合"这条信息。信息略带轻松的口吻令她有些高兴,她对格雷格创建的这个"学生参与度调查"账号不再那么担心了。

然而,第二天,在见到布琳·马丁内斯后,安娜对通过技术手段与学生联系再次开始感到不安。布琳告诉安娜,一些学生觉得"学生参与度调查"忽略了他们。她说,虽然她很喜欢格雷格对待工作的热情态度,但他好像觉得好像每个人都能随时使用互联网和智能手机。她很担心格雷格发给学生事务副校长以及评估委员会委员的信息并未反映本校许多学生的真实情况。她说,她和格雷格讨论这些问题时,他似乎没有听进去。而且,布琳还提到,她在与心理学教授合作的项目中接受过人类学研究伦理方面的培训,她担心学生的隐私没有得到足够的保护。她觉得在评估委员会的讨论中提出这些问题感觉不是太好。

布琳离开办公室后,安娜拿出了詹森和格雷格准备的下次评估委员会会议的议程草案,两个小时后会议就要开始了。她一边思索会议内容,考虑如何主持会议,一边对议程草案做最后的修改。

你是安娜。请问你会怎么做?

第五章　新生录取案例

尽管一所大学的招生部门的工作会影响从学校运行、经费预算到学术质量的方方面面，但招生部门通常根据校历运转，并独立于校内其他部门。招生处高级领导所面临的两个问题分别是政治因素对录取工作的影响，以及经济因素对录取工作的影响，而这些影响往往比他们愿意承认的多得多。几乎每所有一定录取标准的大学，都面临很难预见处于录取标准边缘的学生会在大学取得成功还是失败的问题。这往往取决于个人的成熟度以及动机，而非学生的学业准备程度和过去的表现。

在塔拉·L. 帕克和凯思琳·M. 内维尔（Tara L. Parker & Kathleen M. Neville）撰写的《不是所有的事情都是公平的：大学为有色人种设置的录取通道和支持系统》中，大都会学院采取了新的录取标准，导致学生、教师和相关人士质疑学院是否能满足社区的需求。由于预算削减，一所州立四年制院校修订了他们的转学政策，对由谢纳·穆赫兰道和林恩·塞雷斯·诺特（Shaila Mulholland & Lynn Ceresino Neault）撰写的《中部州立大学突然更改的招生政策》中提到的休伦社区学院产生了重大影响。在《招生管理还是管理招生：降低标准完成招生计划》中，巴特·格拉根（Bart Cartchan）讲述了一名招生代表的故事，他面临着一个艰难的抉择，即是否录取在以前的学校中成绩不佳的转学生。

在威廉·托宾（William Tobin）所写的《人人似乎都知道（并讨厌）的入学申请人》中，一位有权势的政治家试图影响对于一位有问题的申请人的录取决定。在葆拉·斯泰瑟·戈德法布（Paula Steisel Goldfarb）的《在困难时刻创造多元化的班级》中，一名工作人员被委派为一所排名下降的大学制定招生计划。最后，当一名学生已经被录取，但尚未入学便陷入困境时，会发生什么事？我们在威廉·托宾（William Tobin）所写的《谁也不愿听到的消息，尤其是在假期》中找到了答案。

不仅是招生主任，校长和教务长的决定也会对学校和教职员工产生不同程度的影响。有些结果是积极的，有些则是消极的；一些是有意为之，一些是意料之外。

不是所有的事情都是公平的：大学为有色人种设置的录取通道和支持系统

塔拉·L.帕克　凯思琳·M.内维尔

背景

大都会学院是一所四年制大学，该校宣称其使命是给所在城市及周边社区提供服务。该学院有19 000名在册学生，其中72%住在距离校园20英里远的范围内。大都会学院开设有文科、教育、健康科学、社会工作等专业。该学院以其种族和民族多元化而闻名，全校58%的学生为有色人种，包括18%的非裔学生、21%的拉美裔学生、17%的亚裔和太平洋岛屿学生，以及2%的印第安裔学生。白人占学生总数的42%。此外，56%的学生是家族中第一个上大学的人。该校的多元化可归因于20世纪60年代末和70年代初非裔美国人和拉美裔人的抗议与激进行动，当时的抗议和激进行动在社区的波及范围很大。

该校学生的学业能力倾向测验（SAT）成绩较差，毕业率一直较低，因此受到了当地新闻机构的批评。然而，教职工为该校录取学生的多样化而感到自豪。教职工也对学院采用非选择性录取政策的做法表示满意。按照惯例，根据该政策，大都会学院的录取率在 59% 以上。

但是，就在两年前，董事会开始认为毕业率低的主要原因是有些学生学业准备不足。此外，他们认为发展性教育课程效果不佳，而且消耗经费过多。在那年秋季，以及次年春季学期，学生在校内举行了几次示威活动，要求董事会重新审视发展性教育的必要性，并确保学院录取所有的社区成员。许多学生的家庭成员和社区活动积极分子和学生一起参与了一起特殊示威活动，支持学生的要求，讲述学院让他们乃至整个社区受益的故事。尽管学生、民众以及学院院长都面临挑战，董事会仍然投票决定取消发展性教育课程，并提高了 SAT 成绩要求。在董事会投票后不久，已在该校工作 15 年的大都会学院院长辞职并前往一所私立院校任职。新院长戴安娜·金一直以来都支持董事会的决策，她认为取消发展性教育课程，提高录取标准将为学院改善其形象提供机会，提高该学院的社会声望。为招收到 SAT 成绩更高的新生，学院开始在电台播放广告，并开始从该市以外的地区招生。

人物
分管招生管理的副院长
戴安娜·金（Diana King）：大都会学院院长，白人女性
谢里·杰克逊（Sheri Jackson）：教务长，黑人女性
迈克·斯泰利（Mike Staley）：英语系教授，白人男性
本科学生会主席
黑人学生会主席
亚裔学生俱乐部主席
拉美裔学生"采取行动俱乐部"主席

有色人种协会学生领导

乔纳森·胡德（Jonathon Hood）：学校研究办公室主任，白人男性

案例

作为分管招生管理的副院长，你一直与学校研究办公室合作，跟踪本科入学人数，尤其是一年级新生人数情况。虽然学生的SAT平均分有所增加，但在最近一次讨论招生新政策的会议上，教师仍然抱怨学生的学业准备不足。一名名叫迈克·斯泰利的教师说："我不在乎招生政策如何。我的学生仍然在写作方面有困难。对他们来说，一旦上课，就已为时过晚。"会上，教务长谢里·杰克逊指出，自董事会决定修改招生标准以来，学校招收的本科生的种族与民族构成正在发生变化。谢里表示，在过去两年里，新生中有色人种学生的比例明显下降。

事实上，在入学标准提高和发展性教育课程取消后的第一年，新入学的非裔和拉美裔学生比例下降了24%以上。学校研究办公室主任乔纳森·胡德打断他的话，说道："我们新生的总体入学率正在增长。"教务长谢里说："那是因为白人学生填补了有色人种学生的空缺。"

会议结束后，你和好友兼同事谢里聊天。她向你倾诉道："有些学生告诉我，他们犹豫不决，不知道是否要申请大都会学院。他们听到消息说招生标准有变化，担心自己不会被录取。还有一些学生说，他们有些朋友转而去了营利性大学。真可笑，我一直以为我们才是给他们提供机会的人。"谢里接着说，她最近和一个新生谈话，那个学生对于能被录取感到非常惊讶。因为她的高中指导老师让她别费力去申请大都会学院，因为她的高中成绩并不太好，而且SAT成绩也几乎达不到录取线。

一周后，院长来到你的办公室，看上去很生气的样子。她

说,她接到了当地一家知名报社的电话,询问学生多样性下降的情况。记者想知道多样性的下降是否意味着学院的重心发生了变化,是否意味着学院不再为社区或有色人种学生服务。该报随后发表了一篇社论,质疑大都会学院的前景:

> 虽然管理部门有意继续满足较大范围社区的需求,但今年有色人种新生的人数却大幅下降。如果该学院确实打算继续履行对社区的使命和义务,那么把入学标准提高到 SAT 入学考试国家标准,大幅降低有色人种学生的入学率的原因,目前则不得而知。而其他一些院校已停止把 SAT 作为入学标准。

没过多久,这篇新闻就传到了学生手中,多数学生感到愤怒不已。本科学生会主席、黑人学生会主席、亚裔学生俱乐部主席、拉美裔学生"采取行动俱乐部"主席,以及有色人种协会的学生领导都要求与你会面。会面过程中,学生领导们对有色人种学生入学率的下降提出疑问。本科学生会主席把报纸扔在你的办公桌上说:"我们认为您的工作就是保持入学率不变,并通过招生体现社区的多样性,服务于我们这个大社区,以确保学校履行使命。为什么会发生这种事?"其他学生领导进一步表示,他们担心新的招生标准和政策会排斥有色人种以及少数族裔学生。例如,拉美裔学生"采取行动俱乐部"的主席追问:"我们知道您从前一直支持我们,但我们关心您将来的打算。您打算降低有色人种的入学率吗?这就是您为所谓"提升我校的声望"制定的计划吗?我们学校到底发生了什么事?"

有色人种协会的一位学生领导站起来说:"您知道吗,如果今天是我申请大都会学院的话,我绝不会被录取。我根本没有资格入学。我高中时的 GPA 是 2.7。而现在,作为这个学校的学生领导之一,我的 GPA 是 3.5!"黑人学生会主席对他的话表示赞同:"现在,我们不仅要为顺利毕业而努力,我们还要为入学而苦苦挣扎。还有公平正义可言吗?"学生们要求你或者院长给出正式回复。他们说,如果他们没有得到任何一方的明确回复,他们将在三周内采取更为激烈的行动。

由于媒体密切关注大都会学院发生的事件,他们已经知道了学生骚乱的情况。他们发表了一整版有关大都会学院动荡形势的新闻。这些负面新闻是院长一直以来在尽力避免的,新闻的出现让她越来越忧心忡忡。她要求你召集一个委员会,制定一项计划,在保持招生标准的同时提高学生群体的多样性。院长解释说:"我希望你的计划能够平息学生的情绪,重新获得新闻界以及本地社区的支持。我希望你能将此视为首要任务,向他们表明我们对大学招生、多元化以及学生支持服务的认真态度。"

当你问起学生的需求时,院长打消了你的顾虑。"只要我们告诉学生我们接下来要做的事,他们就会平静下来。"虽然你心里明白比起做出重大改变,校长更关心媒体动向,但你仍然希望能够帮到学生。你期望通过委员会改善招生状况,为本科生提供更多的学业支持和社会支持。

你现在必须对学生的质疑做出回应,并根据校长的要求采取行动,组建一个委员会。你希望委员会由哪些人组成?委员会应该向校长提出哪些建议?你将如何对学生做出回应?以院长的名义给学生写信时,你会提到哪些内容?

中部州立大学突然更改的招生政策

谢纳·穆赫兰道　林恩·塞雷斯·诺特

背景

休伦社区学院成立于1911年,前身为休伦专科学院。休伦社区学院位于中西部一座风景秀丽、文化多元的城市。学院所在社区于1961年成为该州最大的社区，该社区现有三所社区学院，四所继续教育学院以及一所建设完善的远程教育学院，用以满足特定行业的需求。该社区有大约10万名修读学分制课程与非学分制课程的学生。每学期约有1万名学生入读休伦社区学院。学生选择就读这所学院的初衷各异：有的是为了完成短期或长期课程的学习，拿到相关证书；有的是为了学习作为第二语言的英语；有的是为了取得"副学士"学位后走上职业生涯；还有一些是为了升入四年制大学，这些大学中有一些与休伦社区学院位于同一个城市。

中部州立大学是该州四年制公立大学中的一流院校，位于休伦社区学院附近，共有近30 000名本科生、研究生、全日制高职学生，以及约5 000名非全日制学生。近年来，该校大规模扩建了学生活动中心和学生宿舍。此外，还有25 000余名学生就读于遍布整个州的六所分校，这些分校有的位于乡村，有的位于城区，它们都是中部州立大学的组成部分。学生可以转学到分校，并且有很大一部分学生都是在职学生，晚上上课（他们约占学生总数的30%~40%，比例根据校区的不同而有所不同）。

虽然中部州立大学因其科研水平和一流的教学闻名全国，但相关人士认为，作为一所州立大学，该校应当首先满足本地社区的教育需求。中部州立大学制定了一项政策，确保在审核入学申请时优先考虑本地学生（无论是新生还是转学生），其次考虑来自该州其他地区的申请人，最后考虑州外申请人。中部州立大学把来自特定区域的学生划分为本地学生，接收来自9所社区学院的生源。只要本地学生在高中课程中获得最低GPA 3.0的成绩或者达到社区学院的升学要求，就能被中部州立大学录取。外界一直猜测，由于该州政府要求提高毕业率所带来的压力，中部州立大学将会停止优先录取本地学生。学生以及社区居民对招生政策的变化对该地区学生获得教育的机会带来的影响非常担忧。

理论联系实际
—— 高校学生事务工作案例研究

人物

威廉·福勒斯特（William Forrest）：休伦社区学院分管学生发展的副院长，学生服务部主任。

南迪·李（Nandi Lee）：休伦社区学院的院长。

伊丽莎白·里奥斯（Elizabeth Rios）：该社区的学生服务副理事，负责监管三所社区学院和四所继续教育学院的学生服务工作。

伯顿·帕特森（Burton Patterson）：担任中部州立大学院长已有16年，大力倡导提高大学的学术水平。

埃德蒙·伍兹（Edmund Woods）：休伦社区学院学生，23岁。

斯蒂芬妮·斯蒂芬斯（Stephanie Stephens）：休伦社区学院学生，34岁，她在一年前入校，很快加入了名为"转学生"的学生团体。

克里斯蒂娜·温特斯（Kristina Winters）：本地州议员，对突然更改招生政策持批评态度。

约翰·芬内尔（John Finnell）：中部州立大学负责招生管理的副校长。

案例

作为休伦社区学院负责学生发展的副院长兼学生服务部主任，你主要负责转学中心和咨询项目。在从学习和教学资源中心回办公室的路上，你一直回想刚才与休伦社区学院和中部州立大学的招生顾问和行政人员召开的长达两小时的、富有成果的会议。这是春季学期的第一次例会，今天的会议讨论了一项名为"成功转学"的新方案，该方案的重点在于更好地协调两校的学生服务。你希望两所院校能够通过这种合作更好地制定学校的战略和开展学生事务实践，以完善课程学分转移和学生转学工作。

在过去两年半中，你一直与招生顾问合作，努力简化休伦学院学生的转学流程。虽然你觉得学院在简化流程方面取得了重大进展，但你的顾问团队仍然对不断修改的转学规定感到十分沮丧。新院长刚上任不久，她9个月前才从另一个州来到学院。她并不了解问题的具体情况，仍在努力了解该学院和该地区的转学文化。她已将所有职权委任给你。

随着入学名额的减少和入学需求的增加，最近高中毕业生和转学生的录取工作对于该州的所有公立院校来说都变得更加困难。去年秋天，就在10月份，大学优先录取截止日期的前几周，中部州立大学宣布提高入学的最低GPA和SAT成绩要求。除了SAT成绩要求的变化外，其管理部门还宣布该校的录取截止日期提前一个月。对无法更改申请截止日期的院系可予以特殊考虑，但是，只有极少数的学院和课程项目可享受这一待遇。

虽然学校声称之所以更改招生政策是因为州预算拨款的削减，但有人认为招生政策变化的背后有多种原因。某国家教育智库批评中部州立大学在内的国内一流院校并没有充分招收少数族裔以及低收入家庭的学生。一份名为《追求精英主义？》的报告指出："一流院校肩负为国家培养未来公民以及政治和商业领袖的重要责任，但提高院校声望和招生标准的需求对这一至关重要的使命形成了挑战。"报告还指出，国内的一流院校为提升学生的学业成绩投入了大量资金，但大幅减少了对于经济困难学生的资助。为捍卫一流院校，一位大学校长提出，K-12教育对高等教育机构来说是最大的问题，必须解决学生升入大学的准备不充分的问题。

本周末之前，中部州立大学将宣布录取结果。你听到这个消息时感到十分失望，据你所知，来自整个地区的3 000名本地社区学院的转学生没有被录取，还有800人被列入候补名单。休伦社区学院的转学生占了未被录取转学生的一半，而他们都达到了转学的所有要求。在接受当地报社采访时，中部州立大学校长解释说："由于预算限制，转学招生人数减少了40％。"当被问及大学是否能继续坚持其本地招生政策时，他回答说："我们非常无奈，不得不拒绝来自地区内外的这么多合格学生。但在这一历史性的预算削减的情况下，我们仍然为州内和本地学生提供了很好的教育机会。我们计划招收的本地新生约占全部新生的45％～50％，这比我们40％的历史平均水平高。"

媒体很快公布了录取结果。学生以及社区居民对政策变化给该地区学生受教育机会造成的影响表示担忧。一些社区团体已经组建起来，他们正在当地社区召开会议，同时在社交媒体上进行讨论，并开始给中部州立大学以及州和市领导写信。公立学校领导和本地校董会成员也表示了他们的担忧。

学生们开始给招生顾问和转学中心打电话，试图找到他们未被录取的原因。许多人想知道接下来的事态进展。在候补名单上的学生，许多人仍心存期待，希望在即将到来的秋季入读中部州立大学。中部州立大学告诉学生定期找招生办公室了解情况，查看他们的申请状态。本校的辅导员说，他们并不知道学生未被录取的原因，他们对此很愤怒，辅导员开始越来越频繁地与学生和媒体交谈。社区学生服务副理事已与各院校的学生服务领导谈了话，传达了她对建立与中部州立大学强有力的合作关系的承诺，并建议教职工不要通过媒体泄愤。

州议员克里斯蒂娜·温特斯也接到了数百个打到办公室的电话，学生和家长要求她马上采取行动。她宣布她会举行一次市民大会，听取社区的意见。温特斯办公室的工作人员给你致电并要求你在市民大会上发言。她还告诉你，中部州立大学的校长会在会上发言。工作人员明确表示，你应该对该大学近日以来的录取决定明确表示抗议。

在休伦社区学院附近一所高中拥挤的礼堂里，学生们激动地

第五章 新生录取案例

讲述着他们的担心，表现出沮丧的情绪。在礼堂正前方的台上有一张桌子，各教育团体的代表都坐在那里。议员温特斯站在讲台上。最先发言的学生埃德蒙·伍兹是来自休伦社区学院的23岁学生，他在台上向参会者和专家组介绍了他参加休伦社区学院非全日制三年课程的情况，说他为达到转学要求还参加了为期两个学期的全日制课程的学习。他还说道，在社区学院就读期间，他必须要工作，这对他的学业造成了一定影响。他的GPA成绩是2.3。他申请中部州立大学是因为想要读完心理学学士学位。但最近，他得知自己未被录取。他最后总结说："我知道我的GPA不是很高，但我一直在努力平衡工作和学习。如果我不能进入中部州立大学，我不知道我还能去哪儿。目前我负担不起去其他任何学校的学费。"

继埃德蒙的发言之后，一位名叫斯蒂芬妮·斯蒂芬斯的34岁休伦社区学院学生也简述了她的求学之路。斯蒂芬妮是在一年前开始上学的。因为要照顾孩子，她只能上远程教育课程。她是一位有两个小孩的单亲妈妈。目前她的GPA是2.7。斯蒂芬妮说，由于担心不能成功转到休伦社区学院，她很快加入了名为"转学生"的学生团体，该学生团体强烈反对中部州立大学修改招生政策。

温特斯议员询问中部州立大学分管招生工作的副校长是否愿意对他们的发言做出回应。芬内尔博士首先向学生保证，他们正在竭尽全力考虑本地学生的利益和地区需求，之后发表了他的意见。他鼓励学生报名加入候补名单，鼓励他们"保持一个开放的心态"，考虑到分校就读的可能性。市民大会的最后是学生提问。一名学生问："中部州立大学正在考虑停止优先招收本地学生，这是不是真的？"芬内尔博士解释说："我们能为社区做的最好的事就是尽可能地使学生达到社区的最高期望。这将为学生顺利就业做好准备。"市民大会结束，温特斯办公室的所有工作人员都离开了，但仍有一些学生和社区居民留在礼堂不愿走。到目前为止，你还没有在市民大会上发过言。你会怎么说（如果有要说的内容的话）？

第二天早上，你接到了来自院长办公室的电话。电话那头听起来手忙脚乱。校长助理通知你，他们刚刚收到一份传真，宣告抗议中部州立大学近日来的几千份拒绝录取信的"静坐示威"行动开始。他们请求学院领导马上采取行动，因为他们听说中部州立大学录取了 GPA 成绩很高的其他地区的学生，而没有录取本地的转学生。院长正在州议会大厦开会，助理联系不上她。当天，你从一位辅导员那里听说许多辅导员正准备私下加入静坐示威行动。

你会怎么做？

招生管理还是管理招生：降低标准完成招生计划

巴特·格拉根

背景

圣麦托迪学院位于东北部，根据卡内基大学分类，该校是一所大型硕士研究生院校，约有3 600名本科生。这所学校隶属于天主教会，本科生有一定录取标准，录取率接近60%，新生保持率为85%。但从大二到大三，这一数字的比例会大幅下降；六年毕业率为62%，四年毕业率在50%上下浮动。有很多因素造成了这一现状，其中最重要的因素是住宿问题。学生们在读完大二后便需到校外住宿。学生在寻找校外住宿时学院不会提供任何帮助，校外的住房要么价格昂贵，要么有各种问题，很少有两全其美的。

在这种情况下，转学生在招生管理过程中扮演着不为人知的重要角色。学院对转学生没有硬性且固定的入学人数要求，而是根据当年的新生入学目标来制定计划。学院希望转学生能填补学生流失造成的空缺,转入并填补流失的15%的新生,或超时未毕业的学生,每年录取的新生中有近40%最终不能顺利毕业。

圣麦托迪学院对转学生的定义很灵活。一般情况下,从其他院校录取过来的学生属于转学生。但是,若某一年新生录取目标没达到,那么已经从其他学校拿到低于24个学分的转学生会被重新划分为新生。这些都是根据报告和预算的需要进行调整。然而,在对学生进行重新归类的年份里,尽管进行了新的划分,但转学生入学率不会下降。因为重新归类主要是为了维持学生保持率。然而,至于涉及相关工作的各个部门,例如本科招生办公室和学生保持率办公室,两者之间没有任何联系;学校研究办公室主要侧重于形成外部调查报告,而招生办公室和学生保持率办公室都没有对调查报告加以利用。

在转到圣麦托迪学院的学生中,60%到70%来自其他四年制院校,30%到40%来自当地的社区学院和营利性学校。针对本科招生,有一位教职员工专门负责招收来自两年制学校的转学生并处理所有转学申请。学院一般会收到约5 000份本科新生申请书,并从中录取900名学生;但这名教职员工仅需处理300~350份申请,每年招收200~250名学生,申请没有截止日期。

人物

马克斯·帕克(Max Parker):招生办副主任。今年是马克斯在招生办工作的第二年,在来到招生办之前,他从未在高校行政管理部门工作过。他曾在学院担任多年的兼职辅导员,对学院非常熟悉。他负责审核转学申请,并且很喜欢这份工作。虽然他自己之前并不是一名转学生,在本科阶段曾行差踏错,但他很乐意帮助学生寻找发展方向。

比尔·史密森(Bill Smithson):教务长。史密森博士在学院工作了30多年，最初是一名教师，后来担任文学院院长，在过去的8年里一直担任教务长。负责学院招生工作的校长助理直接向他汇报工作，包括汇报每周的新生入学申请情况、保证金缴纳情况和注册情况等。

汤姆·阿博特（Tom Abbott）：负责招生工作的校长助理。汤姆负责督导所有招生事宜，包括本科新生、转学生、研究生的招生录取和非传统年龄成人学生招生工作。尽管汤姆曾在另一所类似高校中工作，能力得到了迅速提升，但在这一职位上他仍然需要学习。学院的人非常清楚，他被聘用在这个位置的一个重要的因素是他的叔叔是招聘委员会的成员。他的叔叔担任学院体育部主任已经超过25年了。

约翰·马里亚尼神父（Father John Mariani）：圣麦托迪学院院长。马里亚尼神父担任学院院长已有12年之久，在此之前，他曾在大主教区的中小学当了25年的校长。

帕特里克·穆瓦尼（Patrick Mulvaney）：申请入学的学生。帕特里克是本地人，从小在学院所在的城镇长大。帕特里克就读于一所与圣麦托迪学院同名的预科学院，他在那里表现特别好。事实上，他因表现优秀已经在一年前被圣麦托迪学院录取了。不过，他选择了在其他院校度过大学的第一年。

杰里·史密斯神父（Father Jerry Smith）：爱奥那预科高中教务长。杰里神父已经做了20年的教务长，多年来培养了不计其数的学生，帮助他们升入圣麦托迪学院就读。在神学院时，他就一直是马里亚尼神父的朋友兼同事。他一直是一个为学生着想的人。

案例

马克斯对自己秋季学期完成的招生工作感到十分满意。前两年的招生工作他就表现突出，而这是他加入圣麦托迪学院招生团队以来所见过的最优秀的一批学生。他努力工作，与众多社区学院建立合作关系以促使它们的学生选择圣麦托迪学院，尽管这些成绩优异的学生都有其他可以选择的院校。过去，圣麦托迪学院一直是许多本地学生的不二之选。学院接收 GPA 成绩为 2.0 的转学生，某些情况下甚至允许更低的 GPA 成绩。然而，许多转学生都特别优秀，马克斯在招生时把目光瞄准了这些优秀的学生。要想提高从四年制学院转过来的学生的学业水平非常困难。因为招生并不是其教育过程的一部分，因此，马克斯把针对这部分转学生的工作重心放在个性化服务上，以确保只要收到了他们的转学申请就能让他们承诺最终选择圣麦托迪学院。另一方面，针对成绩单上存在问题的学生，他向转学生提出了撰写一篇论文和参加面试的要求（两者都不属于转学申请标准流程）。通过这些努力，他负责的申请、录取、注册的转学生人数和 GPA 水平都在上升。马克斯对他的成功感到高兴。

两星期前，马克斯收到了一封邮件。邮件里说："马克斯，你招收的秋季转学生中，多少人的学分是 24 以及 24 以下？"马克斯回复说："有 50% 左右，一个班约有三分之一。"直到今天，他才收到后续的第二封邮件。但第二封邮件并不是来自分管招生工作的校长助理阿博特，而是来自教务长史密森博士。他说："马克斯，我刚刚看到了招生人数——今年的转学招生到底出什么事儿啦？"马克斯感到很是奇怪，到运营办公室看了报告之后他才明白史密森博士的话是什么意思。报告上他录取的人数是 104 人，而一周前还是 152 人。他惊呆了，录取的转学生人数减少了 48 名。他立即回到办公室，开始浏览自己统计的招生情况电子表格，依次查看每个学生，想弄清楚发生了什么事。随着事情脉络的理清，他记起了几周前上司发给他的一封邮件。在那封邮件里，马克斯负责招募的所有的"大一转学生"，即在大学一年级申请转学的学生，在学院的招生系统中都被改成了"新生"。

他穿过大厅来到领导的办公室。"汤姆,我们遇到麻烦了。"马克斯说。阿博特抬起头,皱了皱眉。马克斯继续说:"我刚从教务长那里收到一封邮件,他想知道今年招收的转学生人数下降是怎么回事。其实我也想知道是怎么回事。"

阿博特向他解释说,由于新生的入学人数一直少于向董事会报告的预期目标,因此,校长想知道如何填补这些空缺。马克斯的一些转学生被安置到新生班级之后,新生录取人数才能达到甚至超过董事会的录取目标,这样能让所有人都满意,除了教务长,因为他还要关注转学生入学人数相关的财政预算。在讨论对转学生重新归类,将其统计为新生时,教务长没有受邀参加。马克斯问阿博特,他应该如何填补招生人数的空缺,又该如何向教务长解释这件事。

"不是还有一些待定录取的学生吗?你可以在录取截止日期前,就是课程开始两周前,从中选择录取一些学生来填补。你有足够的时间来填补这些空缺。只用告诉教务长你正在审核待定的转学申请书就行了。"

马克斯坐在办公室盯着这两封邮件,不知所措。但他终于决定按照上司的意见行事。他给教务长发了邮件,为没有尽快回复邮件表示歉意。他说,有许多待定录取的申请人,并且往往有一些学生到秋季开学前才提交转学申请,这些学生能弥补转学生录取人数的空缺。然而,他没有提到的是那些待审批的申请书的情况大多数都很糟糕。有些申请书内容不完整,但更多的是在以前的院校学业表现较差。他也知道,秋季开学前才提交的申请书,大多数情况也很糟糕,学生们往往是到暑假结束前才告诉父母他们有很多门课没及格。

两周后,马克斯收到了一些申请人的论文并完成了对 20 名申请人的面试。这些学生努力了,GPA 的成绩都超过了 2.0,对他们过去的学业表现和将来提高自身学习成绩的计划都给出了合理的解释，因此被录取了。不幸的是，即便这样，马克斯仍然没有填补上招生人数的缺口。于是，他开始查看 GPA 低于 2.0 的学生档案。马克斯靠在办公桌前，开始再次浏览帕特里克的档案。

在圣麦托迪预科学校时，虽然不是很突出，但帕特里克学习成绩还不错。尽管圣麦托迪预科学校和圣麦托迪学院名字相同，还有一定的联系，但它已经不再正式附属于学院。帕特里克在上一个学院的成绩非常糟糕。他一整个学年的 GPA 只有 0.8。并没有所谓的流氓课程毁掉了一个无辜新生的 GPA 成绩——这个家伙毁掉了自己。马克斯再次浏览了手上这封申请信。杰里神父，当地的传奇人物，预科学校的校长，为帕特里克写了一封充满溢美之词的推荐信，还把推荐信抄送给了学院的院长，这个行为非同寻常。杰里神父说，这个男孩内心善良，他完全值得拥有第二次机会学习的机会。随后，马克斯看了帕特里克提交的论文。这是一篇杂乱无章的长信，信中，帕特里克为自己的苦苦挣扎而指责学院，并承认自己参加的聚会太多，但是他承诺以后会改掉这一习惯，因为大学里不会有什么事情要做，也没有兄弟会。马克斯没有再费心去看他的面试记录。这个孩子是一个大麻烦，傲慢并对自己的行为心安理得，而且他的问题远不止这些。他还提到他经常喝酒，称自己是酒鬼。比起爱喝酒，马克斯更担心的是帕特里克坚信自己能够应对酗酒问题，不会去寻求任何人的帮助，他酗酒的问题纯粹是学校造成的。于是，马克斯建议帕特里克先在当地社区学院提升自己的 GPA 成绩，按照马克斯的指导参加相应的课程，修读足够的学分，以达到转学要求。然而，帕特里克不仅拒绝了，还公然嘲笑马克斯。

马克斯认为，这份申请材料注定会被标上红色的拒绝录取标记。这名学生很难融入学校环境，也很难取得学业上的成功。正常情况下，马克斯一开始就会拒绝他的申请，不会给他面试机会。帕特里克的家庭并不富裕，他上大学得靠贷款，但贷款能带来什么结果？种种迹象都表明，帕特里克会再次失败，他的家庭会背上沉重的负担，而学业表现却不会有起色。然而，马克斯要达到教务长办公室规定的转学生录取人数，招生办的领导也给他压力，让他填补新生不足造成的转学生空缺。他知道如果自己拒绝了这个学生，他的申请材料可能会在校长办公室的干预下再次回到他的办公桌上。马克斯也知道，如果他现在录取了帕特里克，这份申请材料永远都不会再来烦他。学院的追踪研究发现，招生人数与保持率无关。而且，要是帕特里克真的如他所料学习跟不上，那他的问题只会是学生保持率办公室的问题以及帕特里克本人的问题，而不会是马克斯的问题。

如果你是马克斯，你会怎么做？

人人似乎都知道（并讨厌）的入学申请人

威廉·托宾

背景

招生处高级领导所面临的重要问题之一是政治和经济因素对录取过程的影响，这种影响往往比他们愿意承认的多得多。这一问题常常会影响工作人员的士气和招生办的信誉。最近有个例子，不仅能说明问题，而且毫无疑问是一个司空见惯的现象。几乎每所具有一定录取标准的学校，都会遇到录取线边缘的学生。他们在大学里能否取得成功是难以预见的，这往往取决于个人的成熟度及其动机，而不是他们的入学申请准备情况和过去的表现。

正如下面的例子所示，录取与否不仅仅是由招生处处长决定，校长和教务长也对学校及工作人员有着广泛的影响。其中一些影响是积极的，而另一些影响是消极的。一些影响符合人们的

第五章 新生录取案例

期望,而另一些则违背人们的初衷。

嘉奈是美国中西部一所中等规模的区域性公立大学的招生处处长。招生状况是学校发展状况的晴雨表。为体现招生工作的重要性,分管学术的副校长和教务长任命嘉奈为分管学术的副校长助理。她手下的团队由一个招生处副处长、5名处长助理,一批招生顾问以及一些履行重要职能的辅助人员组成。6年前,就在嘉奈刚到这所大学不久,她便说服校方打破了只录取本州居民的传统,转而采取更具有选择性的招生模式。当时,这在本州公民中引起了一些争议,但最终还是得到了教职工的认可。他们多年来对这样一种流行观点愤愤不平:这所大学就是本州备考不足、成绩欠佳的差生倾销地。

在一度尝到新生人数增长的甜头后,这所大学的招生人数便开始连续3年以4%~5%的速度递减。此外,这期间,学校拿到的本州的拨款并无增长(当政府根据通货膨胀进行调整时,拨款额度甚至还会稍微降低)。由于该大学在研究经费的竞争中并不具备任何优势,所以不论是新生的录取人数还是老生的流失率都会严重影响学校的财政收入。

在担任招生办主任期间,嘉奈不止一次被要求要给予某些入学申请人"特殊照顾",主要出于那些学生的父母对学校所在社区的政治和经济所具备的影响力。这样的案例非常多,尤其是体育学院经常给她的部门施加压力,要求她录取那些未达到学校所公布的录取标准的学生。嘉奈处理了一个又一个这样的案例,特别注意避免为类似的特殊例外情况塑造先例,因为那将会给人以讨好权贵的印象。然而,她非常精明老道,很明白招收这些学生所产生的积极影响远远超出所带来的负面效应。把"特殊申请人"的父母赞助的奖学金颁发给有才能却经济困难的学生便是一个很好的例证。另一个例证是学校停车场的修建之所以能得到州政府的投资,可能是也可能不是因为学校加以"特殊照顾",录取了副州长朋友的儿子。没有人愿意在这两者之间建立因果关系,但是在州议会对是否就修建学校停车场发行债券时,学校在关键时刻得到了副州长的有力支持。

校长已清楚地向嘉奈表明,学校并不会出售招生名额。但他们谁都不会天真地相信,破格录取那些学生并没有任何利益交换,只是没有人点破而已。另一方面,学校为争取政治支持的破格录取案例,最近被证实呈现出激增趋势。

案例

在过去的一学年,招生办收到一位州议员儿子的入学申请。他的分数很接近录取线,但是在很多方面都达不到大学最起码的新生录取标准。申请者的父亲是州众议院筹款委员会中一名大权在握的要员,因此能够以其地位对政府纳税收入的划拨施加影响。于是,校长特别渴望看到该考生能够得到所谓的"充分关照"。

在很大程度上,该生的成绩都非常接近之前学校破格录取的标准。但除了学业成绩差之外,该生高中时曾因带枪上学而被开除,且有一次殴打少女的犯罪记录。尽管作为未成年犯,他的隐私应该得到保护,然而袭击事件的基本情况在那所高中却是人尽皆知的。这引起了学校招生顾问的关注,他代表学校拜访了该生就读的那所高中。后来,问题进一步复杂化,殴打案中的受害者父母就伤人案一事写信给分管学生事务的副校长,对该生的入学表示强烈的反对。虽然还不清楚该生的入学申请是如何在众多的工作人员中成了公开的秘密,但现在的重点是这件事引发了争议。警钟已经敲响。学生事务工作处负责人所担忧的是,该生的存在可能威胁到其他学生,并且可能破坏大学的运行秩序。所有了解该生情况的人都特别关注该生将来在学校的行为。

显然,该大学可以通过招收该生在政治上获益,但学生处各部门的负责人均对该生的录取表现出高度的关注。学生处住宿生活部主任对此问题表达了自己的强烈担忧,因为该生大一期间很可能要住校。以教师为主导的招生委员会通常主要起到咨询机构的作用,但现在该委员会要求校方允许他们对录取工作进行审查。学生辅导教师群体甚至进一步明确提出反对录取该生,因为他的申请材料隐瞒了以上违法行为。

如果校长选择录取该生,那么他只需要签发一纸录取通知书就行。但他不希望因为招收一个颇有争议的学生而获得好处,引来学校的决策受到操纵的非议。因此,皮球便被踢给招生处处长,要求他采取适当的行动。

在这样的背景下,事情变得非常特殊,也让决策者处在相当典型的两难境地。换句话说,在许多情况下,我们都不可能只是在解决方案的好坏之间简单地做出选择。我们更多时候会面临这样的困境:我们试图尽量减少损失,降低情感伤害,或减少对此无法忍受的教职工人数。因为不管招生处处长采取什么样措施,都会引发学校某一群体产生消极反应,甚至不只局限于一个群体。嘉奈必须要关注自己的措施会对她与上司之间的关系产生怎样的影响。他们已经借助学校行政管理中特有的充满艺术与掩饰的政治语言,隐晦而又明确地向她表明了意图。不过,她完全理解他们所承受的压力。许多有影响的州议员都将大学视为州政府的另一个部门,认为大学理所当然地应该由为其提供资金的议会操控。

另一方面,校长和教务处长已经充分认识到,大学社区,特别是全体教师,很珍惜其至高无上的自主性,特别反对外界对大学传统的学术自主功能(教学、研究和服务)的干预。招生处处长相信,这是校长不愿直接录取该生的一个重要因素。因为教师中有些人认为,校长不是自己人,只是一个侵蚀他们日趋减少的财政补贴的管理者。

理论联系实际
——高校学生事务工作案例研究

教务长要求招生处处长下周与他会面,讨论此事。

假如你是招生处处长,你该如何向他汇报?或者你将会给他提出什么样的建议?你能预测教务长会提出什么要求并准备好如何应对吗?

在困难时刻创造多元化的班级

葆拉·斯泰瑟·戈德法布

背景

奥丁学院是宾夕法尼亚州的一所小型文科院校。该校约有3 000名在校生,大多数来自中上阶层家庭。学校在全美文科院校排名中一直位列前五十,而且一些文科、物理科学专业在全美名列前茅。然而,在过去的两年中,该校由于招收的学生缺乏多样性,排名大幅下滑。实际上,无论是最近学生的在校学习情况还是学校在社会公众中的印象都已经反映出了这一点,这正影响着学校的声誉。

近年来,学校一直在努力吸引并留住具有不同背景的学生,包括不同家庭社会经济状况、不同种族、不同性别以及不同国家的学生。由于学校周边还有还几所大学,该校面临的竞争非常激烈,在吸引多元化的生源方面始终不敌周边院校。由于校长不断施加压力,招生办主任必须制定策略,提高学生多样性。学校的声誉正在遭受严峻挑战。

人物

布鲁斯·马太(Bruce Mathew):学院院长。
琼·戴(Joan Day):招生办主任。
劳拉·卡朋特(Laura Carpenter):董事会成员,校友。
吉克·马克斯(Jake Marks):教授,教材作者。

迈克·费尔林（Mike Fellen），约翰·雷克（John Lake）：马克斯教授班上的学生。

案例

事情发生在奥丁学院的一个寒冷的早晨，院长布鲁斯·马太正从窗户向校园眺望，他不禁感叹道，在田园风光的点缀之下，学校里那些历史悠久的建筑让整个校园看起来多么美丽啊。树上的叶子开始慢慢变色。然而，他清楚今天对于学校来说，注定是一个艰难的日子。一年一度的大学排名即将揭晓，电话也会接踵而至。打来电话的会有董事会的成员、教师、学生以及新闻媒体。

而此时，招生办主任琼·戴正在自己的办公桌前等待着同样的消息。学校新闻公关部门很快就会得知排名的消息，她很是担心，因为排名决定着今年的招生工作是否能顺利推进。凭借着20年的招生工作经验，她知道学生会根据排名这一关键因素决定申请哪所学校。大学排名即将出炉，此时又发生了受到全国关注的校园事件，她只能更加努力工作，争取达到今年的招生目标。

在学生宿舍，学生们正在一起吃早餐。约翰·雷克，一名大三学生，边喝麦片边和大家讨论昨天晚上多元与包容俱乐部的会议内容。会上，俱乐部成员一直在谈论学校的状况，以及招生办差强人意的回应措施。约翰那天组织了一场会议，与招生办主任谈论学校的招生政策。基于今年要招收的班级情况，少数民族学生的数量将会下降。约翰想进一步了解事情的真相，想知道他能提供哪些帮助。他不想看到这个数字大幅下降，因为他已经感觉自己就是学校里那些为数不多的多元化群体中的一员。而且，他依然由于发生在自己班上的那起事件郁郁寡欢。

大约一个月以前，在初级英语文学课上，吉克·马克斯班上的学生讨论了马克斯新出版的著作。迈克·费尔林,一名大三学生,提到那本书似乎有点过时,而且不接地气。他说:"如今非裔美国人和其他每个人一样享有同等的优待和权利。"另外一名学生,约翰·雷克则回应道:"这不是事实。"两个同学因此展开了激烈的争论,随后全班同学加入其中。课堂气氛变得紧张起来。马克斯教授试图平息争论,但是没能成功。他提前下了课,以免事件进一步升级。学生们气愤而失望地离开了教室。消息很快在学生当中,在校园里传开了。

由于这场课堂突发事件,冲突蔓延至整个学校,学生们都在选边站。在当晚的大学生联谊会上,两个学生因此而大打出手,最后还报了警。报告称打架导致了双方轻微受伤。类似的冲突在这个关系和谐的社区中并不多见,大家主要是通过讨论和辩论的方式解决冲突。社区的居民议论纷纷,而学校管理层则一直对该事件保持沉默。

学生家长从孩子们口中得知情况后纷纷打电话给学校。他们对校园安全表示关切,想知道自己的孩子究竟是在一个什么样的学校就读。人们对管理层的失望情绪逐渐上涨。一名董事会从自己的孙儿(他当时正好参加了)那里听说了那次事件,于是,他亲自联系校长,要求他进行干预。董事会其他成员与学校的法律顾问却建议校长让事件顺其自然地发展。尽管校长要求学校解决此事,他却遇到了阻力,而且他清楚这种情况将在学校内部引起分歧。他认为,该事件会在大学社区引发更多的问题。他说得没错。国家级媒体了解到学校的情况,并且试图与学生和家长接触。新闻媒体对学校作了负面报道,校长马太的名声也受到了影响。

学校要求马克斯教授停止在课堂上继续使用那本教材。马克斯教授对自己受到审查感到异常愤怒,因于是给校报写了一封信。这一消息随后被《费城时报》披露。他在信中还提到了他对学校在多元化招生方面的看法，以及他对学校的失望。教师评议委员会对学校的应对措施也表示不满，教工们质问在这个充满挑战的时代，他们的言论自由是否得到了保障，学校对待老师的方式是否妥当。他们批评马太校长没有很好地处理这件事情。

大学排名公布了，马太校长又失望了。今年学校的排名又下降了几个名次，这让今年的招生工作更加艰难。媒体与公共关系办公室正在准备做出评论并与社区居民交流。校董事会和校友会的一名成员，劳拉·卡朋特，打电话来询问排名下降的原因。学校筹款下滑已经带来财政问题，加之学校近期发生的此次事件，奥丁学院今年的发展注定艰难。

马太校长一直在努力使学校变得更具多样性。他招聘了更多的女性职工，录取了更多少数民族学生，还对多元与包容学生社团表示支持。然而，他的努力似乎都是徒劳的。他不敢相信学校的一次突发事件会对社区和公众产生如此大的影响。他已经因为此事精疲力竭，也不确定学校的处理方式是否正确。

教职工士气非常低落，学生和管理层亦是如此。马太校长清楚，他必须采取措施解决此事。在听取了学生和家长的意见并与管理层沟通之后，他决定成立工作组来解决学生的多元化和招生问题。当然他也知道，成立工作组并不能解决这起校园事件造成的麻烦。他还必须要采取措施，创造积极的环境和校园文化。他不想看到社区因为此事继续受到损害，他想提高学校的声誉。他第一个想到的求助对象就是招生办公室。

你是招生办公室主任琼·戴，你和你的团队注意到，学校潜在的优质生源在事件发生后对奥丁学院颇有微词，来自大学和高中的少数民族和非少数民族学生在此次事件后不断地造访学校。作为一所门槛较高的高等院校的招生人员，你的团队既没有应对学生和他们家人的负面评价的经验，也没有做好准备好面对学校招生顾问、部门负责人以及院系领导的不满情绪。尽管你的团队招生工作经验丰富、充满智慧，但是他们也对目前情况感到不安。不过，现在他们已经为迎接摆在他们面前的挑战做好了准备。

你是招生办公室的主任，校长要求你成立一个全校范围的工作小组以提高录取学生的多样性。你会邀请谁加入工作小组？你不会邀请哪些人，原因是什么？你应该怎样管理你的工作小组？你将会遇到什么样的挑战？在招收更多少数民族学生方面，你有何打算？你对接下来的第一年、第二年、第三年有哪些建议？你期望获得怎样的结果，为什么？你的建议包含哪些方面（经济、政治、体制、社区、招生、媒体）？你的建议有哪些不足之处？

谁也不愿听到的消息，尤其是在假期

威廉·托宾

背景

传统大学凭借其卓越的科研水平和一流的学生运动员而闻名全国。大学高度重视天主教耶稣会严谨求学的传统。校长刚到校工作不到两年时间，相对而言还是个新人。招生办主任、负责公共事务的副校长以及负责学生工作的副校长都是往届的老人，但是学校的其他高层领导都是由新任校长亲自任命的。

尽管传统大学财政收入较多且受人尊重，有着稳定的生源及来自联邦政府的重要研究资金拨款，但仍然受到经济低迷的影响，它的三大收入来源都大幅消减。在市场崩溃期间，社会捐赠减少了近一亿美元。拿到的资助和年度捐赠都大幅下降，尤其是在过去的一年。为加大招生力度，学校招生工作的支出增加，学费净收入降低。因此，必须削减学校运行经费，同时推迟已经延期很久的大量维护项目。财务预算的削减造成了令人痛苦的后果，尤其是空缺的职位得不到填补，这些职位甚至被彻底取消，工资提升的幅度很小,办公室预算被削减,有时甚至是大幅削减。所有这些都对教职工的士气带来了很大的负面影响。在这样一个财政环境中,妒忌和内斗接踵而至。因为大家都想在越来越小的蛋糕中分到尽可能大的一块。

传统大学的校友极其忠诚,而且校长委婉地说他们"太忠诚了"。校友的这种忠诚在董事会中同样可以看到。学校董事会成员人数远远多于其他学校。而且,一些董事任期很长,有的甚至在该校服务了20多年。由于分散在全国各地,他们充分利用信息时代的工具,通过校园网站、校报在线内容甚至学校的社交媒体所提供的信息了解学校的状况。传统大学的YouTube账号也是董事会成员关注的重点。然而,保持董事会成员知情与告知他们学校的日常事务的细节,让他们审视校长的施政行为、揣测校长的行政决策是有所差别的。

人物

克里斯托弗·巴雷特(Christopher Barrett):校长,任职不满两年,耶稣会成员。曾在西部另一所耶稣会大学担任了4年的教务长。

凯瑟琳·弗朗西丝(Katharine Frances):教务长。刚刚离任弗吉尼亚州一所著名法学院的院长一职。由于前任教务长是一个性格极端的人,教职工觉得他管得太细了,因此,凯瑟琳对于刚上任就做出激进的改变十分谨慎。

罗杰·维纳布莱斯(Roger Venables):招生办公室主任。一位经验丰富的管理人员,已为学校服务了7年。他深受全校师生的喜爱和尊敬,在为学校增加学费净收入的同时,保证了招生工作的稳步推进。

威廉·弗雷德里克(William Fredrick):负责学校发展和校友事务的副校长。他一直在学校"十大学院"之一的一个学院工

理论联系实际

——高校学生事务工作案例研究

作,并迅速晋升为学校负责发展事务的副校长。他担任副校长刚满一年。

詹姆斯·卡罗尔(James Carroll):由新校长任命的分管财政事务的副校长。前几年,该校曝出了多起财务管理不善(但并非渎职)事件。这些管理不善事件的曝光使该校在2008年金融危机后财政状况逐步恶化。詹姆斯擅长作长期规划,广受赞誉,并在短时间内理顺了大学的财务状况,因帮助学校规避了风险而受到校长赞赏。

爱丽丝·图灵(Alice Tooling):分管公共事务的副校长。从事行政管理工作6年,由前任校长从学校商业部门提拔任用。她被给予较低评价的部分原因正如一位董事所言:"以我们学校这样良好的声望,她的工作应该相当简单。"

米歇尔·迪奥内(Michelle Dionne):负责学生事务的副校长。她是目前任职时间最长的校领导班子成员。她的整个职业生涯都是在传统大学度过的。作为一名校友,她从研究生院毕业后立即回校工作,并通过自己的努力奋斗到目前的职位。她在危机管理方面的表现非常出色。她非常担心目前的情况对学生情绪的影响,担心即便指控被撤销,被指控的学生还是不能得到公平的对待。

案例

在招生截止日期(5月1日)和准备下次招生工作前的那段平静时光,招生办公室主任经常会消失一两周去修整放松。对于罗杰(招生办公室主任)来说,晚春时节在密歇根湖畔小憩几天,最让他感到清静自在。

传统大学录取的一名体育特长生出了麻烦。这名学生在被录取前是全国众多一流高校争抢的对象。大学的排球教练说他不仅在场上表现出色,而且在高中时也是成绩优异的学习标兵。教练把他看作球队队长的培养人选,视其为项目的杰出学生。

在5月份一个美丽的早晨,罗杰的邮箱被来自这名体育特长生家乡媒体的报道给塞满了(本地以及地区的电视台和广播台很快得知了这一消息)。报道曝光了该生和其他两名学生最近被指控霸凌他人。邮件里附上了他们霸凌非学术型游学团体的证据,有手机拍下的照片和模糊不清的、上传到 YouTube 的视频。罗杰从同事爱丽丝那里听说了这一消息。爱丽丝是该校负责公共事务的副校长,她当时正在新英格兰度假。在智能手机时代,没有任何大学管理者的假期能不受打扰。

爱丽丝打电话给大学校领导班子的其他成员,也打给了正在加利福尼亚募集资金的校长。唯一留在学校里的高层领导是教务长和财务处处长。教务长正忙着在附近的州立公园为她的高级员工举办一场静修会,而财务处处长则忙于制定下一学年的预算模型。由于领导们分散在四面八方,确定初步应急措施是一项极大的挑战。在大多数校领导班子成员都不在学校的情况下,做出任何有关该生的结论弄不好都会让学校引火烧身。

把学校所有这些薪酬最高的高级工作人员的注意力都集中到一名学生的身上似乎显得有点过了。然而,这种事情正是学校支持者关注的对象。他们所有人都对学校的天主教会的传统和价值观、学术声望和体育特长生的标准非常敏感。正如友善而慈祥的校长喜欢说的那样,"如果我们的问题很容易解决,那么在报告给我之前,就一定有人已经把它解决了"。

更为紧急的挑战是,既要起草并提交关于学校初步回应措施的建议,又要不显得拖延或武断。新闻报道在互联网上引发了各种传闻。这些传闻从来没有忘记提及这个学生将在秋季学期开始到传统大学上学,于是在公众的心目中形成了学校和这位学生有千丝万缕的关系的印象。清晨到来了,罗杰和爱丽丝很可能要被迫提前结束休假了。

在48小时内,校领导班子聚集在校长办公套房内的会议室开会，校长则从美国西海岸打来电话。与会者都配备了最新通信设备，在前两天的会议筹备阶段，班子成员之间已经利用各类通信网络频繁通话，互发短信、电子邮件、发送文件。这反映出班子成员内部不断演进的工作联盟关系，而这种联盟似乎随时都在形成或解散。

会议由教务长来主持，他省去了所有繁文缛节，直接开始讨论她准备的以下问题：

1. 考虑到司法中的程序适当原则的实施过程漫长，学校目前应对该生采取什么样的立场？

2. 假设班子成员对第一个问题达成一致意见，那么学校的官方公告将以什么形式发布？

3. 这些公告需要面向所有公众吗？

(1) 在校生；(2) 教职工；(3) 学生家长/校友/大学的盟友；(4) 计划招收的学生/已录取的学生/他们的父母。

4. 学校有哪些具体的价值观可以作为采取初步应对措施并做出最终决策的基础？

5. 在这个过程中，学校应该准备应对哪些突发的紧急情况？

6. 在对该生的司法调查过程中，可能会发现学生中还有类似的情况，学校对此又将如何做好准备？

在处理大大小小的问题时，我们会发现，领导的性格和背景会对问题的解决产生不同的影响。每个人都从自己的业务领域和事件会给自己部门造成的损失的角度看待问题。这些事件引发的损失一方面会给部门带来影响，另一方面，也会以不同的方式影响副校长的关注点。

假设你轮流担任每一位班子成员的角色，根据现有的简要记录，你如何从每一位班子成员的角度给校长提出建议？

第六章　辅导和咨询案例

高校学业辅导教师和指导老师如同大学里的"家长"。在其职业生涯中，他们必须处理一些平淡无奇之事，如帮学生决定选哪门通识选修课，也必须面对学生提出的高深问题，如生活到底有什么意义。无论其正式职务用文字如何描述，每位学生事务工作者都将在某些时候充当学生的顾问，给他们提出建议。

泰博霍·莫哈（Teboho Moja）在《南非海外学习项目学生的身份困惑》案例中，讲述了在国外学习的过程中，一位学生的心理健康问题让教职工陷入了怎样的困境，给其带来了哪些压力。戴安娜·戈德奈斯·埃利奥特（Diane Cardenas Elliott）在《只是一个友好的学生助教》案例中，讲述了一位学术资源中心主任在注意到学生导师对学生格外感兴趣时所面临的问题。在克莉斯汀·索苏斯基和斯蒂文·戈斯（Kristen Sosulski & Steven Goss）编写的《城市大学对远程学习者的支持》案例中，辅导教师正面临这样一个挑战：如何帮助学生为上网课做好准备。对许多高校而言，教师不参与学生的学业辅导或参与较少已经是一个历史问题。在《学生事务系统与学术事务系统在学业辅导方面的合作》案例中，金·C. 奥哈洛伦和梅甘·E. 德莱尼（Kim C. O'Halloran & Megan E. Delaney）介绍了本科院校在学业辅导工作上所做出的努力。在丹尼尔·霍璐卜（Daniel Holub）编写的《校园内同性亲密关系中的暴力事件报告》案例中，音乐学院发生的亲密关系中的暴力事件给教务长带来了政治和伦理上的挑战。最后,在《学生社区的冲突》案例中,萨曼莎·沙佩瑟斯·沃特海姆(Samantha Shapses Wertheim)介绍了学生行为对校园氛围产生的影响,以及对学生事务管理的挑战。

我们认为,这些案例与教科书的理想模式形成了鲜明对比。校园氛围应该是合作的、发展的、服务他人的,但有些学校却并非如此。

南非海外学习项目学生的身份困惑

泰博霍·莫哈

背景

大都会大学是一所位于马萨诸塞州的私立大学,它将培养全球性人才作为其使命。该校面向全球招生,且已与全球若干所高校签署大量协议。要求所有学生都参与一个学期的海外学习、实习或寒暑假短期交流。学校开设预备课程,学生必须修读一定预备课程才能毕业。依据学生的需求,学校还会提供少量奖学金,以覆盖学生旅途的花费。

高年级学生热衷于参与的一个项目是赴南非学习项目,该项目为期四周,主要研学导致该地前任政府垮台的政治激进主义。学生们会参观关押政治犯的监狱,见到一些主张废除旧体系的国家领导人和执行镇压政策的武装人员,并聆听当地学者的讲座。通过参观学校,他们会了解该国是如何书写新的历史并接受新的教育方式,如何进行自我疗愈的。鉴于该国的历史,此交流项目从情感上来说略显沉重,但是参加这个项目能够观察人们是如何重建自己的国家的,这一点也令人感到振奋。

人物

亨利·科索沃（Henry Kosovo）：海外学习项目主任，他每年都参与创办了许多由教师带队的寒暑假研学项目。

简·克拉克（Jane Clarke）：非洲项目副主任，负责非洲项目的后勤和财务工作。

赛乐兹教授（Professor Thelez）：南非暑期海外研学项目带队老师。该项目已经运作了10年。

斯蒂文·斯格特（Steven Scott），罗伯特·蒂施（Robert Tisch）：南非海外学习项目参与学生。

艾莱塔·丁格（Aletta Tingo）：学生在海外学习期间所居住的酒店的保安。

案例

同学们聚集在大学教学楼前，激动地等待着送他们去机场的公共汽车。朋友们纷纷前来送别，并祝愿他们为期四周的南非之旅一切顺利。斯蒂文也来了，他穿着夏日的短裤、大号的T恤衫，鞋带松松垮垮的。他一只手拖着一个行李箱，还有一个帆布洗衣袋，另外一只手则拿了一摞旅途中要读的书。那些书是课外读物，主要是一些国家领导人的自传。他为本次课程和旅行准备了很久，夜以继日地工作，筹得本次旅行所需要的额外资金。赛乐兹教授经常找他谈话，以确保他的准备工作步入正轨。斯蒂文似乎对一位黑人领袖很感兴趣，他阅读了几乎所有关于他的文章。他手上那些书都是关于这位领袖的，这位黑人领袖在学生时代发起了黑人觉醒运动，但是后来在监狱被安保人员杀害。

大家都上了车，汽车开始向机场驶去。在15个小时的不间断飞行过程中，斯蒂文一直没睡觉，而是在阅读自传，因为这是他第一次离开美国，他激动得难以入眠。他显得比平时安静得多，并和其他学生保持着一点距离。到达约翰内斯堡国际机场后，他们就转乘了飞往开普敦的国内航班，到达目的地需要两小时。漫长的旅途结束了，所有人都很开心，因为终于分配了房间和室友。斯蒂文和罗伯特分到了同一间房。

斯蒂文热衷于通过聊天了解南非人民的生活。以前在课堂上，教授提到了聊天这种交流方式，他鼓励同学们用聊天的方式，从不同角度了解这个国家的内部社会问题。那天晚上，斯蒂文一直和艾莱塔聊天，她是值守大门的夜间保安。

早上，罗伯特提出和赛乐兹教授见面。他表达了对于斯蒂文行为的不满，还提到斯蒂文把艾莱塔带到卧室和他同床共枕。他觉得这种行为很难令人尊重，因为斯蒂文没有经过室友的同意就将客人带回他们的房间。

因为头一天的舟车劳顿，第二天的白天学生们被安排自由休息调整，但在晚上要参加正式的欢迎晚宴。晚宴在南非一家特色餐厅举行。学生们很喜欢当地饭菜，但是斯蒂文静静地坐在桌旁，没有融入这欢乐的氛围。后来，他告诉赛乐兹教授，他下午去了艾莱塔家，就在当地的一个村庄。出于对她的家庭状况的同情，他把自己大部分的钱都给了艾莱塔，让她给孩子们买糖果和玩具。

赛乐兹教授没想到斯蒂文会这么做，他担心斯蒂文脱离现实，太过于感情用事。海外交流项目中的教师未接受过预判心理疾病的相关培训，也没有接受过应对这种情况的培训。因此，赛乐兹教授打电话给马萨诸塞州的克拉克夫人，和她讨论斯蒂文的情况。赛乐兹建议趁现在项目刚刚开始把斯蒂文送回国，因为他怀疑斯蒂文有心理健康方面的问题。克拉克夫人跟赛乐兹教授说，美国国内高校的规定适用于在国外参与海外学习项目的人员。在学校里，学生是可以邀请客人进他们的宿舍的。因此，第二天赛乐兹教授找斯蒂文谈了话，告诉他，出于对室友的尊重，他必须在把客人带进宿舍过夜之前征得室友的同意。

项目如期进行,但项目的其他学生开始对斯蒂文的行为感到不悦。他经常在课堂提问时炫耀自己的知识,炫耀他读过的关于非洲领导人的内容。斯蒂文的自我认知有问题这一点越来越明显。根据赛乐兹教授的经验,在海外学习项目中,随着学习的深入,学生对自我身份产生怀疑的情况十分常见。在南非,白人曾被当作黑人艰难遭遇的元凶,这段历史让学生们情绪复杂。一些来这里访学的白人学生会为此而感到愧疚,担心普通民众不了解他们只是游客,把自己当成南非白人居民。此外,黑人学生往往会对该国曾经的社会不公感到愤怒,将这次旅行看作是回家之旅。然而,斯蒂文的情况比较极端,赛乐兹教授怀疑,斯蒂文为自己是一名白人而感到不安,或许潜意识里他希望自己是黑人。

随着时间的推移,斯蒂文仍然与同学们保持着距离,不愿意和他们来往。学生们私下跟赛乐兹教授说了他们对斯蒂文的担心。罗伯特说斯蒂文的行为还是很古怪,但是他同意了继续和斯蒂文住一个房间。鉴于同学们的反映,赛乐兹教授和克拉克夫人以及科索沃先生开了一次在线会议。考虑到为参加本次海外学习项目,斯蒂文做出种种牺牲才完成筹资,再加上项目才完成了一半,他们决定让斯蒂文继续参加交流项目的各项活动。

在项目进行到第三周时,斯蒂文独处的时间越来越长,而且开始晚上一个人离开酒店,无视学校出于对学生人身安全的考虑发出的警告——禁止夜间单独外出。他写的班级日记也开始变得令人不安,日记从黑人男性视角出发,还反映出他最近去过治安混乱的地区。赛乐兹教授又找斯蒂文进行了一次交谈,警告他不要在夜间单独外出。

就在那次后不久,赛乐兹接到了警察局打来的电话,告诉他斯蒂文被抢劫了,肩膀也被刺伤,正在医院治疗。幸运的是,伤口并不深,他当晚就出院了。斯蒂文没钱支付医疗费,赛乐兹教授帮他付了钱。第二天,赛乐兹教授向项目办公室汇报了此事,办公室告诉他让斯蒂文完成项目学习。此后项目过程中未发生其他任何事件，随后师生返回了马萨诸塞州。

后来，斯蒂文被诊断患有心理疾病，这是此行之前未曾发现的。斯蒂文接受了精神治疗，而他的父母因为他在海外项目中受了伤提出索赔。斯蒂文的父母认为，参加海外项目时斯蒂文没有得到充分的保护，在参加项目时学校就该发现他的心理问题，而且应该在项目结束前就将他送回国内。

讨论

1. 当克第一次听到赛乐兹教授汇报斯蒂文的怪异行为时，克拉克夫人应该怎样处理？

2. 学校是应该在接到赛乐兹教授的第二次电话之后还是在在线会议之后把斯蒂文送回国内？

3. 如果你是科索沃，在面对家长起诉学校失职时，你怎样为学校辩护？

只是一个友好的学生助教

戴安娜·戈德奈斯·埃利奥特

背景

联合学院是一所区域性、州政府资助的四年制大学，它位于尤宁维尔，一个边陲小城，开车到主城区大约需要 20 分钟。尤宁维尔是一个种族众多的工人阶层社区，这里有来自加勒比海、中美洲以及东欧的一些移民。然而，在过去 10 年间，通过与当地社区组织以及学校的合作，联合学院一直致力于营造一种社区文化，让当地家长明白让孩子上大学是非常值得的一项投资。因此，在过去 10 年里，该校招生状况稳步提升。

联合学院建立的初衷是为本地提供教育服务，学院规模很小。如今，它提供包括商科、艺术科学、工程、视觉表现艺术以及教育学在内的各个学术领域的学士学位课程。它主要招收来自尤宁维尔地区公立学校的学生。实际上，学校的3 000名大学生大多数都来自尤宁维尔地区。

来自尤宁维尔地区的许多学生都是家中第一代大学生，他们严重依赖当地的财政资助和学校的支持，尤其是通过在学院勤工俭学负担自己的学业开支。因此，校内的勤工俭学和资助政策成了该校招生工作努力宣传的重点。然而，联合学院没有为学生提供住宿。大多数学生在该校求学期间都住在家里。因此，该校高年级学生的转学率较高。近期的一项研究报告称，接近50%的大二学生没有返回该校就读大三。许多学生认为该校仅仅是完成大学前两年学业的地方。因此，学院开设的大部分课程是通识教育课程以及先导性课程，很少开设高级课程。另外，就读的第一年对许多新生来说都是一个挑战，约30%的学生会面临重修。

人物

黛布拉·韦恩（Debra Wain）：学术资源中心主管。在该校工作8年，开始是兼职，后来全职工作，担任学术资源中心主管。

保拉·康科德（Paula Concord）：化学教师，已获终身教职，在该校工作20多年。

梅勒妮·盖奇（Melanie Gage）：学生事务副院长，5年前开始任职。

罗素·惠普尔（Russell Whipple）：曾在联合学院化学系就读，已交换到另一所大学，但仍然活跃在联合学院。

艾米丽·兰（Emily Lan）：工程专业大一学生。

克里斯蒂·庄（Christie Chong）：化学专业大二学生。

米歇尔·森普森（Mitchell Simpson）、艾比·卡斯（Abby

Keyes）：生物学专业大二学生。

案例

学术资源中心负责为学生在学业方面的问题提供指导和帮助。中心刚成立时聘任了黛布拉·韦恩兼职监管该中心的各项事务。由于资金短缺，学生的咨询服务就在学生会负一楼的一个小房间里开展。学业辅导部门利用高年级学生资源，为在校生提供非正式辅导服务。对学术资源中心以及联合学院来说，这是一个问题，因为有限的资金被分给不同部门，而他们提供的服务有重合之处。另外，该校转学率很高，导致缺乏能为其他学生提供学习辅导的优秀高年级学生。结果，两个部门都需要招募优秀的高年级学生，而学术资源中心的成立加剧了招募优秀的学生助教的竞争。

盖奇副院长任职时，确保学生顺利得到所需的学业支持成为学校工作的重中之重。为实现这一目标，她将所有的学生辅导服务都整合进了学术资源中心。尽管许多学术部门和教师很不高兴，但她向他们保证，大家都有为学生提供辅导的机会。盖奇副院长筹资聘用你全职管理学术资源中心。此外，该中心的服务环境得到改善，配备了升级的计算机系统、教学软件以及一套成熟的学习追踪系统，使中心得以统计学生的使用情况。

你和副院长一起将学业支持服务拓展到各个学术领域。为获得教师的支持，缓解学术资源中心与各学术部门的紧张关系，你努力确保教职工可以参与筛选学生助教。你积极地听取教师们关于学生助教的建议，修改学生助教申请规则，要求申请者至少提供一封来自教师的推荐信。而且，你极大地改善了培训体系，尤其是学科知识部分，这样教师们就可以与新老学生助教交流，讨论学生感到困惑的知识点，以及帮助学生取得成功的方法。

去年，你收到了来自化学教师保拉·康科德为罗素写的一封

第六章　辅导和咨询案例

推荐信。罗素曾经在该校化学系担任学生助教，后来他转学到了另一所大学，但是他依然住在学校附近，且对做学业辅导工作很感兴趣。保拉的推荐信表明，罗素对基础和高级化学课程相关知识掌握得很好。此外，保拉了解到罗素曾经帮助过许多化学 101 课程学得很艰难的学生顺利完成了课程的学习。根据保拉的推荐信，你聘用罗素到学术资源中心工作。保拉非常高兴，她向学术资源中心提供了她的化学课 PPT 和书籍，而且提出帮助培训理科方面的学生助教。

虽然罗素在学生当中很受欢迎，但是随着时间的推移，你开始对他的一些与学生相处的行为感到不悦。尤其是在学术资源中心辅导时间以外，你注意到他经常和他辅导的女生共进午餐并调情。在学术资源中心，你发现他更关注女生（尤其是在小组中），而且在你看来，他坐得离女生太近了。

几周前，艾米丽·兰来到辅导中心，申请化学课程的辅导。当你提到罗素可以提供帮助时，艾米丽说她希望安排其他学生助教来帮助她。由于没有其他合适的学生助教可以安排，艾米丽离开了。上周，克里斯蒂·庄来到你的办公室。你对她很熟悉，因为去年她经常到这里来学习。大一时，她的化学 101 课程学得极为艰难，但在罗素的帮助下她最终得了 B。她表示自己还想参加化学辅导，但是不想让罗素来辅导她。你鼓励克里斯蒂说出原因，这时你才知道，罗素曾经多次邀请她外出。此外，克里斯蒂还提到，罗素曾在自己家里免费为她辅导化学课程。这让她感到非常不舒服，最终决定不让罗素辅导自己。你不知道该如何处理，于是想从其他几名罗素辅导的学生那里了解情况，并找到了艾米丽。艾米丽说，罗素不仅几次邀请她外出，而且还经常用胳膊搂着她，把手放在她的膝盖上。艾米丽觉得很是反感，并且觉得对于助教来说，这种行为显然很不恰当。

根据这些描述，昨天你把罗素叫到你的办公室，把他解雇了。他非常气愤，说自己从未有过不合适的行为。由于他火冒三丈，你只好让保安把他请出学术资源中心。被解雇后，罗素到处跟人说自己受到了不公平对待。结果，米歇尔·森普森与其他几位罗素辅导过的学生来到你的办公室，非常愤怒地质问你解雇罗素的原因，要求让他回来。他们甚至威胁说，不请他回来就不会再来学术资源中心了。如今你了解到，艾比·卡斯已经去了院长办公室，希望与其见面讨论罗素被解雇的事。另外，你了解到米歇尔正在组织情愿活动，要求重新聘用罗素。这一整天，好几个学生在走廊里把你拦下，跟你说罗素是个非常好的学生助教，告诉你他是如何帮助他们在学习上取得成功的。你也收到了来自保拉·康科德的来信，她希望与你会面，可能是讨论罗素被解雇一事。

你该怎么做呢？

城市大学对远程学习者的支持

克莉斯汀·索苏斯基 斯蒂文·戈斯

背景

城市大学成人学习中心致力于向忙碌的成年人群体提供教育机会。显然，网络在线课程很适合这些由于缺乏机会没能取得学士学位的成人学生。李·斯托帕德，成人学习中心主任，希望确保该项目能和现场授课课程达到同样水准。他与学校在线教育办公室合作，提出创建网络在线课程计划。到 2011 年秋季学期，该中心成立了两个本科专业的网络教育项目，社会科学文学学士课程项目和领导与管理工科学士课程项目。目前，该中心开设了接近 50 门网络课程，建立了一套不断完善的学生服务体系。

人物

旺·邓（Vang Deng）：网络教育办公室教育技术人员，从业2年，向网络教育主任述职。

凯丽·瓦娜（Kelly Vanna）：成人学习中心学生顾问，已工作10年，向学生辅导中心主任述职。

梅·贝拉（May Berra）：成人学习中心写作教师，她承担各种写作课程的教学，教龄30余年。

詹尼斯·希金斯（Janis Higgins）：成人学习中心创意写作专业本科生，26岁，目前大三。

罗比·阿尔瓦雷斯（Robbie Alvarez）：在线继续教育项目全职技术员，已任职5年，向网络教育副主任述职。

李·斯托帕德（Lee Stoppard）：成人学习中心主任。

案例

成人学习中心长期聘用的教师梅·贝拉，将在春季学期为学生讲授"叙事及回忆录写作"网络课程。她的课程将于一周后开始。这是贝拉博士两年内第三次教授这门在线课程，她对网络课程的教学越来越充满信心。为了帮助她的学生熟悉在线课程以及用于传送课程内容的学习管理系统，她发起了一个课前在线活动。梅的目标是培养班级学生的集体感。她通过电子邮件向所有参加该门课程的学生介绍课前活动的内容。在邮件中，她要求学生向她以及参加在线课程的其他学生介绍自己。

> 来自：梅·贝拉
> 主题：介绍自己
> 日期：2011年1月11日，下午6点46分59秒
>
> 我希望你们能够在第一次会面之前，用在线方式完成以下工作：请在自我介绍论坛中发帖，向其他同学和我介绍自己，介绍的形式可参考回忆录的简要自我介绍。内容在200

理论联系实际
―― 高校学生事务工作案例研究

字以内，可以包含一切适当的个人信息，同时要附上一张适合你的回忆录封面的小照片。所有介绍必须在我们的第一次课，也就是1月20日周四之前完成。

贝拉教授

这份作业在学生中很受欢迎，本学期也不例外。贝拉教授很欣慰所有同学都完成了自我介绍的任务，也有足够时间阅读每个人的自我介绍。作为反馈，贝拉教授给每位学生的发帖都发了一条私信，还分享了一些她的个人信息。贝拉教授认为这有助于增进师生感情。大多数学生是走读生，而且家离学校很远。

她也会让学生纠正一些小错误，比如语法或者格式。本学期，学生在写作方面取得长足进步，而且他们都精通网络应用技术。但是只有一个叫詹尼斯·希金斯的学生，她需要专门发送信息要求她完成自我介绍的课外作业。詹尼斯是该校三年级学生，成绩优异，这是她第一次上在线课程。她很坦率地承认，除了回复邮件之外，自己没有在网课上花太多时间。

詹尼斯没有在论坛上上传自己的照片。贝拉教授清楚上传照片对于一些学生来说有些为难，但是同时她又认为，这是该作业中重要的一环。为了让学生了解如何上传照片，她要求所有学生参加由该校网络教育办公室提供的面向学生的异步在线学生指南课。在詹尼斯提交自我介绍后，贝拉教授还没有收到詹尼斯的其他任何消息。贝拉教授提醒詹尼斯上传照片，并指导她参加在线学生指南课。该课程清晰地展示了如何使用学生管理系统，包括如何上传照片。

来自：梅·贝拉
主题：回忆录反馈
日期：2011年1月19日，上午9点45分40秒
詹尼斯，你好：

第六章　辅导和咨询案例

你的回忆录做得很好！我很好奇你在邮件中提到的那本小说，还想知道更多信息。这就是你一直在写作的内容吗？你已经写了多久了呢？我想提醒一下，你还需要在你的介绍中添加一张照片。你有照片吗？

贝拉教授

备注：你可以通过添加按钮添加照片。学生在线指南课也做了相关介绍，所有学生必须参加该环节。这是课程大纲中明确要求的内容。如果你有什么困难，可以发邮件给罗比·阿尔瓦雷斯，他的邮件地址为 ralvarez@UNCY.ed。电话分机号是 54588。他会帮你处理照片问题。

詹尼斯当天回复了贝拉教授。

来自：詹尼斯·希金斯

主题：回复：回忆录反馈

日期：2011 年 1 月 19 日，下午 12 点 34 分 42 秒

我怎样把照片传入我的电脑呢？我努力上传照片，但我的电脑死机了。我用 iPad 处理不了。

两天后贝拉教授回复了她。

来自：梅·贝拉

主题：回复：回复：回忆录反馈

日期：2011 年 1 月 21 日，上午 9 点 38 分 16 秒

你好，詹尼斯：

你知道如何上传照片了吗？记着，学生自我介绍的截止日期已经过了。务必确保本周预习布置的单元内容。

贝拉教授

在接下来的几天，贝拉教授的课程按照教学计划有序进行。除了詹尼斯缺席以外，她注意到其他学生都很积极，他们热烈讨

理论联系实际
——高校学生事务工作案例研究

论论坛中发布的问题，深度参与完成课程作业等。她发现自己好像和第一次开设在线课程时一样忙碌。然而，现在她会花更多时间与学生相处，而不是拼命工作，保持比学生更快一步的节奏。在第一周周末，贝拉教授收到来自詹尼斯的另一封邮件。在文中，她解释了自己退课的原因。

> 来自：詹尼斯·希金斯
> 主题：回复：回复：回复：回忆录反馈
> 日期：2011年1月28日，上午1点11分19秒
> 贝拉教授：
> 很抱歉，我觉得我不得不退出你的课程。我的电脑和平板都不能正常登录学生在线学习系统。我真的感到很遗憾。我原本也特别想参加这门课程。

贝拉教授不知道该如何帮助詹尼斯。她想既然学生要求退课，那么她应该通知学生的辅导老师，凯丽·瓦娜。她给凯丽发了信息，并转发了詹尼斯说要退课的这封邮件。

> 来自：梅·贝拉
> 主题：转发：回复：回复：回复：回忆录反馈
> 日期：2011年1月28日，下午4点35分59秒
> 你好，凯丽：
> 请查看转发给你的詹尼斯·希金斯的邮件。她和你联系过吗？她正在考虑退选我的课程。请回复我该如何处理。
>
> 　　　　　　　　　　　　　　　　　　　　　　　梅

自从凯丽在春季学期指导过詹尼斯以来，她就没有收到过詹尼斯的信息。她读了邮件后，想知道詹尼斯为什么没有和她联系过。

凯丽也不理解，既然詹尼斯可以向论坛发送自己的简介，为什么她说自己登录不了学校的在线系统。她决定联系学校的教育

技术人员，旺·邓，他负责管理学生在线课程系统，并且与协助平台紧密合作，她想问问他，他是否知道詹尼斯以及詹尼斯得到了哪些帮助。

> 来自：凯丽·瓦娜
> 主题：在线学习学生詹尼斯·希金斯
> 日期：2011年1月29日，上午9点22分12秒
> 你好，旺：
> 你有没有收到过这个学生的信息。如果没有，你能否联系到她，并转告她协助平台可以帮她解决遇到的技术问题。该学生不能登录在线系统，我觉得很奇怪。请及时回复我。
> 谢谢！
> 　　　　　　　　　　　　　　　　　　　　　　　　凯丽

旺没有收到过詹尼斯的来信。旺给她发了一封邮件，告诉詹尼斯辅导教师已经与自己取得联系，而且告诉她，他和罗比·阿尔瓦雷斯能帮詹尼斯排除电脑故障，及她遇到的其他有关在线学习系统的问题。

> 来自：旺·邓
> 发给：凯丽·瓦娜
> 主题："叙事及回忆录写作"网络课程技术支持
> 日期：2011年1月29日，晚上12点21分34秒
> 你好，詹尼斯：
> 你应该能够使用电脑或者平板上传你的照片，但是你在平板上无法编辑照片。协助平台经理，罗比·阿尔瓦雷斯（ralvarez@IU.edu）可以帮你解决电脑故障问题。给他发个邮件，告诉他你何时有空。仅供参考：旧版Safari和网络浏览器与学校的学习环境不匹配。
> 　　　　　　　　　　　　　　　　　　　　　　　　旺

凯丽在等待詹尼斯的回复,以及旺对于詹尼斯问题的最新回复。她明白,解决问题花的时间越长,学生就越有可能退课,学校就要全额退款。本周末以前,她给旺发了邮件,问他是否有詹尼斯的最新消息。旺迅速回复了邮件。

来自:旺
主题:回复:詹尼斯·希金斯???
日期:2011年2月6日,上午9点46分04秒
你好,凯丽:
我给该学生发了几封邮件,想帮助她,但没有收到任何回复。

旺

接下来的一周,詹尼斯退了课。她给学校继续教育主任办公室发了一封邮件,说由于技术故障没有给她全额退款,对她来说这不公平。在对这个事件展开调查的过程中,斯托帕德主任注意到了凯丽·瓦娜和旺·邓曾与詹尼斯多次交流。他把凯丽和旺叫到一起询问他们问题的起因是什么,以便找到以后处理该类事件的更有效的办法。他补充道,希望本周末之前收到他们的答复。

如果你是凯丽和旺,你该怎么做?

学生事务系统与学术事务系统在学业辅导方面的合作

金·C. 奥哈洛伦　梅甘·E. 德莱尼

背景

布鲁克州立大学距离主城不到15英里,是服务于大城市城郊地区的十所州立院校之一。自一百多年前这所师范院校成立以来,许多学生为将来从事教育工作来到布鲁克州立大学读书。尽

管本校有数个应用博士学位点以及硕士学位点，学校的主要招生项目仍是学士学位项目。

由于本州即将读大学的学生人数快速增长，在过去 8 年里，本科生招生人数增长了 15%，学校现有 15 000 名本科生，其中 8 000 名为住校生。不断增长的学生人数，翻倍的住校生数量，这些都给学校带来了新的挑战。学生身份也变得更加多元，大多数本科生都是第一代大学生。

人物

苏珊·梅蓓丽（Susan Mayberry）：教育学博士，学生事务副校长，近期才来到该校。之前，她在另外一所高校任职学生处处长，长期从事学生服务管理工作。

约翰·克林顿（John Clinton）：哲学博士，学生处新处长，历史学终身教授，已经在该校工作了 15 年。他是校长专门聘用的首位有教学背景的学生处处长，校长希望他能帮助建立教师与学生事务中心的良好关系。

莱斯利·金（Leslie King）：学业辅导中心主任，向学生处处长述职。

希拉·希梅内斯（Sheila Jimenez）：就业中心主任，向学生处处长述职。

克里斯蒂娜·科瓦尔斯基（Christina Kowalski）：哲学博士，非终身教职教师，在高等教育领导专业硕士项目任教。

约翰·安东尼（John Anthony）：哲学博士，生物学终身教授，教师评议会主席，在教师团体中表现积极。

案例

你是苏珊·梅蓓丽，你负责管理学生事务工作。去年被聘用时，校长交给你的首要任务之一就是加强教师和学术事务部门的合作，尤其是加强对学生的学业辅导工作。

在最近与约翰·克林顿的会晤中，你们讨论了几项与学业辅导相关的事宜。学校研究中心办公室的近期报告显示，学生保持率和毕业率的发展形势日益严峻。学校一至二年级的学生保持率，在过去8年中已经下降了20%，这也是学校招生不断增长的黄金时段。另外，包括第一代大学生在内的许多学生都需要6年时间才能取得学士学位。学校研究办公室开展的一项关于学生的近期调查显示，学生感觉学业辅导中心很有问题，认为中心并没有给他们提供学术规划的准确信息。调查结果显示，学业辅导中心的人员以及学业辅导教师，没有做到及时回复学生的问题，没有互相沟通，而且还经常给学生一些模棱两可的信息。因此，学生不知道应该向哪位教师寻求什么样的辅导。

约翰·克林顿与莱斯利·金见面讨论了调查结果。莱斯利·金，曾任职中心主任10年，一直致力于与教师们协同完善当前的学业辅导项目。她暗示道，自己现在也很沮丧，不知道采取什么实际措施才能解决学生的关注的问题。

针对学业辅导中心和就业中心的合并问题，希拉·希梅内斯（就业中心主任）提出了相关建议，约翰·克林顿将她的建议发给了你。在建议中，希拉指出，作为就业中心的服务人员，她和她的团队成员也经常参与学业辅导。随着本州经济的下滑，越来越多的学生刚一进校就来就业中心咨询，了解什么样的专业能确保他们一毕业就能找到工作。另外，他们也注意到第一代大学生人数的增长。第一代大学生面临着巨大压力，他们想要选择一个毕业后可以尽快偿还助学贷款的好专业。希拉建议将两个中心合并，为学生提供更加全面的辅导，这样做有助于重新增强学业辅导的效能。她说这是她之前在另一所高校的成功经验。约翰觉得希拉的热情和经验一定能帮助他们找到办法，尤其是考虑到莱斯利目前所受到的挫折。但他对不让任课教师参与进来的建议持谨慎的态度。

上周你收到了一封来自克里斯蒂娜·科瓦尔斯基的邮件。她想开展一个研究项目,研究学业辅导与学生保持率和学习的持续性之间的关系。克里斯蒂娜已就该项目与莱斯利·金联系,但是没有收到任何回复。她想申请资助以完成该研究。但是她意识到要想获得成功,必须像莱斯利一样,得到学生事务部门其他工作人员的支持。

约翰·安东尼听说了昨天晚上教师评议会上通报的学校研究中心办公室的调查结果。因此,今天早上一早他就打来了电话。他强调在讨论学业辅导工作时应当充分考虑教师的意见。由于学校对教师在学术发表和教学工作方面的高要求,他认为在学业辅导工作方面对教师提出任何额外的要求都将是不现实的。

你负责提出一个方案来解决目前学业辅导面临的问题,同时还需与任课教师们合作解决此事。你会怎么做?

校园内同性亲密关系中的暴力事件报告

丹尼尔·霍璐卜

背景

首映音乐学院是一所位于大都市的表演学院,是美国的艺术殿堂。学院对于那些寻求艺术表演实践机会的学生来说有着巨大的吸引力,因为学院会给他们提供与他们专业领域相关的工作机会。学院推行积极的专业培养方案,使学生得以在3年内完成其课程学习,并且在最后一年取得表演实践的学分。50年前,该校作为一个非营利性机构而创立,创立者目前仍担任院长一职,同时也是董事会的12名成员之一。在现任也是唯一的院长的领导下,该学院的学生人数从150人发展到2 000人。学院因拥有世界闻名的舞台与影视表演家担任教师而声名远扬。他们在训练

> **理论联系实际**
> ——高校学生事务工作案例研究

学生时采用了丰富多彩的、非传统的教学方式,涉及从舞台艺术到莎士比亚戏剧等领域。该学院的学生事务管理团队虽然规模不大,但却是一支有高度责任感的专业队伍,成员们都具有表演艺术和高等教育的双重知识背景。

由于专业领域和人群的特点,该校有着大量的同性恋者、双性恋者以及变性人。该校因接纳这些学生,表现出高度的包容性,获得了较高的社会评价。同时,校园多元化也是学生们选择该校的原因。考虑到资金和学校的责任问题,院长最近从一年级学生项目中取消了性别与社会健康研讨课。

人物

罗杰·马林(Roger Marin):有着6年的学生处处长工作经历,负责管理所有学生的咨询工作。他获得了高等教育学博士学位,直接向院长述职。

格雷格·巴克斯特(Greg Baxter):公共安全部门主任,曾在距离该校大约75英里的小型社区担任警长。目前已在校任职17年。

马库斯·克里斯蒂(Marcus Christie):学生事务副院长。

斯黛拉·普罗西尼亚(Stella Proscenium):一直是学院院长。她起初是一名演员,年轻时就读于美国西海岸的一个两年制视觉艺术音乐学院。她没有任何高等教育的正式训练或学历。

德里克·斯达(Derick Starr):该校一名大二留级生,曾因违反学生行为准则而被开除。

斯盖拉·美津(Skylar Magen):一名优秀的大四学生,已被表演艺术领域一个知名的硕士项目录取。他是学生会主席。

案例

现在是秋季学期的第五周,罗杰·马林约谈德里克·斯达,因为他缺课情况严重,已经达到了留校察看或开除的地步。在他们的谈话过程中,德里克·斯达向马林透露,自从因为在宿舍里的个人行为被开除又重新回到学校学习以来,他一直在苦苦挣扎。

在初步的询问之后,马林确定德里克·斯达在指控他的室友,同时也是他的前男友斯盖拉·美津对他有施暴行为。马林处长收集了相关的信息。马林收集信息时,采取的是与处理之前报道过的在异性间亲密关系中发生的暴力事件类似的方法。他们的谈话持续了 45 分钟,德里克·斯达讲述了曾经发生的三次暴力事件。两次语言暴力,一次严重到需要去急诊室的身体暴力。斯盖拉·美津陪同德里克去急诊室治疗轻微的脸部创伤,但是此次暴力事件没有被正式报告。

马林主任联系斯盖拉·美津进行首次约谈,以便收集事件相关信息。在约谈过程中,他们讨论了斯盖拉即将参加的由院长组织的一个焦点组访谈,访谈的主题是关于老师与学生之间的关系。马林随后将话题转向斯盖拉的室友,谈话的氛围发生了微妙的变化,斯盖拉显得有些不安。当马林询问他们的关系的性质时,他最初不承认他们之间的亲密关系,但是后来他承认了和室友曾有一段为期一个多月的亲密关系。当被要求提供可能会证实德里克·斯达的指控的细节信息时,斯盖拉承认他们发生了肉体关系,但是他说所有行为都是双方自愿的。斯盖拉问,除了德里克以外是否还有其他人提出了指控,有什么证据证实该指控。

考虑到事件的敏感性,马林联系了分管学生工作的副院长马库斯·克里斯蒂,向他说明自己正在处理一个室友冲突案件,需要获得授权采取行政措施。马林没有提及细节,他只是暗示室友之间有着无法调解的分歧,双方都希望将其中一人或者两人重新安排住处。24 小时内,他们两个人都已经分别搬到学校的两个单间宿舍。搬了宿舍后,无论是学生还是公寓职工,都没有反映他们有任何不当行为。

尽管确信迫在眉睫的人身安全威胁已经消除,马林还是请教了学校公共安全部门的主任,后者建议将该事件报告给院长。马林直接联系了院长斯黛拉,告诉了她自己与两位同学的谈话内容。斯黛拉院长指示马林,在她与她的管理团队商议好前,不要采取任何行动。

两周以后,德里克似乎在学业方面表现得越来越好。然而,他对几周前自己指控的案件的进展非常关心。马林向德里克保证,该案件正在调查。同时,马林要求与院长会谈以了解院长的意图。斯黛拉院长承认,她与她的管理团队进行了首次问询工作,但是证据不充分,难以支持继续开展正式调查。院长还提到该案件中个人的学业情况,说这种行为不符合美津的个性。

那天晚些时候,马林主任遇到了他的同事,副院长马库斯·克里斯蒂和公共安全部门主任格雷格·巴克斯特,两人都是院长管理团队的成员。他们三人进行了一次关于校园犯罪统计数据的简要会谈。副院长克里斯蒂不知道本月早些时候学校行政部门安排的寝室调换也与此相关。她问,院长之前是否还提到过别的已知的同性间亲密关系中的暴力案件?问题来得猝不及防,马林分享了他与院长的谈话,并指出,院长说考虑到冲突双方关系的性质,他的管理团队没有对该案件开展一个全面的调查,他还暗示说,这可能只是一个失控的室友冲突问题。

格雷格·巴克斯特之前也不知道这件事,他要求对这件事情做出详细报告,并且声称本校任何暴力事件,无论是否是亲密关系中的暴力事件,都应纳入校园犯罪统计数据中,即使当事者是匿名的。巴克斯特也指出,为所有学生的安全考虑,这个信息应该及时向学校警方报告,以便安全部门可以跟踪情况,在适当的时候采取措施。

斯盖拉·美津已经开始在社交网络上同学生会的同伴们分享

他与马林谈话的细节。尽管学校没有开展官方的正式调查,他依然控诉校方对他的中伤。他威胁说,他要从学生会辞职,并且暗示,要让他的父母参与解决任何因此引起的法律纠纷。

距离这起同性间暴力事件的报告已经过去了近一个月。德里克·斯达在学业上不断取得进步,同时每周拜访他的指导教师,了解他室友案件的情况。他也定期接触学业成功支持团队,以便更好地规划他的学术生活。德里克没有告诉他的父母在学校发生的这起事件,同时他也在思考是否要撤回他的控诉。

马林联系了院长办公室,并被安排在下周与院长管理团队会谈。

假如你是马林,请准备你要向管理团队报告的关于该案件的内容。

学生社区的冲突

萨曼莎·沙佩瑟斯·沃特海姆

背景

劳埃德大学是一所中等规模的私立大学,有7 000名本科生和2 000名研究生。这是一所拥有6个本科生学院,4个研究生学院的精英学校。学校吸引了排名前10%的精英学生。劳埃德大学声誉良好,吸引了来自各个地区、有着不同生活经历的学生。过去,劳埃德大学的男生数量远超女生。近年来,该校招收了大量的女同学,如今学生的构成比例为男性43%,女性57%。劳埃德大学是一所坐落在一个中等规模大都市市郊的传统大学。

尽管学业是大多数学生关注的首要问题,学校管理部门仍需争取为学生提供健全的社会生活,关注学生课内外的需求。学生活动办公室是学生参与社会生活、参与自我领导的中心,但大一新生的大多数校园生活都建立在住宿学院系统之上。住宿学院为社区建设提供支持,并通过教师联盟让学业融入学生的生活,同时促进学生的课外互动交流,这也形成了劳埃德大学学习体验的核心。大一新生住宿学院由学院主任、教师联盟以及每一层宿舍的两位宿管助理参与管理。每层宿舍大约住40名大学生,每栋宿舍楼有4层。

人物

奥珀尔·博格(Opal Berger):枫叶住宿学院院长。

戴斯·亚当斯(Dash Adams),莎拉·桑切斯(Sara Sanchez):该学院宿舍二楼宿管助理。

T. R. 阿尔-苏丹(T. R. Al-Sultan):该学院宿舍一楼宿管助理。

迈克尔·莱文(Michael Levine):住在二楼的大一新生。

菲尔·雅各布斯(Phil Jacobs):宿管中心主任。

凯茜·拉姆雷斯博士(Dr. Cathy Ramirez):任职于健康中心的心理专家,负责为有困惑的学生提供咨询。

案例

对奥珀尔来说,每年的年初总是充满挑战性,也是她最珍惜的能够与学生一起相处的美好时光之一。那些睁大眼睛充满好奇的学生,让她想起一开始选择这份工作的初衷,并促使她建立对所有学生持开放和欢迎态度的住宿学院。自从3年前获得硕士学位以来,奥珀尔一直致力于为大一新生适应大学生活提供帮助,尤其注重关心学生的心理健康问题。在过去的3年中,奥珀尔作为院长,注意到在她创立的这所住宿学院里有很多学生在与心理健康问题做斗争,而且她也在考虑将此问题作为自己今后博士论文研究的重点。

大学生活的第一周既令人激动又让人感到疲惫。为了帮助

第六章 辅导和咨询案例

160名大一新生转到枫叶住宿学院，奥珀尔提前花了两周时间培训宿管助理。这也是劳埃德大学宿管助理培训项目的一部分。在两周时间里，宿管助理们参加了工作坊，探讨了后勤保障问题及更复杂的问题，如学生酗酒、自杀干预以及情商问题。毋庸置疑，奥珀尔并不希望在开学前几天就出现这样的大问题。

在第二天的新生欢迎会中，两个慌张的学生敲响了奥珀尔办公室的大门，他们分别是戴斯·亚当斯和莎拉·桑切斯，他们是住在二楼的学生。一名住宿生，迈克尔·莱文，似乎在破冰活动中向整栋楼的学生透露他有自杀倾向。由于不知该如何处理此事，戴斯和莎拉继续进行破冰活动，并告诉迈克尔，晚些时候会跟他谈一谈。因此，他们来到奥珀尔的办公室寻求帮助。奥珀尔解释说，迈克尔应该还没真正决定自杀，因为那些真要自杀的学生通常不会透露他们的想法。她表示她会亲自与迈克尔·莱文见面，并让莎拉和戴斯送他到办公室来。那天深夜，迈克尔被带来与奥珀尔见面。迈克尔向奥珀尔保证，他没有自杀倾向，那只是一个玩笑。当奥珀尔问他为何会开这类玩笑时，他并没有回答。奥珀尔对迈克尔说，或许他应该去咨询一下学校的心理咨询师凯茜·拉姆雷斯博士。但迈克尔说他对与心理医生谈话并不感兴趣。令奥珀尔感到满意的是，迈克尔没有自杀倾向。由于奥珀尔不能强迫迈克尔去参加咨询，于是她写下了这次会面的内容，做了一个心理问题记录，并与戴斯和莎拉进行了确认。

几周过去了，迈克尔并没有任何异常状况。戴斯和莎拉告诉奥珀尔，迈克尔不太擅长交际，他的墙上贴着很多重金属音乐的海报。迈克尔已经开始参加周日晚上的宿舍晚宴，大家认为他的态度有了很大改善。由于没有太大的威胁，奥珀尔决定，让迈克尔自己学着适应大学生活。此外，奥珀尔忙于处理其他学生事务，包括一起发生在四楼的性骚扰控诉事件，以及整栋宿舍楼学生的酗酒问题。最近奥珀尔在处理两名宿管助理之间的关系问

157

题,他们虽然是工作伙伴,但相处得很不愉快。

一天,阿尔-苏丹(一楼的宿管助理)来到奥珀尔的办公室说有紧急事情找她。阿尔-苏丹告诉她,有几个女学生感觉有人在她们洗澡时偷偷溜进一楼的浴室。尽管没抓到任何人,但至少有三名学生在她们转身时看到有人跑出了门外。学生们没有证据证明此事。虽然奥珀尔对此非常关心,但是在她们获得目击此事的证据之前,事情陷入了僵局。她与宿管中心主任,菲尔·雅各布斯商议此事,雅各布斯说她等等看的想法是对的。这种僵局持续了两周,这时,她接到了阿尔-苏丹打来的电话。他小声地告诉奥珀尔,他现在正站在浴室门前,那名偷窥的学生就在里面。奥珀尔迅速赶到一楼,打开浴室门,发现偷窥者就是住在二楼的迈克尔·莱文。

在与迈克尔和菲尔·雅各布斯几番交流之后,迈克尔承认,最近几年他一直有这种行为,而且他无法控制。他承认他需要帮助才能克服这个可怕的问题,而且他愿意接受帮助,同时特别希望可以继续留在学校。在与拉姆雷斯博士的交谈中,他透露说,自己幼时曾受到虐待,持续到14岁。

同时,这层楼的学生都很惊恐不安。这些学生感到难过,他们努力建立的社区受到了威胁。戴斯同情迈克尔。而莎拉作为一名女性则感觉受到了侵犯。她说她希望开除迈克尔。奥珀尔本人也在和自己的种种想法作斗争。因为她自己也住在枫叶住宿学院的公寓,她也感觉受到了某种侵犯。

在迈克尔要面对决定其去留的司法委员会之前,菲尔·雅各布斯请求奥珀尔向委员会写一封关于如何处理迈克尔事件的建议信。

鉴于奥珀尔维护学生心理健康以及整个枫叶住宿学院团结的职责,考虑到她受到侵犯的个人感受,她该如何写这封信?为了找到迈克尔偷窥的原因,她能采取哪些措施?在写这封信之前,奥珀尔有没有可以利用的资源或可以咨询的对象？为恢复社区的和谐，确保枫叶住宿学院的安全，她下一步的举措应该是什么？

第七章　学业问题案例

起初，人们认为学业问题可能并不属于学生事务工作的范畴。然而，在许多情况下，学生事务工作者必须与授课教师通力合作，以解决学生的学业问题。本章提到的学业问题就影响了广大学生事务工作者。

在凯瑟琳·M. 康威（Katherine M. Conway）编写的案例《都市社区学院的补习课程》中，一项关于数学在线补习课程的计划引发了广泛关注。在埃里希·迪特里希（Erich Dietrich）的文章《海外学习是思辨观察还是隐私窥探？》中，当海外留学的学生们反对一门既研究贫困问题又窥探穷人生活的课程时，思辨观察和隐私窥探的冲突由此产生。在塔拉·L. 帕克（Tara L. Parker）和凯思琳·M. 内维尔（Kathleen M. Neville）编写的《大学教室里的种族动态》案例中，某所四年制公立大学的学生处处长必须解决大学教室里出现的种族冲突难题。瓦莱丽·伦迪-瓦格纳（Valerie Lundy-Wagner）在《促进青年科学家的成长》一文中提出了一个问题，即是否可以不计成本地开展促进学生科学课程学习的项目。

在《留学项目中残障学生的安置问题》一文中，拉克希米·克拉克-麦克伦敦（Lakshmi Clark-McClendon）讲述了某所四年制大学面临的挑战：必须满足残障学生在海外留学院校的安置需求。朱莉·R. 尼尔森（Julie R. Nelson）、弗洛伦斯·A. 哈姆里克（Florence A. Hamrick）和玛丽萨·E. 阿莫斯（Marissa E. Amos）等人在《文化冲突：国际学生突发事件》中描述了在规模较大的院校中经常发生的一个现象——学生挑衅他们的助教，年轻的助教受到学生不当网络交际行为的困扰。最后，在《东南社区学院转学问题》中，凯瑟琳·M. 康威（Katherine M. Conway）描述了管理者为解决学生所选课程与学生后续课程不匹配引发的问题所做的努力。

以上这些案例中，各级学生事务工作者在日常工作中都必须考虑学生的学业问题。

都市社区学院的补习课程

凯瑟琳·M. 康威

背景

都市社区学院坐落在美国西部的一个大都市。该学院成立于20世纪70年代中期，在过去的30年里，该校学生人数迅速增长，这也反映出了这座城市的迅猛发展。该校是美国西部大学体系（包括州立学院和州立大学）中的98所社区学院中的一所。与这座开放的城市一样，都市社区学院面向全国招生，只要学生年满18周岁，且具备高中文凭或同等学力水平（GED）就可入学。而州立学院的入学要求相比而言更严格，它们根据学生高中成绩和入学考试成绩录取新生。此外，学生需提交高二时获得的州数学和英语水平考试成绩。西部地区的大学的新生录取则更为严格，录取难度堪比常春藤院校。因此，社区学院就只能录取那些在学业上准备得最不充分的学生。

都市社区学院招收了逾两万名学生，大多数学生为非全日制学生。它是美国最为多元化的学校之一，学生群体由41%的西班牙裔、24%亚裔和太平洋岛民、19%的白人、12%的非裔，还有 4% 的其他种族人群构成。英语是超过半数的学生的第二语言。几乎三分之二的学生为女性，平均年龄为 29 岁。该校学生入学时目标不一：三分之一的学生希望转到州立学院或大学学习，三分之一希望在职学习，其余学生想学习基本技能，或并没有明确的未来规划。入校时，数学能达到大学水平的学生不足 5%，英语达到大学水平的学生不足 10%。上学期，该校开设的发展性课程（不计学分的补习课程）占所有课程的 28%。

人物

乔安妮·阿雷东多（Joanne Arredondo）：发展技能部主任，任职 21 年。

罗伯托·蒙托亚（Roberto Montoya）：学生，19 岁，出生在美国西部，父母是墨西哥移民。他在该市的洛斯佩罗区（Los Perro）长大，当地人主要讲西班牙语。

克莱尔·哈奇（Claire Hachey）：数学副教授，教龄 5 年（目前竞聘终身教职要求教龄 7 年以上）。

理查德·埃格斯（Richard Eggers）：数学系主任，教龄 27 年。

里法特·帕利特（Rifat Palit）：发展技能部助理教授，教龄 1 年。帕利特在担任该部门兼职教授的同时攻读博士学位，她也是在某高中任教时在职攻读的硕士学位，这两个学位都是非母语英语教学方向。

胡金宇（Howon Kim Yuh）：学生，22 岁。在韩国取得高中学历并开始读大学，去年移民美国。胡金宇是美国西部大学体系里另一所社区学院——城郊社区学院的全日制学生。

案例

你是乔安妮·阿雷东多，发展技能部主任，你致力于帮助学生为开始在大学学习做好学业上的准备。正如其他开放性教育机构一样，都市社区学院为数以千计的原本没有上大学的机会的学生提供了接受高等教育的机会。你必须经常大力倡导这一理念：学院为学生提供升学机会的使命，要求学院必须设立发展性课程。然而，遗憾的是，同其他同类学校一样，该校因毕业率较低而备受责难，这一问题与学生入学时数学和英语水平低有关。

考虑到生源构成的复杂性，以及该校为学生提供升学机会的使命，都市社区学院提供了一系列补救性或发展性课程——从基础技能课到大学预科课程。数学发展性课程分4个等级，英语分3个等级，非母语英语学习分6个等级。该校超过半数的学生都需要参加最基础的发展性课程的学习。假如学生入学时在以上三个方面都处于最低水平，那么就需要参加三个学期的全日制学习才能顺利修完补救性课程。然而，助学金政策规定，如果学生希望得到资助，则需要同时在补救性课程和大学水平（学分）课程上取得进展，每学期至少要修满6个学分的大学水平课程。因此，学生便往往需要参加四五个学期甚至六个学期的补救性课程。

罗伯托·蒙托亚是都市社区学院具有代表性的一名学生。他勉强从中央高中毕业，一进校就选择了数学、阅读、英语、非母语英语的补救性课程。罗伯托不愿参加非母语英语课的学习，但他的英语水平考试分数非常糟糕，他别无选择。尽管他出生在美国，但因其高中学业不达标，且在家主要说西班牙语，他的英语口语和书面语言都有许多语法错误。第二个学期，罗伯托仍在上补救性课程，但是为申请助学金，他修了6学分的大学课程或大学水平课程。可惜的是，没有他的专业（工商管理）的先修课程。为拿到必需的6个学分，他最后选了一门人文课（他第一学期也选了一门人文课），以及一门打字练习课和健康教育课。经过一年的学习，罗伯托只拿到了与学位相关的两个学分，为此他感到十分沮丧。他并没有意识到，他正在用助学金学习大量的补救性课程，如果今后他转读学士学位课程，这可能导致他无法获得额外的资助。是否花助学金参加补救性课程是一个很难权衡的问题，因为很少有学生能够最终达到学士水平。由于参加补救性课程的学生很少有能坚持到第二个学期的，所以当罗伯托在春季再次注册补救性课程时就显得很突兀，尽管他在该校取得学位的希望并不大。

在过去的5年中，秋季学期结束后在春季学期继续注册学习的学生，在都市社区学院一直徘徊在55%左右。学生保持率因为学生的背景而呈现出很大的差异。在其他国家取得高中文凭的学生最有可能在第二学期继续注册学习，其次是毕业于美国高中的学生，然后就是同等学力的学生。那些已经获得大学学位的学生，最不可能再次参加补救性课程。你可以推测，后者注册学习课程是出于一些非常具体的原因，比如，提高英语技能，或理解商业术语。一旦实现了其短期目标，这些学生就不会再继续参加补救性课程的学习了。这些年轻人的6年内毕业率和升学率一直徘徊不前。

由于你的部门不负责学位授予事宜，因此你基本上没有考虑过毕业率的问题。而且你也是从3年前成为发展技能部主任以后，才开始参加学生的毕业典礼。你的部门要负责提供非母语英语课程和批判性阅读课程。数学系和英语系同样开设了补救性课程。20年前，你在完成博士学位（非母语英语教学博士学位）来都市社区学院任教之前，曾教授高中英语。在发展技能部，有着高中教学背景的人并不罕见。尽管大家对将非母语英语课程作为补救性课程颇为不满，然而发展技能部的老师只教授发展性课程或不计学分的课程。你努力向其他部门的教师灌输将英语作为第二语言的教学类似于教美国学生学习法语的观念，但毫无效果。相比之下，英语和数学系的教师更有可能拥有相关专业的博士学位，更可能是从研究生院一毕业就直接到都市社区学院任教。大多数英语和数学老师不喜欢教授补救性（发展性）水平的课程，而更喜欢教授与他们研究生期间的专业和自己当前研究相关的选修课程。因此，在数学系和英语系，绝大多数发展性课程是由兼职教师讲授的便不足为奇了。

在最近一次全校范围的人事和预算会议中，数学系宣布将开展一个新项目：在线数学发展性课程。这个有部分基金资助的项目将由哈奇教授管理。哈奇教授是一位得到大家高度认可的年轻教师，负责数学发展性课程的教学。你不支持在线学习，而且认为理查德·埃格斯（数学系主任）也会反对。这个通知让你猝不及防，你想知道这对于你们部门来说意味着什么。会议结束后，你把埃格斯教授拉到一边，向他了解这个项目。埃格斯教授的态度模棱两可，他声称管理部门想减少与发展性课程相关的开支，而且哈奇教授愿意寻求资金支持，因此他自己便打算"置身事外"。他同时提到自己离退休只有短短几年的时间了，但他从来不敢相信，都市社区学院的学业标准从自己入校任教以来竟然下降得如此厉害。"我刚进校工作时，学校只开设了一门大学预备课程，而现在发展性课程则占了上风。如果我想教算数，我就会去高中工作了！"他说道。你或许对他对高中教学的评论感到一丝不满，但你保持了沉默并独自离开。

在周三的部门会议上，帕利特教授询问了强化项目的进展。你不熟悉这个项目，但另一位老师提到，这是学院最近开设的一门发展性课程，在集中的时间段给学生上课，课时费比学院学费低。学生可以参加1级非母语英语课程，每天上课5小时，每周5天，修满3周或75学时，费用为250美元。相比之下，你负责的发展技能部提供的0学分的1级非母语英语课程，每周6学时，一学期14周，共计84学时，学生需支付大约700美元。紧接着，你的同事们开始了非常激烈的讨论，他们认为学院正试图

理论联系实际
——高校学生事务工作案例研究

将非母语英语课程从发展性课程中剥离出去，因此发展技能部还有他们的工作都可能会面临风险。帕利特教授对此尤其上心，会后与你谈了这个问题。他说道："乔安妮，如你所知，我选择了我们学校，而没去那几所向我提供了职位的高中任职。我对自己的选择感到满意，但我担心社区学院的非母语英语课程今后的发展岌岌可危，并且我也会因没有终身教职而陷入困境。虽然我仍然可以到高中任职，但我更愿意留在这里。可是，我不想在5年之后再做出到高中教学的决定。如果我们学校要朝着削弱发展技能部这个方向前进的话，我还不如到高中谋求终身教职。"你告诉帕利特教授，你打算详细了解下该项目的情况，并且一有什么消息你就会立刻告诉她。

你打电话给你城郊社区学院的一位同事，问她是否听说过强化项目。事实上，她很了解这个项目，因为该项目在她的大学进行了试点，效果非常好。完成了强化项目的学生都注册了下一学期的学分课程，其中87％的选课学生顺利完成了课程的学习。但坏消息是，强化项目是由继续教育部门的兼职教师讲授。虽然结果听起来十分不错，但正如你所注意到的那样，学生样本数量非常少，且参与学生必须进行全日制学习，这对许多在职学生来说都是个很具体的问题。在城郊社区学院的网站上，你找到了强化项目的更多信息，包括一位成功的毕业生胡金宇的档案。

你必须给你们部门的同事反馈有关强化项目的最新信息，并撰写部门年度报告，拟定未来发展目标。年度报告的读者为你部门的职工以及院长办公室的成员，包括主管学术事务的副院长、主管规划和行政的副院长及继续教育部主任。

你会在报告中写些什么内容？

海外学习是思辨观察还是隐私窥探？

埃里希·迪特里希

人物

文森特·卡特（Vincent Carter）：布拉克斯顿大学国际项目办公室主任。5年前任职国际项目办公室副主任，近日晋升为主任。

安德鲁·布雷克（Andrew Blake）：国际项目办公室副主任，一年前硕士毕业后到校任职。

桑德拉·埃莫里（Sandra Emory）教授：巴西留学项目主任，她是一位受人尊敬的社会学家，主要研究贫困和城市发展问题，但迄今为止她的研究主要聚焦于美国。

温迪·斯托内（Wendy Stone）、罗纳尔多·加西亚（Ronaldo Garcia）、桑德拉·诺尔斯（Sandra Knowles）：布拉克斯顿大学参与海外留学项目的学生。

詹姆斯·班瑞（James Banry）：布拉克斯顿大学学生处处长，已任职7年。

案例

布拉克斯顿大学位于美国东北部某城市。该校致力于国际化发展，为本科生提供了几个短期（2~3周）的海外学习项目。为鼓励学生参与，并突显学校对国际化的投入，学校从财政预算中拨专款资助学生参与海外学习项目。许多学生因此而获得海外学习项目的资助。你是文森特，国际项目办公室主任。

一般来说，在元月短学期（J-Term）中，各学院的教师提出海外课程培养方案，随后在国外开展教学。国际项目办公室为这些课程提供后勤保障、经费资助以及学生服务支持。今年，一个由教师牵头的项目将在巴西里约热内卢开展，主要研究城市的贫困问题。埃莫里教授感到很兴奋，因为她可以在此次教学和研究中采取国际比较视角。这同时也是学校国际化发展的另一目标。

选修埃莫里教授该门课的学生来自不同专业，包括历史学、化学、非裔美籍人口研究以及生态学等。这也反映出了城市人口的多样性。在秋季学期，这个班的学生一共进行了四次会面，阅读背景资料，拟定小组研究项目等，为课程学习做好准备。

现在是11月，元月短学期所有海外课程的最终安排都由你们国际项目办公室决定，包括制定最终预算，核查健康、安全和保险事宜，以及确保课程设计符合学生的学习目标。安德鲁·布雷克被委派为巴西项目提供支持，他也将随队担任此项目的助理。周三早上，他很早就来到你的办公室，并告诉你他认为该项目存在问题。

上周一，埃莫里教授和安德鲁坐下来一起确认此项目的最终日程安排。该项目为期两周，每天的活动都得到了周密安排（包括周末，因为团队里本科生的安全问题是一个需要关注的重点）。日程中大多数时间都是实地考察，包括在大学里听客座教授的讲座，参加非政府机构的社区组织和教育活动，听取政府部门的监督政策介绍，或参与文化交流之类的课外活动等。但是，有一天学生们可以自由活动，因为有一位客座教授的演讲被取消了。埃莫里教授认为，重新安排一位该主题的专家为时已晚，她也认为，稍微打乱计划，去做一些比听讲座更有趣的事情，也许也是件好事儿。埃莫里教授的一位巴西同事，也是研究拉美文化的教授，提议来一次巴西"贫民窟"之旅。学生们之前一直在阅读巴西贫民窟的相关资料，那是里约热内卢臭名昭著的大型（有时也是危险的）贫民区，大量的穷人都住在自建屋中，这种临时砖房常常是一座房子搭建在另一座之上。埃莫里教授承认，她对贫民窟一无所知，对这次贫民窟之旅会是什么样她也不太确定，但因该课程聚焦贫困问题及城市发展，因此她认为这是个好活动，可以纳入日程。

埃莫里教授让安德鲁在下次小组会议上组织讨论这个建议。因为要参加一个教师会议，所以她自己不能到场参加讨论。但安德鲁乐于接受独立主持会议的机会，并对埃莫里教授相信他有能力领导讨论感到很高兴。

次日，安德鲁来到教室和同学们见面，课堂讨论在一如既往的热烈氛围中展开。大家积极讨论着1月份要去阳光明媚、热情温暖的巴西学习。大约半小时后，当大家讨论到日程安排时，安德鲁提出了游览贫民窟的话题。温迪·斯托内（政治学专业的大三学生）举起了手。"在拉美研究课上，我读过关于巴西贫民窟的资料，"她说，"而且我们知道，整个巴西的旅游业都在利用贫民窟赚钱。我个人不想走进人们的居住区，然后呆呆地看着他们的窘境。我们为什么不能直接开车到巴尔的摩东部，盯着那里的人看？"罗纳尔多·加西亚（历史专业的大二学生）接着说："我的父母来自阿根廷，他们经常到巴西旅行。他们曾告诉过我巴西贫民窟相当危险。但我还是想亲自去看看那里的人们。如果我们只是待在富人区而不去和穷人接触，那么我们的巴西之旅和贫困问题研究又有何意义呢？"

此时，学生们开始激烈地争论，安德鲁感到场面正在失控。他要求学生遵守发言秩序，并表示他会把这个情况汇报给埃莫里教授。但是桑德拉·诺尔斯（化学专业的大四学生，社会公正协会的主席）打断了他的话："布雷克先生，我想向您请教一些问题。作为一名黑人，为了我们的学习研究，您带领一群学生到黑人占多数的贫民窟去了解他们的悲惨生活，您有何感想？而对身为白人的埃莫里教授来说，您认为她的想法可能会有何不同？"当安德鲁正在思考如何回答时，另一名学生插嘴道："这是个不公平的问题！也许我们应该思考如何帮助贫民窟的人，而非只考虑自己，只顾及自己的感受。这太自私了！"有五分之一的学生大喊道："为什么学校要把钱花在一个从穷人身上获利的旅游公司身上？"整个班级再次陷入混乱。

那天晚上，安德鲁和埃莫里教授查看了发给他们俩的三封邮件。其中一封来自埃莫里教授的同事，他曾提议贫民窟之行，信中提供了旅游公司的联系信息以及他写的文章，文章聚焦于近来巴西政府为减少贫困和犯罪现象做出的努力。他说他很欣慰，我们团队能亲自前往考察巴西贫民窟的状况，因为这确实是充分了解情况的唯一途径。第二封邮件来自温迪·斯托内，她集结了一批学生联名反对巴西贫民窟之旅，并且威胁说要退出这门课程。第三封邮件来自学生处处长，他转发了两封担心孩子安全的父母发来的邮件。

当安德鲁坐在你的办公室时，你的领导，分管学生事务的副校长米歇尔·迪恩打来电话。她听说了这一争论，想知道你是否会支持这次贫民窟之旅，你又将如何向学生和家长交代。

大学教室里的种族动态

塔拉·L.帕克 凯思琳·M.内维尔

背景

雷明顿州立大学位于美国东北部某城市的市区。1868年，该校作为一所师范院校而建成，并作为教育和文化中心为更大范围的社区和地区服务。学校坐落在富饶且政治影响力巨大的地区。与东北部的众多城市一样，这座城市存在居住隔离和种族隔离现象。

雷明顿州立大学以白人学生为主，大约有7 000名本科生和3 000名研究生。其中18%的本科生和6%的研究生为有色人种。

人力资源部的数据显示，在 356 名全职教职员工和 327 名兼职讲师中，只有 29 人（4.2%）为有色人种。这些教职工的组成如下：16 名亚裔或太平洋岛民，7 名非裔，5 名西班牙裔，1 名印第安裔，此外，还有 12 名来自不同国家的外籍教职员工。

为应对大学生中不同种族所占比例的不断变化情况，校领导已组织多次会议，就未来 5 至 10 年内提高有色人种学生的录取率、保持率及毕业率等问题进行探讨。提高有色人种教师招聘力度、提高有色人种教职员工的保持率也已成为会议中的热点话题。这两个目标都是学校新战略规划草案中的重点。

人物

学生处处长

玛拉贝尔·康罗伊（Marabel Conroy）：大三学生，22 岁，白人。

贾内尔·泰勒（Janelle Taylor）：哲学博士，历史学助理教授，终身教职，非裔。

蒂莫西·安德逊（Timothy Anderson）：哲学博士，文理学院院长，白人。

乔·乔·贾米森（Jo Jo Jamison）：全职终身教授，多元文化事务委员会主席，非裔。

案例

这是助理教授贾内尔·泰勒在雷明顿州立大学工作的第三年，她一直在给历史系本科生上课。她的研究兴趣包括美国革命战争期间奴隶制的影响以及公民权利。作为终身教职的教师，她一共教四门课程（均为 3 学分），且最近提交了第三年的教学工作总结。她目前正在撰写两篇论文，她是多元文化事务和多样性委员会委员，并负责指导非裔学生联合会。这学期，泰勒博士教授一门选修课——美国民权运动的影响。

你是学生处处长，在10月中旬的某个周二，文理学院院长蒂莫西·安德逊博士打电话给你，向你汇报泰勒博士书面投诉某学生的事件，并征求你的处理意见。根据院长的说法，泰勒博士很担心一些学生在课堂里的无礼举动和违纪行为，特别是一名叫玛拉贝尔·康罗伊的学生。院长进一步解释道："我没有处理过多少针对学生的投诉案件，贾内尔会投诉学生，我有点意外。她说这种状况已经持续一段时间了。"当你和安德逊院长通话时，你听出他为此事感到相当心烦。他继续说，他认识这名学生，因为她是在自己办公室勤工俭学的一位"优秀学生"，而且他打算与她谈谈，了解她的看法。

第二天，安德逊院长又给你打来电话。他很善于沟通，他说已经和那个叫玛拉贝尔·康罗伊的学生谈过了。康罗伊告诉他，她感觉自己在泰勒教授的课上被冷落了。"据康罗伊所说，"安德逊院长降低了声音，"泰勒博士偏爱班上的有色人种学生。康罗伊也提到，在课堂讨论当中，她觉得所有白人学生都被称为种族主义者，因此她不喜欢在课堂上表达见解和观点。"安德逊院长也提到，泰勒博士给全班同学发了一封关于课堂行为的邮件，康罗伊认为这封邮件"令人困扰且态度倨傲"。安德逊院长说康罗伊非常难受，因为泰勒博士居然给同学们发邮件"批评"他们，还"把他们当小孩对待"。安德逊院长告诉你，他担心这名学生现在班上并不愉快，但他不知该如何处理，因为目前没有学业事务方面的政策或者标准程序规定如何处理此类事件。而且，学生的行为准则中也没有包含关于上述案例的政策。因此你主动和泰勒博士见面，了解她和那名学生的想法。

在这一周的周四，你见到了泰勒博士。据泰勒说，这名学生上课经常迟到，而且不断和邻座的同学发信息或是聊天。该生的行为已经扰乱了课堂秩序。泰勒说："最近，玛拉贝尔总是离开自己的座位，几乎每堂课都如此，离开座位几分钟或在课上朝垃圾桶扔东西。"泰勒博士还说，在上周，她在课堂进行临时测验，"康罗伊大声叫道：'这不公平！'"泰勒博士又说，她注意到康罗伊向她朋友凑过去，边翻白眼边小声嘟囔："真是个泼妇。"按照你的要求，泰勒博士也带了一份她发给学生的邮件的副本。内容如下：

亲爱的同学们：

我给你们写信，是要正式指出你们在课堂上的一些不当行为。我发现同学们在课堂上发信息，交头接耳，传纸条，这些行为扰乱了课堂秩序且很不礼貌。我希望你们以后在课前关掉手机，并且不要在课堂上闲聊。如果我觉得你的行为仍旧在扰乱课堂秩序，我会让你离开教室。

此致！

贾内尔

泰勒博士还指出，她在第一堂课时就让大家复习了学校的手机使用规则。然而，近来发短信和闲聊的现象"逐渐失控"。据泰勒博士说，这封邮件发送后，玛拉贝尔如今竟公然在课上用手机发短信。泰勒博士说，起初她并不想因为该学生的行为而去麻烦安德逊博士。因为尽管此类行为让老师深感挫败，但却"很普遍"。然而，玛拉贝尔的行为似乎正在不断恶化，因此泰勒才向院长求助。她不明白为什么你会打电话让她去办公室。"我向我们院长汇报了这件事。我还未收到他的回复，所以我很吃惊你要求见我。你和玛拉贝尔谈过了吗？你打算怎么做？"泰勒说。

那天下午，多元文化事务委员会主席，你的朋友兼同事，乔·乔·贾米森顺路到你办公室拜访。"我希望你对这部分学生有所作为，他们在课堂上似乎不尊重黑人女教师。"你向贾米森解释说，你正在调查情况，但事情比她想的要复杂。你向她说明了学生也在投诉泰勒博士这一情况。"显然，学生们是在控诉贾内尔没有公平对待白人学生，"乔·乔说，纠正这名学生的行为是你的责任，"因为有色人种教师往往任教于以白人学生为主的班级。而部分孩子不会处理这种状况，他们不习惯有色人种处于权威地位。想想他们脑海里会浮现出多少刻板印象！这所大学的有色人种教师寥寥无几，所以我认为他们觉得我们难以胜任，且无权教他们。"由于此前没有妥当解决此类事件的成功经验，乔·乔希望你能通过严肃对待泰勒博士的控诉，帮助有色人种教师发声。

周五，你打电话给安德逊院长，跟他说了你和泰勒博士的谈话内容。你告诉他，泰勒博士说她和康罗伊在课堂上的问题仍然存在，并且情况似乎比以前更糟。院长挫败地说："我不知道现在该怎么办。这是个典型的各说各有理的情况。就我个人而言，我不明白为什么贾内尔要给她的学生发那么一封邮件，而不是直接和他们沟通他们的课堂行为问题。我非常担心的是，她没有在教室里清晰地表达对学生的期望。"他补充道，这个学生"一直以可爱的小女生的形象示人"，且他之前给康罗伊上过课，"从未发现她的行为有何不妥"。你在与安德逊院长进一步交谈后发现，比起学生的行为，很明显他更关心泰勒博士的做法。与此同时，泰勒博士正等着看我们会如何处理他对学生的投诉。

你会怎么做？你还会让哪些人参与处理这件事情？

促进青年科学家的成长

瓦莱丽·伦迪-瓦格纳

背景

青年科学家大学是美国最古老的私立工科大学之一。该校主要服务于附近大都市的学生,大多数学生来自离学校不到两小时车程的地区。青年科学家大学只授予理工科的学士和硕士学位,以及相关领域的几个博士学位。全校约有12 000名学生,85%是本科生,其中90%是传统教育学生,10%是继续教育学生。该校本科四大学科领域分别是计算机科学、电气工程、生物学和生物医药工程。这所学校坐落在市中心,因此课程安排还包含暑期实习和参加合作社等,以作为学校课程的补充,为学生提供实践经验。学生在本科阶段就有工作经历,这一点是青年科学家大学就业率高的主要原因。

鉴于该校的学位课程专注于科学、技术、工程学和数学领域(STEM)的实际情况,学校采取了大量策略,通过入学申请和入学考试,扩大过去未被充分代表的少数民族学生群体、女性及低收入学生群体接受STEM学科教育的机会。尽管该校不同学生群体之间的差异仍然很大,如性别方面,70%的本科生是男性,种族方面,白人和亚裔学生占了本科生的70%,获得佩尔助学金的低收入学生占比从10年前的6%上升至13%,但是行政管理部门的主要焦点还是在提高毕业率上。对全体本科生而言,5年内的平均毕业率大概是70%。然而,这个比例在不同种族的学生间有很大差异,非裔、印第安裔和阿拉斯加本土人的毕业率为40%,拉美裔也为40%,而白人则为70%,亚裔学生则高达80%。

人物

辛迪·陈(Cindy Chen):教务处副处长,主要致力于课程和认证事宜。

卡门·古特雷斯(Carmen Gutierrez):教育学博士,在过去两年中一直担任学生服务部副部长一职。她向学生服务和活动部部长述职。

辛格博士（Dr. Arunja Singh）：该校校长，已任职12年。此前，辛格博士在一所公立研究型大学的电气工程系担任系主任和教师。

詹姆斯·皮尔斯（James Pierce）：学校研究办公室的一名高级政策分析师，在该部门工作了7年，主要研究与学生保持率相关的干预措施。

杰曼·麦当劳（Jermaine McDonald）：大二学生，19岁，计算机科学专业；他来自附近的社区，负责学校的一个学业辅导项目。

雷妮莎·弗洛雷斯（Renisha Flores）：大三学生，25岁，生物医药工程专业，工程荣誉协会（Tau Beta Pi）的副主席。

唐娜·布拉德肖（Donna Bradshaw）：注册办公室主任。

案例

你是卡门·古特雷斯，负责为学生提供一系列提高其社会和学术参与度的服务。尽管你大部分的注意力放在本科生身上，但是你仍需要采取多样化的举措来促使全体学生坚持完成学习，拿到学位。过去仅对未被充分代表的少数学生群体提供的特别服务，如课外辅导、学业咨询和指导，如今对所有学生开放，但你已经指示教职员工根据学生过去的学业表现、社会人口特征以及高中学习成绩招收合格的学生。你与教务处紧密合作，处理认证相关的咨询和经费申请事宜。

在你刚到青年科学家大学工作的前几年，辛格博士做出指示，要求所有院系提高对扩大STEM教育对象范围的重视。为响应其指示，你和招生处合作，招收过去未被充分代表的学生；和教务处主任共同制定计划，录取学术卓越中心的学生；和财务部门合作，为学生提供更多奖学金名额和资助机会。这些具体措施在提高非裔学生、印第安裔学生和拉美裔学生的入学率上一直很有效。针对过去 5 年的情况面向学生所做的年度调查显示,学生对学校提供的服务和支持的满意度很高,这使你成为学校众所周知的高效管理者。

然而,在这些项目的设立过程中,辛格博士加强了对学生毕业率的关注。由于指示直接来自学校理事会,提高"处于风险中的"学生的毕业率,已成为所有项目和部门的共同目标。教师理事会也支持这一举措,尽管他们关于新生多样性和新生质量的观点常常相互矛盾。也就是说,在他们看来,那些标准化测试成绩更好、高中平均成绩绩点更高以及提前学习过大学水平课程(如大学预修课程)的学生,更可能在 STEM 课程中坚持下来,并按时(比如在 6 年内)完成他们的学士学位相关课程的学习。教师理事会中也有持异议者,他们主要是有色人种终身教职人员,以及在该校工作 30 年以上的老职工。

尽管当前主流的观点是,STEM 教育的通道和成功的机会仅仅属于那些成绩最优异的学生,但青年科学家大学的资深教师们对此有不同看法。事实上,到了 20 世纪中后期,进入 STEM 领域的学生大都来自低收入家庭,他们成绩优异但没有多少资源(人力和社会资本)。这些学生(主要是男同学)常常是家庭第一代大学生,他们深知工程等专业会给自己带来的良好的就业前景。尽管许多教师不相信这种情况曾经在学校生源质量相对缺乏竞争力的时期发生过,但詹姆斯·皮尔斯已经具备条件收集和分析学校过去多年的相关数据来解答这一疑惑。有别于当前主流的观点,皮尔斯先生的确从数据中解读出了如下信息:许多在 20 世纪 40 年代到 70 年代中期进入该校的学生的高中平均成绩绩点和综合标准化考试成绩都较低,而且几乎没有接触过高等数学和科学课程。

近年来,一些活跃的学生,比如计算机科学专业大二学生杰曼·麦当劳,已经要求青年科学家大学重新评估学校的多元化政策与促进学生的成功之间存在的矛盾。除采取在古特雷斯办公室外静坐、集会以及其他的抗议方式之外，杰曼还与学生服务部门、教师联合会、注册办公室、唐娜·布拉德肖以及学校研究办公室的职员讨论，了解影响学生顺利完成学业的因素。

由于难以获得官方数据，杰曼根据从趣闻轶事和非正式谈话中获得的信息，得出了自己的结论：20世纪80年代，当学生们被允许参加两门"免费暑期课程"时，他们坚持完成学业的比例更高。但杰曼认为，严格意义上说，免费暑期课程并非免费，学校在第一和第二个学年向学生收取全额的学费。那些数学课程（如微积分、微积分预备课程）或者科学课程（如生物、化学或物理）成绩低于"B"，但在注册办公室缴清了费用、有良好信誉的学生，获准重修其中一门课程。尽管工程荣誉协会副主席雷妮莎·弗洛雷斯看重学生质量而非多样性，她近来也根据她叔叔20世纪80年代中期在青年科学家大学就读的经验，与杰曼开展合作。事实上，她的叔叔回忆他自己曾在第二学年后免费学习过课程"物理2"，他认为这门课为他提供了机会，让他为学习更具挑战性的土木工程课程打下了坚实的基础。在要求提高学校多样性和要求提高毕业率的学生的影响下，关于"免费暑期课程"的传言已经在青年科学家大学学生、教职工以学校理事会中广为流传。

大家对所谓"免费暑期课程"的日渐关注，促使辛格校长、古特雷斯博士、辛迪·陈（教务处副处长）、詹姆斯·皮尔斯、教务长以及几位其他学校高层管理人员召开会议商讨此事。会议计划于下周四举行，各方都希望能获取詹姆斯和唐娜的研究数据，以便深入了解所谓的"免费暑期课程"，以及如何进一步开展。因为现在正是秋季学期的招生季，因此理事们对于此次会议的结果尤为敏感。此外，两个月前，学校还开展了一项中等规模的升级活动，主要通过升级设备对教师的工作和学生的学习提供支持。学生因免费暑期课程事件产生的不安情绪已经被当地报纸和全国高等教育新闻媒体（包括纸质和网络新闻）广泛报道，但这些都只是小麻烦而已。

当你正在为周四早上的会议做准备时，古特雷斯惊慌失措地给你打电话，说青年科学家大学登上了《纽约时报》某个专栏的头条。电话中，她说专栏的报道与所谓的"免费暑期课程"相关，并且这篇报道本质上是批评该校是一所"过度主张排他主义与精英主义"的学校，而这与扩大STEM教育的受益面的精神背道而驰。作者也提到青年科学家大学（和其他高校）"拒绝任何补习辅导性质的措施"，即使那样可以促进STEM教育招生对象的多样化和学生的学业成功。当地企业向地方媒体表示，"像青年科学家大学这样的学校"没有发挥促进STEM教育发展的作用，迫使他们不得不从本市和本州以外的学校招聘毕业生。古特雷斯希望你在周四的会议上提交一份全面的报告。

鉴于高中生的数学和科学课程学习情况越来越差，低收入和高收入家庭的学生、不同种族学生停滞不前的毕业率，以及15年前就悄然停止的"免费暑期课程"政策等现实情况，你是辛迪·陈的话，你会怎么做？你该如何决定是否重启"免费暑期课程"？什么样的数据会有所帮助？如果有，这场争议又会如何影响面向当地和整个地区高中的招生情况？两个决定分别对公众意味着什么？如果你重新确立政策，会给课程和认证制度带来怎样的影响？重新启动该政策会对学校的排名产生不利影响吗？你们部门是否会与卡门的部门合作，理由是什么？你们打算怎样合作？

留学项目中残障学生的安置问题

拉克希米·克拉克-麦克伦敦

背景

斯宾塞大学是一所大型私立院校,坐落在美国西海岸人口众多的大都市,中心校区位于居民区和商业区,以丰富的学生生活、艺术和文化活动而闻名。这所大学的分校遍布整座城市。该校拥有中等规模的学生人数,在 2010 年秋季学期在校生共计 16 812名学生。

除主校区外,该校还有六个海外合作办学点。斯宾塞大学与好几所海外国际化大学建立了合作伙伴关系和交换项目。

人物

奈丽·曼(Nellie Mann):斯宾塞大学全球学业服务和支持中心主任。

赛尔·哈蒙德(Sal Hammond):残障学生资源中心副主任。

希瑟·墨菲(Heather Murphy):学业项目副主任,人文科学系教师。

布雷特·克莱尔蒙特(Brett Claremont):斯宾塞大学悉尼分校高级校园顾问。

布鲁斯·德拉蒙德(Bruce Drummond):斯宾塞大学悉尼分校主任。

马尔科·布鲁内利(Marco Brunelli):斯宾塞大学米兰分校学业中心副主任。

坎迪斯·拉特格(Candace Rutger):斯宾塞大学米兰分校学生后勤主任。

玛戈·特纳（Margo Turner）：斯宾塞大学米兰分校项目协调员。

玛格丽特·克劳德（Margret Cloud）：斯宾塞大学米兰分校学生。

詹姆斯·皮尔斯（James Pierce）：斯宾塞大学东京分校法律专业学生。

凯洛琳·拉德克利夫（Caroline Radcliff）：斯宾塞大学东京分校的行政主管。

案例

假设你是奈丽·曼，斯宾塞大学全球学业服务和支持中心主任。在这个部门，你负责管理该校 10 个学术中心的所有学业项目，负责与合作院校共同制定交换生政策并具体落实。同时，你还是斯宾塞大学学校扩招专项工作组的成员，主要负责学校国际化计划，该计划是校长关注的重点。目前，学校海外学生占比位列全国第五。校长希望至少有 50% 的学生可以在该校就读过程中参加海外学习项目，同时也希望提高该校在此领域的排名。他要求你和其他教职工向学生宣传海外学习项目，在学校内部，与全球的大学合作开发新的海外学习项目也是你的职责之一。

你在此岗位已工作两年。在短短的两年间里，你意识到出国学习的人数正发生微妙的变化。尽管大多数是本科生，而且主要是白人和女性，但在过去两年中，参加海外学习或了解海外学习项目信息的人群呈现出更加多元化的特征。你的研究表明，越来越多有色人种学生正在申请学校的海外留学项目，而且短期项目愈发受研究生的青睐。另一个参与率较高的人群是残障学生群体。对这个特殊群体来说，学校需要关注他们求学期间的安置问题、心理健康服务、校园设施的无障碍程度、交换城市的无障碍程度和与残疾人相关的文化范式。

所有安置要求均通过学校残障学生资源中心制定。为申请安置的学生确定符合其具体残障需求的环境是中心的主要任务。有学习障碍、注意力缺陷、精神疾病、行动障碍、慢性疾病、失聪或者听力受损的学生都可以在该中心登记。所有安排均基于个体的实际情况而定，也可能会根据项目要求和标准而有所调整。安置措施包括但不限于：延长测验和考试时间、补充课堂笔记、上机考试、手语翻译、安排较小的考试场所、可更换的文本格式或者适配技术的运用。该中心也负责帮助解决学生校内住宿的问题。

目前，所有需要住宿安置和参加海外学习的本校学生和访学学生，都要在该中心登记以便安排。每个海外分校都有指定的联系人，负责协助提供安置。这些联系人是学校的管理者，他们的主要职责不是残障学生事务。比如，在米兰分校，学业中心副主任马尔科·布鲁内利负责协调测试和考试安排；在悉尼分校，高级校园顾问布雷特·克莱尔蒙特负责协助膳宿安排。由于这些分校的教职工并不都是研究残障人士问题的专家，残障学生资源中心副主任赛尔·哈蒙德一直在为落实安置工作提供指导和建议。

一次，在与赛尔共进午餐时，他与你分享了他们部门目前的趋势。不仅是登记残障状况的学生人数在增加，且残障的复杂性及严重性也在加大。越来越多精神疾病和慢性疾病学生入学并要求提供安置。残障学生资源中心教职工注意到这种增长趋势，也注意到需要特殊安置的海外学习学生人数在增长。尽管已经修订了几项政策和程序，但近期案例表明，这对项目支持人员、教师和全球各地教职工的要求更为复杂。

午餐时，你和赛尔回忆起 2006 年夏天入学的玛格丽特·克劳德，她是第一个坐着轮椅在斯宾塞大学米兰分校学习的学生。玛格丽特是一名身患肌肉退化症的学生，坐着电动轮椅。她申请前往斯宾塞大学悉尼分校读暑期班并被录取。在注册课程后，她才透露了自己的残障状况。她在残障学生资源中心登记注册,并请求个人援助、改良的住所和一名课堂笔记员。该分校虽然为各种残障学生提供了安置服务,但还没安排过坐轮椅的学生。在与斯宾塞大学悉尼校区高级校园顾问布雷特·克莱尔蒙特和布鲁斯·德拉蒙德主任沟通后,校方确认该校区无轮椅通道。根据建筑规范和要求,该校区的两座联排教学楼也无法进行改建。这两座联排楼未配备电梯,大门入口狭窄,轮椅无法通过大楼入口。你、赛尔和希瑟·墨菲(学业项目副主任,人文科学系教师)都认定,为玛格丽特提供一个在别的校区学习的机会作为替代方案或许可行。于是,你和部门同事开始联系其他海外办学点,确认每个校区的可行性。

  调查发现,有些校区满足部分需求,但大多数校区都达不到玛格丽特所要求的无障碍程度。最初,玛格丽特本不愿考虑另一个校区,她一直梦想到悉尼学习,但后来她还是同意考虑另一个校区。在这个案例中,马尔科·布鲁内利(斯宾塞大学米兰分校学业中心副主任)和坎迪斯·拉特格(斯宾塞大学米兰分校学生后勤主任)一致认为,为安置玛格丽特,对部分建筑进行改造是合理的。由于斯宾塞大学米兰分校所有建筑都有历史意义,因此不能对其进行永久性改造,不过,为方便玛格丽特进入教学和行政大楼,学校建造了临时坡道。玛戈·特纳是斯宾塞大学米兰分校的项目协调员,她和物管人员从当地一家公司考察并租赁了一辆全地形轮椅。全地形轮椅让玛格丽特能够在校园两侧陡峭的斜坡上行走。在这种情况下,玛格丽特还获准携带个人护理——她的一位协助其日常起居的朋友。希瑟·墨菲承诺,由于是学校出资的短途旅行或实地考察活动,她所在的部门将承担玛格丽特的相关交通费用。米兰校区的同事已确认所有到历史古迹的短途旅程和参观活动均可乘坐轮椅。他们租了一辆无障碍的公共汽车,并因为玛格丽特无法参观而取消了一项去当地某景点的集体参观活动。所有这些安排都在大约三周的时间内迅速完成。

虽然玛格丽特能够参加所有的学业和课外活动，但她表示不理解这些加诸自身的关注。在当地逗留期间，赛尔对斯宾塞大学米兰分校进行了一次实地访问，以确保一切顺利，校区教职工在她考察的每一天都进行检查。玛格丽特说，她觉得自己被孤立了，她想要觉得自己的存在没有什么与别人不同。不过，总的来说，她很喜欢斯宾塞大学米兰分校，并希望能有机会再次造访这座城市。

在一次总结会上，你和同事们想知道，是否已花费足够的时间讨论其他校区可以如何改建以安置坐轮椅的学生，而不是因为时间太短而放弃可能选择的校区。斯宾塞大学米兰校区给人的第一感觉是并不完全可行，但在短时间内进行了相对经济的改建。展望未来，残障学生资源中心和全球项目办公室正就如何在日益全球化和复杂的大学校园中安置残障学生思考对策。

詹姆斯·皮尔斯是一名患有脑瘫、视力障碍和重度抑郁症的学生，2011年秋季学期，他被斯宾塞大学东京分校法律专业录取。詹姆斯要求延长考试时间，更换文本格式，并配备课堂笔记记录员。他目前居住在华盛顿州，在斯宾塞大学就读期间，他将不会在主校区学习。为协助詹姆斯在残障学生资源中心注册，中心同意通过网络和电话的方式进行注册预约和文件审查。

东京校区本身部分处于市区，但校内有许多丘陵和草地。詹姆斯计划在开学前两周带他表姐来学校，帮他适应环境。他没有要求提供个人援助，他表示，在她离开后，他能独立照顾自己。詹姆斯与残障学生资源中心合作，在第一学期获取了大号字体书籍，且斯宾塞大学东京分校的行政主管，凯洛琳·拉德克利夫承诺，会为他接下来三个学期的一切额外书本费用提供资助。

不同于玛格利特，詹姆斯是在斯宾塞大学海外合作大学学习，他既是斯宾塞大学的学生，又是东京学院的学生。在东京学院，任何身体状况的学生都要接受大学健康中心的入学身体检查，但大学没有指定办公室帮助安排住宿。詹姆斯一入学，凯洛琳·拉德克利夫就被指配负责此项任务，但她没有安置残障学生的经验。凯洛琳只有一个助理，他们两个负责管理所有新生的学业和注册需求。皮尔斯到校时，凯洛琳给你发了一封邮件，表达了一些担忧：

> 我的这封信是向你说明詹姆斯·皮尔斯的情况。我不知道他想要得到多少帮助。事实上，我的助手带他参观了校园，他摔了一跤，爬楼梯很困难。我们把他换到几乎没有楼梯的宿舍区，这对他而言似乎更好，但我们仍关心他的日常起居。此外，他还要求我们放大、印制和复印他所有的书籍，如果放大字号的话，总数将会超过10 000页，这对我们来说将是一个沉重的经济负担。我明白他不愿使用任何可以节省印刷时间和金钱的自适应技术。一般情况下他都是愉快的，但有时似乎有点郁郁寡欢。在小组辅导期间，他好几次都睡着了。组长提醒他注意睡眠，但他向大家保证自己很好。我们希望他在东京的求学经历获得成功，所以我写信征求你的意见。

你会怎么做？

文化冲突：国际学生突发事件

朱莉·R.尼尔森　弗洛伦斯·A.哈姆里克　玛丽萨·E.阿莫斯

背景

中谷大学位于美国南部，共有36 000名学生，虽然本国学生占了大多数，但它仍吸引了全国以及全世界的学生。中谷大学是一所以研究见长的公立大学，并因其在工程、技术、农业、计算机科学和自然科学领域中做出的杰出贡献而广为人知。在这些领域中，大约8%~10%的本科生和20%的研究生是留学生，其中许多学生在校担任助教职位。过去两年，学校留学生总数增加了5%。

本科生和研究生中国际学生人数的不断增长，体现了中谷大学战略计划的两大首要目标：扩大目标专业的本科生人数，提高中谷大学的国际知名度。第三大目标则是提高研究生教育水平。

人物

卡洛琳·希金斯（Carolyn Higgins）：留学生事务处副处长，向留学生事务处处长述职，留学生事务处处长则向分管学术事务的副校长述职。卡洛琳已经在留学生事务处工作了5年，主要负责留学生的签证规范、项目实施和学业贷款问题。她十分支持国际项目和国际优先计划。

玛姬·约翰逊（Maggie Johnson）：动物遗传学院院长、学校教师委员会委员。

金慧晶（Hae-Jung Kim）：动物学二年级博士研究生，来自韩国。她负责教授计划读动物学专业的学生基础动物学知识。动物学学院认为她是该项目中能力最强的博士生之一。

卡尔·本尼特（Carl Bennett），斯蒂夫·瓦德（Steve Ward）：大一新生，刚开始第一个学期的学习。

伯顿·瓦德（Burton Ward）：斯蒂夫·瓦德的父亲。

格雷格·托马斯（Greg Thomas）：中谷大学公共安全部警司。

蒂莫西·莫顿（Timothy Morton）：学生处处长。

案例

如果你是卡洛琳·希金斯，你经常会从留学生助教那里听到本国学生抱怨他们听不懂助教带有口音的英语。助教们也经常说,如果他们向本国学生表示自己也很难听懂当地口音,并且建议双方都多些耐心,本国学生们的抱怨就会减少,教学氛围也会好转。中谷大学所有的助教都通过了托福考试,学校还鼓励他们参加卓越教学中心提供的系列研讨会。此刻,你便明白,这些本科生抱怨的内容和抱怨的程度对于中谷大学这种规模的大学而言是不足为奇的。

你的上级,留学生事务处处长,昨天与中谷大学的校长、两名招生工作人员、校友代表、院长和三位来自工程学院的系主任一起前往亚洲,开始了为期两周的访问。就在你正准备去参加周一的午餐会时,办公室行政人员给你转接进来一个电话,说玛姬·约翰逊教授想找你的上级,但因为处长不在,只有转接给你。玛姬教授之前是你们留学生事务处的顾问之一,所以你觉得自己很了解她。

简单问好过后,玛姬教授说:"我希望你能了解一个让人十分愤怒的情况,直到今天早上,我们学校的一位助教——金慧晶,给我看了脸书上关于她的主页和视频,我才知道此事,我简直不敢相信!差不多三周以前,我校两名学生在她的课堂上,偷偷用手机录下了她讲课的视频并发布到网上,用极不尊重的话语嘲笑她的口音,还将视频取名'我们交的学费'——天啊!在过去的一周里,其他大学的学生也开始上传类似的视频并发布嘲讽评价。在视频中,讲师的脸很清晰;在评论中,讲师的姓名也会出现,至少在那两名学生的脸书中,他们使用了讲师的真实姓名和照片。因为情况十分棘手,我联系了校园公共安全部警司。那位警司,应该叫格雷格·托马斯,他回答我说他无能为力,因为中谷大学没有相应政策来规范学生使用脸书和相关网站的行为。但我坚持认为,他应该联系那两名学生,并且我也要告诉你他们的名字:斯蒂夫·瓦德和卡尔·本尼特。你会调查这件事吗?我们的助教不应该受到本国学生如此的对待，并且金慧晶助教隐私的泄露应引起我们的极大重视。"

你感谢玛姬的知会。之后去查询网上的学生信息时，你发现卡尔和斯蒂夫都是动物学专业（医学预科）大一学生。你致电托马斯告知其情况，托马斯鼓励你进一步调查并与这两个学生谈话。他最后说："保持联系，了解情况后我们再做接下来的决定。"你让助理联系金慧晶、斯蒂夫·瓦德和卡尔·本尼特，尽快与他们约时间单独见面。然后你就去开会了。

开完会回来，你看到了助理留给你的纸条，上面写着，今天一点半与金慧晶约谈，两点半与卡尔约谈，在星期四下午三点半与斯蒂夫约谈。

下午一点半，金慧晶来到办公室，她坐在椅子上，平静地与你交流。她说："作为一名助教，这是我第二次教这门课。英语并不是我的母语。我在上课第一天就告诉学生，如果他们听不懂我的口音，可以告诉我。有时候，我也听不懂他们的口音，并且大部分学生上课时会使用手提电脑或者其他的电子设备。他们没怎么听课，也没怎么用心。我觉得要是他们用点心，听懂我的课也不是那么难。星期天，我和一个朋友见面，她也是一名韩国研究生。她给我看了脸书上的视频和学生对我的评论。我看见我的两个学生创建了这一群聊。我曾见到他们在我的课上使用手机，但所有学生在课上都在用手机。他们取笑我这件事让我很沮丧。还有就是，他们从没告诉过我，他们听不懂我的口音。但是这两名学生在这门课中成绩很好，在最后一次测验时都拿了A。我的朋友把脸书上的评论打印了下来。"慧晶将这些打印件交给了你，你接过来，大致看了一下上面的评论，之后你问慧晶是否能保留这张纸，并且询问她还有什么需要补充的。她点头并说道："可以的，您拿去吧，我还有其他复印件。其实，我并不想把事情搞大，我只是不想再因此事而烦恼或者被旁人取笑。这件事是不对

第七章 学业问题案例

的,他们应该尊重老师。"你告诉慧晶,你会继续跟进这件事,并且她有任何问题都可以联系你。

在等待两点半与卡尔的约谈时,你用金慧晶给你的复印件在脸书上搜索网页。你发现网页消失了。你很庆幸金慧晶给了你复印件。你没有想到脸书的账号和隐私设置细节,于是你把这一点记在备忘录中。

两点二十分,你的手机铃响了,你接起电话,听到那边说:"我是格雷格·托马斯,我刚刚和约翰逊教授谈过,也是她让我打给你的。约翰逊教授说你已经了解了情况。只有一个学生同意和我进行谈话,也就是斯蒂夫·瓦德。据我所知,公共安全部门不能再采取下一步行动。学生不是很乐意回答我的问题,他对此事的态度很傲慢。但我猜他们会在你知道之前把脸书上面的东西撤下来,这对你来说会是一个问题。"

你和卡尔在两点半见面的时候,你让他解释一下在课堂上,还有在脸书上发生的事情。他说:"我和我的朋友选了动物学这门课程,这是必修课程前的预修课。我的意思是,虽然我和斯蒂夫学习成绩不错,但听懂助教在讲的内容实在是太难了。在我被分到这个班的时候,我就知道我会有一名中国助教,然后我在相关网站上搜索到了她,但我并不知道她的口音会这么差,我的意思是虽然我和我朋友成绩不错,但其余上她这门课的学生就没有这么幸运了。斯蒂夫认为,我们应该告诉其他学生,她是如何上课的,这样其他学生就能有所准备。斯蒂夫用他的手机录像,并把视频上传到脸书——嗯……但是现在视频已经撤下来了——后来学生们开始在网页上对视频进行评论。学生们开始发表一些刻薄言语,但我们管不了别人说什么。视频撤下来的原因是,我们看到事情已经完全失控,所以我们删掉了脸书的页面和视频。"

此时,你的助理敲门,问你是否要接一个学生家长的电话。电话里,家长极其激动和愤怒。你的助理说:"我很抱歉打扰你们，但是听起来，他已经被搪塞了一下午。"你让卡尔在外面的办公室等一下，卡尔照做了。卡尔离开后，你深吸一口气，接起电话，对方厉声说："我是伯顿·瓦德，请问您是？我的电话已经被转接很多次了，女士，说实在的，我真的是受够了。"在你表明身份之后，他继续说道："现在听好了，我不接受学校一直缠着我的儿子！为什么警官一直追着他问话？他什么都不知道！我花了很多钱把斯蒂夫送进大学，我希望他能和留学生有同样的待遇！斯蒂夫是一个好学生！我看了他的成绩，到目前为止他一直做得很好！如果他只是在别人脸书群聊组里开助教的小玩笑，没有伤害任何人，那还管这事做什么！有个更好的解决方法，那就是聘请更多英语好的助教，这样学生们就不用花更多精力去跟那些带口音的人学习了！"瓦德先生挂断了电话。

随后你叫卡尔到办公室，问他是否还有其他想说的。他说："有的，我认为，仅仅把我们几个找来是不公平的，难道我们就不能像萨曼莎·蒂莉一样，公开发表我们的观点？她现在是我们学校一名大二的学生，她有一个独立网站'不要大声，要说英文！'这是她在3年前刚刚被医学院录取的时候创办的一个网站。她的网站上有许多关于助教，甚至不讲英语的教授们的视频和评论，但她从未受处罚！我不喜欢外国教授，就是因为理解他们的口音太难了。"

你感谢卡尔来办公室，并告诉他你晚些会再联系他。卡尔离开办公室后，你拿起了手机，计算了一下时差，然后给上司打电话。他接起电话后，你简述了情况，并问他的意见。他回答道："我知道你希望尽快成为一名处长。处理这件事是很好的锻炼自己能力的机会。这情况听起来不像是有谁会面临着驱逐出境、逮捕或受伤的危险，就算有，对你来说也不是什么问题。记得确保相关人员知情。我不在的时候，你就是执行处长，我会全力支持你。"

你会怎么做？

东南社区学院转学问题

凯瑟琳·M.康威

背景

东南社区学院位于美国东南海岸的某社区。最初东南社区学院是作为州立大学在首府城市的主校区的前哨校区而建立的。建校初期，东南社区学院提供海洋机械与维修和农业研究相关的课程，而这些课程在主校区的城市环境中无法推行。随着时间的推移，学院不断扩张，并于20年前成了州立大学体系内一个独立的学院，授予两年制学位。如今，该校有超过12 000名学生，其中大部分是文科和商科专业，多数学生会在两年之后转到州立大学其他项目攻读学士学位。最新的注册数据显示，该校53%的学生为女性，其中46%的学生主修文科专业，22%主修商科专业。由于地理位置和历史因素，东南社区学院所提供的课程项目与其他社区大学很不一样。东南社区学院提供海洋技术应用准学士学位（A. A. S.），每年录取人数接近600名。学院还提供2个农业学位，每个学位每年录取人数约500名。这2个农业学位也是应用准学士学位，包含高尔夫球场管理和马场经营管理相关专业。

与全国的社区大学一样，东南社区学院注重提高毕业率和转学率。学校对毕业生以及在毕业前转学到州立大学的学生情况都做了详细的记录。在过去的5年里，6年毕业率和转学率平均为23%。

人物

玛丽·布特（Mary Boothe）：学业辅导和转学指导中心主

任。布特主任去年从大都会学院调职到东南社区学院，大都会学院是美国东北部一所大型社区大学，布特院长在该学院担任了多年助理院长。

约翰·弗曼（John Furman）：资深专家，航海技术系主任。弗曼教授从事教学工作近30年。

路易斯·埃默里（Louis Emory）：资深专家，农业技术系主任。跟弗曼一样，他在东南社区学院工作已超过24年。

马克·霍普金斯（Mark Hopkins）：东南社区学院院长。

安吉拉·林恩（Angela Lynn）：学生，20岁，主修商业管理。

约翰·里顿（John Lydon）：学生，27岁，主修航海技术。

案例

你是玛丽·布特，你和学生成就特别委员会的几位同事被学校委派负责提高东南社区学院的毕业率和转学率。学生成就特别委员会的成员包括来自研究部门和招生部门的教职员工。作为主任，你的手下有6名全职学业辅导教师，他们与学生联系密切，帮助学生制定目标和课程计划，以便学生顺利转入州立大学。在大部分工作时间里，你忙于与州立大学的各个校区和本地众多的私立大学签署相关转学协议。每年，你的部门都会举行转学咨询会。咨询会上，来自不同的四年制学位项目大学的代表们会向学生讲解招生信息与政策。你的部门也推出了大学"卓越"计划，设立奖学金奖励注册后两年内顺利毕业的学生。

在过去的几年里，你努力与学院各系部主任会谈，并向各系部的教师讲解转学的具体要求。教师在学院学生转入大学攻读学士学位的过程及相关咨询辅导中发挥着重要作用。但如今学生和咨询辅导教师比例悬殊，高达2 000∶1，所以大多数学生都是从任课教师那里获得关于转学的信息。

大多数东南社区学院的教职工都是美国东南部当地人。而很明显，你是新来的美国东北部人。你的口音、衣着、快速处理事务的态度，都让你和习惯慢条斯理处理事务的同事格格不入。还有少数老师认为你在对他们"指指点点"，并因此而感到十分愤怒。

你浏览学校近期的脸书信息，发现在航海技术专业只有少数学生毕业或转学。同时州立大学不再提供航海技术转学衔接项目。在你和弗曼教授的交谈中，你发现，他并不认为这是一个问题，因为他教过的很多学生已经在当地造船厂找到了报酬丰厚的工作。航海技术系占地面积很大，因为其专业课程涵盖了纤维玻璃维修、焊接和柴油发动机基础知识等。航海技术系开设了60学分制的准学士学位课程（A.A.S.课程），但很多同学只修了其中10门主要课程之后就工作去了。由于当地造船业多年来一直萧条，所以学生们刚毕业时会在本地工作，后来为了自身职业发展慢慢地便会选择到外地去打拼。目前，当地只剩下两家造船厂，其他众多的造船厂都将自己海滨的房产卖给了公寓开发商。

东南社区学院已修满了教学楼，另外购买或者租赁教学用房也是不现实的。尽管当前处于经济下行时期，人们对东南社区学院附近房产的需求量却很大。州民们发现，东南社区学院所在的小镇是一个风景优美的度假胜地。迷人的海港、古雅的旅馆、画廊、餐厅吸引着旅行者、情侣们周末花费两个半小时车程从大都会赶来度假。几乎没有什么工厂来破坏这种田园式的环境。

农业技术专业也占用了学校的大片土地，建有温室大棚、养马场和围场，这些土地都位于学校南部。如今养马场和围场都租给了当地驯马教练，用于私人骑马训练。你与埃默里教授交流，他是农业科技方面的专家，和他的交流并不像弗曼教授那样无聊，但依旧是个艰难的任务。高尔夫球场管理专业的学生往往年龄偏大，并且已经在当地的高尔夫球场工作。对于很多学生来说，这是第二职业，且他们选择到东南社区学院学习是为了扩充知识，而非就业。他们想毕业，但没有毕业的压力，对攻读本科学位并不感兴趣。马场经营管理专业的学生普遍都比较年轻，也更希望能转入本科院校攻读学士学位。虽然州立大学不向社区学院的学生提供继续攻读本科学位的衔接项目，但有两个小型的本地私立本科学院，都离东南社区学院约100公里，它们一直很乐意接收东南社区学院的学生去攻读学士学位，不管他们有没有获得东南社区学院的学位。

当你在思考最近和弗曼教授的谈话时，玛丽亚·里维拉打断了你的思路，并提醒你，现在是每周教职员工例会时间。会上，学业辅导教师们应邀分享关于学生的成功及奋斗故事。你在会议室里四处闲逛，收集到了许多反馈，同时发现了一个屡次出现的主题。学生们反映，东南社区学院许多必修课程的学分并不能转到州立大学。这个问题对你来说也不稀奇了。你刚到东南社区学院时就碰到过一个很愤怒的学生，他发现在自己专业要求的60个学分中，只有15个学分满足州立大学的升学要求。经查，你发现那个学生所言不虚。在这个早会上，玛丽亚讲了安吉拉的故事，她今年毕业时修完了82个学分，但只有62个学分能够在新学校得到认定。当被问到为什么她修了这么多学分时，安吉拉说，在学习的过程中，她发现许多课程的学分并不能被转换认定，所以她不得不修其他课程，这样她才能申请州立大学的商科专业。安吉拉因浪费了时间和金钱感到非常愤怒，冲出了玛丽亚的办公室。

东南社区学院商科专业要求学生修读通识教育课、人文选修课和专业课。若想在东南社区学院毕业后，直接进入州立大学顶尖商学院学习，学生要学习一些特殊的选修课，包括微积分、高级统计、微观经济学和世界文学。若学生选择了其他选修课程，则只能被州立大学文学院相关专业录取，除非他们达到商科专业的要求。虽然处于社区学院阶段，但东南社区学院的学生有能力学习商科专业要求的这些课程，只要他们清楚升学要求并及时修读前置课程。东南社区学院的学分要求与州立大学的学分要求并不相同，因为东南社区学院教师和管理人员都认为，学生不是必须参加州立大学的升学项目，因为它的要求高于学生的平均水平。事实上，该校全体教师和管理者并不希望在东南社区学院建立一个对应州立大学的课程体系。学校教职工提到了州立大学在初级会计课程上的变化。州立大学在课程上的变化，让东南社区学院的初级会计课程不再满足升学的课程衔接要求，并从一门必修课变为了选修课。当你问鲍勃·布鲁斯特（会计系的一名教师）州立大学课程设置的变化对东南社区学院学生的影响时，他耸耸肩回答道："很简单，进入州立大学后学生们还得重新学习会计课程，因为商科系并没有一个应急的方案来修订其课程以反映州立大学的课程变化。"

两天后，事情变得更糟了。校报《白鹭报》发表的一篇文章写道：许多学生修了很多不必要，且不能进行学分转换的课程。还没来得及读完，你就接到当地有线电视台的电话，他们想做一期关于东南社区学院无用的学分的专题报道。安吉拉会做客电视台本周的早间谈话栏目。你把电视台的电话转给了学校公关部部长，但你明白事情远不止这么简单。

下午晚些时候，你与你在卓越计划项目中指导的学生约翰见了面。从海军退役后，他主修了航海技术专业。他是该专业学生中的一个成功典范，他希望继续攻读航海技术本科学位。是否能拿到助学金会决定约翰在离开东南社区学院后，是在公立大学还是私立大学读书。约翰在东南社区学院上学期间特别开心，尤其是在他进入了卓越计划项目之后。项目奖学金使他能够进行全日制学习，他希望在两年内完成学业。但不幸的是，约翰最近并不开心，因为在办理注册手续时，他发现自己需要攻读的两门课程在下学期并不会开课。由于商科系的学生注册人数太少,因此课程不是在每个学期都能开设。学生们如果想按时毕业,那他们在选课时应格外仔细和讲究策略。但课程资源的有限性问题系里并没有与学生进行广泛的讨论,因为商科系的老师们认为这是一个先有蛋还是先有鸡的问题。正如弗曼教授所言,"如果我们告诉学生,低注册率会影响课程的开设,那么将会使更多人重新思考是否选择这个专业,这将导致可供选择的课程数量更少"。

回家路上,你想起学生成就特别委员会需要在不到一周的时间内向霍普金斯院长汇报建议方案。在这之前,霍普金斯院长会给你电话,询问《白鹭报》和电视台的事情。霍普金斯院长明确表示,他希望委员会能大胆地提出意见,并做出长期规划。学院财务处处长给霍普金斯院长带来了很大的压力,学院需要在接下来的10年中增加财政收入和提高学生毕业率。学生的入学需求直接影响到学校的财政收入,学院希望通过实施一种替代州立大学四年制专业的低成本的开放式招生方案刺激学生的入学需求。

你对院长的建议是什么?

第八章　身份认同案例

在过去 10 年中，关于学生身份认同的问题已经变得愈发突出和多样化。这类案例可能是专业性学生事务中最难的部分，且常包括帮助学生明白，承认其他学生权利的同时不会损害他们自己的权益。

在《学生主办媒体及其对印第安人生活的"讽刺"》一文中，迈克尔·J. 杜马和桑迪·M. 韦米格维斯（Michael J. Dumas & Sandi M. Wemigwase）描述了一个案例，某校管理方似乎准备以文章仅是讽刺为由，原谅一个学生发表的充满种族主义的文章。一位教职员工需要斟酌如何向上级提出建议。在马克·汉梅尔（Mark Hummell）的《圣·弗朗西斯·泽维尔大学不断增多的穆斯林学生》中，一所私立人文艺术学院穆斯林学生人数的增多对学院的学生服务工作和校园设施提出了新的要求。莎拉·克莱因（Sara Klein）的《校园中的网络暴力事件》一文中，俱乐部的两个成员之间产生了嫌隙。弗洛伦斯·A. 哈姆里克，W. 休斯顿·多尔蒂和葆拉·S. 德斯蒂法罗（Florence A. Hamrick, W. Houston Dougharty & Paul S. DeStefano）在《谁在正确行使权力？》一文中，阐述了当来访的学生和本校的价值观产生冲突时出现的问题。在《一名大一新生的身份认同困惑》中，金·C. 奥哈洛伦和梅甘·E. 德莱尼（Kim O'Halloran & Megan E. Delaney）讨论了与室友在身份认同上的冲突，及由此产生的痛苦的连锁反应。

本章所阐述的身份认同问题提醒我们,当我们工作对象是大学生时,我们应该不断努力掌握更多关于身份认同的知识,并且更好地理解学生的身份认同问题。

学生主办媒体及其对印第安人生活的"讽刺"

迈克尔·J. 杜马　桑迪·M. 韦米格维斯

背景

马洛里学院是一所小型的私立文理学院,位于太平洋西北部的小城市太平洋瀑布城(Pacific Falls),主要以其严格的课程要求和致力于环境研究和行动主义而闻名,被认为是美国最负盛名的学府之一。马洛里学院的教师、学生和教职工皆以学院的学术氛围为荣,并认为自己是在为探索知识而努力。马洛里学院92%的本科生都会继续读研究生或参加进阶培训。

作为美国学费最昂贵且几乎没有有色人种教职工的大学之一,马洛里学院努力录取不同种族和经济水平的学生。目前,马洛里学院的1 100名学生中,81%是白人,11%是亚裔,2%是非裔,拉美裔和印第安裔不足1%。

马洛里学院高度重视学生参与学院管理。直到最近,大多数生活安排和学生活动还是由学生以及刚毕业的校友负责协调。校友们在毕业后会继续担任宿舍工作人员和生活顾问。聘用应届毕业生的理由是,只有马洛里学院的成员才能真正理解、尊重该校独特的校园文化和学生体验。4年前才受聘的学生处处长将一些以前由学生或校友任职的重要基础职位改为由受过学生事务专业训练的教职工担任,但学生尤其是来自上层阶级家庭的学生仍对他们持怀疑态度。学生处处长建议新进教职员工把自己看作学生的辅导者,而不是指导者;同时建议更多地授权学生和学生组织，而不是教职员工，负责监督规划安排、学生奖学金分配和学生纪律问题的监管。

人物

兰德尔·爱德华兹（Randall Edward）：学生宿舍生活指导老师和学生多元化项目协调员，其职责包括督导新的多元化中心和指导与多元化相关的学生组织。这是他在这个初级岗位上工作的第二年。他向住宿生活事务部部长和学生处副处长述职。兰德尔是非裔美籍。

劳拉·芬尼根（Laura Finnegan）：学生处副处长，除学生多样性问题外，还负责管理学生的保持率提升项目、职业指导服务以及健康服务中心。芬尼根博士是白人。

马琳·勒布朗（Marlene LeBlanc）：马洛里学院印第安学生联合会（以下简称印第安学生联合会）主席，来自密歇根北部，大三。马琳是布瓦族人。

乔·希诺斯（Joe Shinos）：印第安学生联合会中的活跃分子，在美国旧金山长大，大一新生。和许多加利福尼亚本地人一样，乔被看作"加利福尼亚印第安人"。他正在深入了解他的先辈和他的民族文化。

马克·德雷克（Marc Drake）：学生主办的季刊《反叛者》的特约撰稿人，该杂志自称"在文化、政治和各种事务上不留情面的学生期刊"。他来自西雅图，大四。马克是白种人。

理查德·维恩莱特（Richard Wainwright）：《反叛者》的指导教师，比较文学教授。维恩莱特博士是白种人。

鲍勃·特利（Bob Turley）：副院长和教务处处长。特利博士是白种人。

理论联系实际
—— 高校学生事务工作案例研究

案例

碰巧在马琳·勒布朗路过的时候，有人正往学生会大楼的前台上丢下一摞最刚刚复印出来的《反叛者》杂志。起初，她并未注意杂志上的标题，但很快认出了上面的那张照片。照片拍摄于几周前，拍摄了在太平洋瀑布城市中心举办的帕瓦年度庆典上，一群青年在舞台上表演的场景。她和印第安学生联合会的学生乘车去参加了该庆典，并在那里摆摊进行了招生宣传。

很快她的视线落在了标题上，《围着马车四周！印第安人击鼓，兜售货物，叫卖让人血管阻塞的小吃》。她吃了一惊。她一边继续阅读，一边走上通往印第安学生联合会办公室的楼梯。这篇文章的作者是马克·德雷克，马琳·勒布朗听说过他。他在文章中解释道，他正坐在市中心一家他最爱的咖啡店里，阅读存在主义哲学研讨会的材料，而沿街持续的敲打声扰乱了他的思绪。由于受到打搅，他无法集中精力，于是便走了出去看是什么事情这么吵闹，或者就像他所写的："我想看看是谁破坏了我的一天。"

德雷克的文章还描写了"一群印第安人穿着花哨廉价而且夸张的服饰"，"俗气的跳蚤市场氛围"和"不能理解的单调的颂唱"。他想知道，那些油锅里到底在煮着什么。"牌子上写着'油炸面包'，"他写道，"朋友们，但我能想到的是，死亡面包！这些人都想杀了我！这就是'反向种族灭绝！'"

当马琳读完这篇文章时，刚好走到了办公室，她被文章的结尾气得再次面部抽搐。文章结尾写道："好啦，朋友！为了这份记录，我在没有被剥去头皮的情况下安全地回到了学校。但明年，当这可怕的庆典要举行时，会有某个人告诉我让我离得远远的吗？比如躲到俄勒冈小道①的另一端。"马琳靠在办公室椅子上，惊呆了。

你是兰德尔·爱德华兹，现在刚好路过印第安学生联合会办公室。马琳把《反叛者》杂志递到你手上。"你看到这个了吗，兰德尔？我非常愤怒……我都不知道该怎么表达了。"你很吃惊，于是迅速地看了一下封面，浏览了标题并抓住了文章的主旨及论调，你觉得马克的文章在好几方面都具有攻击性和种族主义色彩。你回想起马克也是宿管助理，但不在你所管辖的楼栋。

"我们必须介入。"马琳言辞坚决，"静坐罢课、游行示威等。我们再也无法忍受了！"马琳提醒你，印第安学生联合会曾领导过一次不成功的战斗，当时是为帮马洛里大学唯一的一位印第安教授争取终身教职，同时它还积极推动原本抵触的学校管理层在附近印第安人社区加大招生宣传活动的力度。现在印第安学生联合会开始着手这次反击。"好像我们是透明的，"马琳说道，"我们再也不能容忍了。"你提出你会对此做进一步调查，以便印第安学生联合会制定更有效的反击策略，并承诺你今天会再回来和她碰头。马琳同意了，并感谢你对有色人种学生的支持。"在你来之前，这里没有一个人为我们站出来说话。白人看着我们好像是在看疯子一样。"

走过主行政楼时，你回想起大约一年半前刚来马洛里学院的场景。那时，你从东海岸一所大学中全国闻名的大学生事务管理专业取得硕士学位刚两个月。考虑到你在有色人种学生学业支持服务和保持率项目中的工作经验，你曾设想你的第一份工作应该是在一个招生对象更广、规模更大的公立大学。然而，劳拉·芬

---

① 译者注：俄勒冈小道（Oregon Trail），美国西进运动中的两条重要通道之一。当年众多拓荒者沿着俄勒冈小道前进到达目的地的时候，发现等待着他们的是恶劣的气候、疾病和印第安人为了保护自己而发起的反击，而不是传说中的天堂。

理论联系实际
—— 高校学生事务工作案例研究

尼根（马洛里学院的学生处副处长，博士毕业于你硕士阶段的同一所大学和同一专业），在一次全国性会议中追上你，声称她想推进马洛里学院在多样化和录取可能性方面的工作，希望你考虑在一个招生严格的小规模学校从事一线宿舍管理和多元文化事务管理对你积累工作经验的好处。你被说服了，并兴奋地迈出你的舒适区，来到了马洛里学院。你最主要的工作是负责学生的宿舍管理，向生活事务部主任述职，他同时也是学生处的副处长。作为学生多样化项目的协调者，"季度任职"是你的一个新职责。你的这个职务要求你向芬尼根博士述职，你的作用更像一位顾问而非管理者。你很享受你的工作，并创办了一些深受欢迎的活动，激发了全校师生关于平等、身份认同和特权等问题的对话交流。许多年轻的教职工支持这些活动，并积极参与讨论。但大部分教职工是很矛盾的，他们最多对你的努力表示认同。即便如此，学生宿舍管理事务还是占用了你大部分时间，你不想被认为由于自己偏爱多样化项目的工作而疏忽了宿舍管理。因为宿舍管理工作是一项团队工作，你需要同另外两名宿舍指导教师合作。

当你去劳拉·芬尼根办公室时，你注意到，她桌上早已有一本做了标记的《反叛者》。她看着你，叹了口气，问道："我们应该如何应对此事，你有什么想法吗？""我知道马琳肯定很失望。"你承认马琳确实因为这篇文章很生气，同时你也想象得到印第安学生联合会的其他学生也很生气。其他有色人种学生群体也想加入印第安学生联合会的示威活动，不仅抗议这篇文章，而且会向《反叛者》的编辑，以及那些应为该文章的发表负责的人抗议。你解释道，对这些学生而言，这绝不仅仅是事件本身，而是种族主义的象征，这篇文章就是最新的证据。

芬尼根博士说她已经和《反叛者》指导教师理查德·维恩莱特联系过了。维恩莱特博士说《反叛者》"跟随着它自己的良心和意愿"，对他而言，干涉学生独立出版物的编辑政策是不合适的。芬尼根博士似乎准备接受维恩莱特的观点，并提醒你《反叛者》的资金完全由学生提供，由学生会出版委员会选举出编辑；出版委员会由特利教务长指导，但指导是非正式的并且很少。你指出，《反叛者》也发表电子刊，就在学校官方网站上，在 mallory. edu. URL 域名下。因此，对学校来说，想要简单地推卸发表煽动性文章的责任是很困难的。芬尼根博士点头赞成学校应对此有所回应，并说她会和特利讨论，几个小时后再回复你。

在回学生会办公室的路上，你碰到了灰心丧气的乔·希诺斯。这名平时朝气勃勃的大一新生，进校后很快就成了印第安学生联合会和环保俱乐部的学生领袖。"今天我感觉马洛里学院不是以前的马洛里学院了，"他难过地说，"如果可以的话，我今天就想打包回家。为什么我要让自己成为这种现代殖民主义的目标呢？"你问乔他今天是否和马琳交谈过。"是的，她想组织一个大型抗议活动，可能会带来一些其他学校的学生，或者尝试让《反叛者》停刊，诸如此类，想法是好的。我的意思是，不管怎么说，我很失望。但现在，我不知道我是否还有足够的精力应付这些。我要回房间了，因为如果我今天还不得不再看见一个白人的话，我会疯掉的。"乔耸了耸肩，帽子耷拉在额头上，摇摇晃晃地朝校园另一边的宿舍走去，他答应你明天会转换心态。

在食堂吃午饭时，你很意外地碰到了马克·德雷克。原来他一直在找你。马克从未参加过任何学生多样性项目，但他知道你是学校里"负责种族问题"的人。他听朋友说，有人在图书馆大厅无意中听到马琳说他那篇文章充满了种族主义。"很明显，"马克干巴巴地告诉你，"勒布朗女士不懂什么是讽刺。"他解释说，整篇文章都是开玩笑的。"我的意思是，我当然不认为我会在他们的活动中被剥去头皮。事实上，我们高中去印第安人保留地旅行时，我就被印第安人包围过。任何有理性的思考者都会得出这样的结论：我获得了创作许可，对约定俗成的关于印第安人的概

203

念表示赞成，当然这概念是简化过的。如果有什么的话，那就是我在指出种族主义言论的荒谬，而不是在助长其气焰。但现在，马琳想打一张众所周知的种族主义牌，我认为这张牌有失她的身份，也有失马洛里人自由思想、不妥协和创造性批判的精神。"你不知如何回应马克，也不确定时间地点是否合适。然而，你建议他直接和马琳谈，因为他只是从别人那里听到了她的观点；另外，他应该考虑到其他人可能不仅仅把他的文章解读为讽刺性作品。你告诉他，你希望明天和他进一步谈论此事。

那天下午晚些时候，你收到一封来自鲍勃·特利的邮件。这很不寻常，因为你并不直接向他述职。他要求你对他起草的准备向全校发布的通知提意见。

> 马洛里学院作为思想、宽容和言论自由的天堂而闻名世界。然而，最近发表的一篇关于太平洋瀑布城帕瓦庆典的讽刺性文章，似乎引起了校内外对马洛里学院校园种族问题的关注。如果有人被这篇文章冒犯到，我们表示最诚挚的歉意。我们明白，这篇文章会被一些人如何评价，最好的情况会说这是不明智的。《反叛者》的内容由学生志愿者花时间撰写，并不反映整个马洛里学院的价值观或想法。虽然我们永远不会想办法审查学生媒体，或镇压针对该学生媒体的抗议，但我们敦促全体学生做出理性判断，不要对任何学生群体进行种族泛化。加油，马洛里，加油！

"请给出建议。"特利博士写道。

下一步你该怎么做？接下来的几天你准备怎么办？

圣·弗朗西斯·泽维尔大学不断增多的穆斯林学生

马克·汉梅尔

背景

圣·弗朗西斯·泽维尔大学是一所位于纽约市韦斯切斯特地区的中等规模的大学。它最初是一所天主教教会大学,现在其学生和董事会中仍有大量天主教徒。自1874年建校以来,圣·弗朗西斯·泽维尔大学的学生就是以白人为主。尽管大学早在1968年就开始招收拥有各种信仰的学生,但在信仰宗教的学生群体中基督教徒仍然占大部分。虽然大学和耶稣会(罗马天主教修道会)保持着紧密的联系,但是董事会却是由具有不同信仰的非宗教人士组成的。然而,从董事会成员中选出的大学校长却总是耶稣会牧师,并由耶稣会的省级机构批准任命。虽然校长有权利否决董事会的决议,但这在学校历史上从未发生过。从2002年起,董事会和校长要求必须增强学校学生的多样性。

圣·弗朗西斯·泽维尔大学有12 000名学生,其中,本科生8 500名、研究生3 500名。大约80%的本科生和20%的研究生为住校生。校园风光呈现出典型的天主教特点,一座巨大的哥特式教堂矗立在校园中心,离教堂不远处是一个小型精神生活中心。

人物

玛丽亚·罗德里克斯(Maria Rodriguez):学生处副处长。

菲利普·索克(Philip Sopke):学生处处长。

安东尼·斯温神父(Father Anthony Swain):学校的首席牧师。

伊玛目阿里·阿卜杜拉(Iman Ali Abdullah):校园建筑和

设计顾问。他专门与那些希望让穆斯林学生、教师和教职员工更容易融入环境的学校合作。

法特玛·艾哈迈德（Fatma Ahmed）：大三学生。

玛利亚·阿明（Mariam Amin），易卜拉欣·法拉杰（Ibrahim Faraj）：大二学生。

阿巴斯·穆罕默德（Abbas Mohamed）：大一学生。

帕特里克·奥布里恩（Patrick O'Brien）：学生会主席。

案例

你是玛丽亚·罗德里克斯，学生处副处长。你的主要职责包括给学生会提供行政管理资源，同时，你还负责协助校园俱乐部开展校园活动。除此之外，你负责坚持学校的使命和目标，保持学校的领导力，促进教学工作的开展。

从小就是天主教徒的你能认同大学校园里师生丰富的宗教信仰。你还想让校园环境对有其他信仰的学生更加开放，而且已经同学生和校牧师安东尼·斯温神父一起为之努力，包括与学生们讨论不同宗教信仰之间对话的可能、与宗教信仰相关的服务，以及邀请嘉宾到学校举办关于天主教及其他宗教信仰传统的讲座。

你已经在这所大学担任学生处副处长3年了。此前，你在中西部一所规模类似的世俗大学担任学生处处长助理。你意识到，越来越多穆斯林教徒搬进该地区，并开始就读于圣·弗朗西斯·泽维尔大学。大约5年前，这所大学决定重视丰富校园宗教多样性。在过去两年里，就读于该校的穆斯林学生人数从47人增加到82人。

出于增强学校文化和信仰的多样性的考虑，圣·弗朗西斯·泽维尔大学聘请了一名顾问，伊玛目阿里·阿卜杜拉，对学校多元化学生群体的不同需求进行评估。伊玛目阿里·阿卜杜拉按照协议对学校穆斯林学生、教师和工作人员的需求进行了评估。他

第八章　身份认同案例

建议该校为每天需要多次做礼拜的穆斯林学生设立专门的礼拜室。一个虔诚的穆斯林教徒一天需要做五次礼拜。同时他告知学校管理层，穆斯林教徒需要在礼拜前举行净身礼，如特殊的洗脚仪式等。因此，他建议在礼拜室附近修建专门的浴室。此外，考虑到穆斯林学生清真饮食的需求，伊玛目阿里·阿卜杜拉在他的报告中提到了对厨房工作人员的相关要求。

经过 5 年的努力，学校为穆斯林和其他非信仰罗马天主教的学生提供了一个多功能的精神生活中心。尽管学校申明精神生活中心容纳各种宗教信仰，但它并未采纳伊玛目阿里·阿卜杜拉的许多建议。许多穆斯林学生觉得在礼拜室附近的厕所举行净身仪式是一个非常尴尬的事情。玛利亚·阿明和你见面，告诉你她对把脚抬起来放进洗手盆中进行净身感觉很不舒服，并且这也使她在别的同学面前感到很尴尬。

玛利亚和许多女同学还提出，因为女性性别的原因，她们有时会避免去精神生活中心，而是在自己的宿舍房间里做礼拜。她提到，该中心缺乏适当的隐私保护机制。因为在礼拜中所做的一些姿势很尴尬，如果男生这时在她们身后进入精神生活中心的话会分散她们的注意力，然而门就敞开在那里。穆斯林礼拜过程中会做好几种姿势。她表示特别担心鞠躬（Ruku）和叩首（Sujud，双膝跪地，双脚并拢，双肘着地，上身俯卧在地上，额头贴地）的姿势。同时，她指出精神生活中心房间本身的清洁也是一个问题。穆斯林被要求脱鞋进入礼拜室做礼拜，但许多使用该中心的非穆斯林学生常常忘记，这样就导致精神生活中心的场地不适合穆斯林做礼拜。值得注意的是，在 5 年前，伊玛目阿里·阿卜杜拉就曾以此为由建议学校修建至少六间男女分开的礼拜室。根据你的上司，菲利普·索克处长的说法，当时因为经费紧张，学校便决定不建这么多礼拜室。

男性穆斯林学生也遇到另外一些困难。有一次，你接到了一个社区服务学习项目负责人的电话。他是大二学生易卜拉欣·法拉杰,去年春假期间负责带队到海地开展社区服务学习项目的途中,他在肯尼迪机场被国土安全部扣留了四个小时。于是,易卜拉欣错过了和项目其他同学一起的航班。他觉得同学们都在猜疑他。一个同学甚至开玩笑说他是恐怖分子,尽管易卜拉欣对此一笑了之,但他说这次事件改变了他和其他学生的关系。他发誓再也不参加任何项目,再也不会让自己当着一群同学的面在任何机场蒙受这样的羞辱。

有时,学生们会向学校提出一些常见的意见,表达他们对食堂工作人员在供应清真食品(穆斯林可以食用的食品)方面缺乏意识的担忧。一些猪肉食品和其他食物挨得太近。此外,学生们提到,他们看到工作人员做早餐的时候,把培根、鸡蛋和煎饼在同一个煎锅里烹饪。

许多穆斯林学生选择圣·弗朗西斯·泽维尔大学的原因之一是因为这所天主教大学宣称其支持虔诚的宗教信徒。当然,许多父母也正是由于这个原因而鼓励他们的孩子做出入读该校的决定。独立的男女生宿舍、对宗教节日的重视、允许学生每天花时间做礼拜以及学校天主教牧师和修女的宗教着装,这些都让穆斯林学生对自己的宗教信仰传统感到轻松并对学校产生亲切感。天主教学生看见校园里穆斯林女生身穿黑罩袍(abayah)、头裹围巾,男生身着白色罩袍(Kandorrah)、头戴白帽(Gahfeyah)时似乎很淡定。但这些穆斯林学生仍表示,需要这所以天主教为主的大学融入更多的穆斯林特征,同时要避免完全的同化和失去穆斯林的核心要义。

大三学生法特玛·艾哈迈德向你表达了她的困惑。斯温神父向她提供了当地伊斯兰教的基本情况,告诉她附近韦斯切斯特县有两个清真寺,但她发现,自己很难同清真寺的伊玛目和其他人建立和睦的关系。因为,他们大多数都是有小孩的家庭,并不关注大学生的发展。尽管她喜欢斯温神父，但她还是询问学校能否为越来越多的穆斯林学生提供兼职伊玛目。

除通过要求提供伊玛目的指导来表达对自己穆斯林身份认同的关切外，一些学生还表示有兴趣成立一个穆斯林学生俱乐部。大一学生阿巴斯·穆罕默德已经撰写好了关于成立穆斯林学生协会在圣·弗朗西斯·泽维尔大学的第一个分支的书面申请。根据其目标，该协会致力于协助穆斯林学生在各大学校园里组织伊斯兰项目和活动，调动和协调穆斯林学生组织的人力和物质资源。此外，该协会还向穆斯林学生提供教育机会，动员和授权他们参加活动。

在圣·弗朗西斯·泽维尔大学，成立学生俱乐部的正式程序是向学生处副处长领导的学生活动办公室提交申请。申请资料包括一份俱乐部策划方案表，一份正式的俱乐部管理制度，选举产生的俱乐部负责人（主席、副主席、秘书和财务主管各一名），俱乐部前6个月的活动安排表和学生会的批复意见。

目前为止，阿巴斯已经通过了成立俱乐部的所有其他环节，但学生会拒绝批准其成立。学生会主席帕特里克·奥布里恩告诉你和阿巴斯，学生会通过互联网对穆斯林学生协会的历史做了初步的了解后，对批准该协会在学校成立俱乐部表示担忧。帕特里克说，穆斯林兄弟会成员1963年在伊利诺伊大学香槟分校成立了穆斯林学生协会，这个组织的目标一直是在北美学生中传播伊斯兰教。帕特里克向你转达了学生会对允许穆斯林学生协会在校园举办讲座和其他活动的担忧主要集中在活动可能为倡导穆斯林极端主义提供支持，可能会被认为帮助与穆斯林兄弟会有关的活动招募成员。

最后，帕特里克说，鉴于所有获得俱乐部资格的学生团体每年都能得到1 000美元的活动基金，以及免费的场地举办活动，并且被允许在学校官网以官方俱乐部的名义创建网页进行展示，批准他们的申请将会让圣·弗朗西斯·泽维尔大学在意识形态上与穆斯林极端主义走得过近。

阿巴斯则认为，穆斯林学生协会和穆斯林兄弟会之间本质上是历史意义上的关系。他提到在圣·弗朗西斯·泽维尔大学建立穆斯林学生协会俱乐部的主要目的是为穆斯林学生提供一个集会和发扬他们传统的平台。穆斯林学生协会可以协助俱乐部组织会议、举办为社区服务和慈善事业筹集资金的活动，从而以一种富有成效的、不具备威胁性的方式提升大家对伊斯兰教的认识。阿巴斯认为，可以将穆斯林学生协会视为天主教世界的纽曼中心（Newman Centers）。

假设你是学生处副处长，你会如何对以下问题做出回应：

1. 学生对穆斯林学生的活动场所和需求表示担忧。

2. 穆斯林学生在校园社交和精神生活中进行自我表达的需要，特别是把穆斯林学生协会的分支机构设立为学校官方的学生俱乐部的要求。

3. 校园里存在伊斯兰恐惧症的可能性。

校园中的网络暴力事件

莎拉·克莱因

背景

帕诺拉马学院是一所崇尚自由主义的小型文科学院。该校有大约2 500名本科生。学生们被学院小巧而友好的校园以及迷人的海景所吸引。学校90%的学生都是住校生。

由于住校生占比非常高，因此几乎所有的学生、职员和教师都互相认识。帕诺拉马学院的学生喜欢参加校园的课外活动，每个学生都会参与和服务于多个学生组织，并在其中担任领导。

与其他同等规模的文科学院相比，这所学校的学生的种族更加多元化。学生中 22％是黑人或者说非裔美国人，另外 14％是非白人，64％的学生是白人。

人物

马特·米尔曼（Matt Millman）：宿舍生活教育部主任。

沙朗·罗德里格斯（Sharon Rodriguez）：宿舍主管。

夏洛特·帕特森（Charlotte Patterson）：学生活动部主任。

玛德琳·卡鲁索（Madelyn Caruso）：学生处处长。

布莱恩·本灵顿（Brian Bennington）：校园心理医生。

保罗·李（Paul Lee）：信息技术部主任。

阿里安娜·杰克逊（Ariana Jackson）：黑人学生会主席。她在大学里是一位身兼数职的学生领导，还是一名宿管助理。阿里安娜是非裔美国人。

凯西·夏皮罗（Kathy Shapiro）：黑人学生会财务主管。她有未成年学生的行为问题记录，每周都会去看校园心理医生。在黑人学生会任职财务主管是她在学校中唯一的领导职位。凯西是白人。

案例

你是宿舍生活教育部主任马特·米尔曼，周一早晨到办公室后，你发现收件箱里竟然有很多封未读邮件，很显然，这个周末发生了许多事情。你开始浏览事件报告并注意到一名宿管助理阿里安娜·杰克逊的名字出现在了一份报告中。你对此感到非常震惊，因为很少会有宿管助理出现在事件报告中。阿里安娜卷入其中尤其使你感到惊讶。因为她是一名出色的宿管助理，并且对于其他学生而言，她一直都是一个优秀的典范。以你对阿里安娜的性格和背景的了解，像报告中声称的那样去威胁另一个学生完全不符合她的性格。

理论联系实际
——高校学生事务工作案例研究

这份报告声称，一名学生——凯西·夏皮罗向她自己的宿舍主管沙朗·罗德里格斯举报阿里安娜·杰克逊骚扰她。报告中，凯西称前一天下午当她参加完黑人学生协会的会议时，阿里安娜辱骂她，并威胁要对她进行人身攻击。这两个学生都是黑人学生协会执行委员会的成员。沙朗则恰好是阿里安娜宿管助理岗位的指导教师。

你到沙朗办公室去询问她这件事的情况。沙朗给你提供了一些关于阿里安娜和凯西两人关系的情况。根据凯西对沙朗谈到的内容，你发现阿里安娜和凯西在很多场合都相互辱骂过对方，但双方从未把这些冲突上报，这些冲突也并未引起管理者的注意。两个学生都认为是对方先挑的事儿。这时，沙朗告诉你大概5分钟前，一个学生过来告诉她一个内容不当的脸书个人主页正在校园里广为传播。很明显，这个个人主页被做成看起来像是凯西本人创建的，用了她的个人信息，展示了凯西喝醉酒以及穿着暴露的样子。这个主页的创建者添加了帕诺拉马学院的多数学生为好友，于是将凯西的这些照片曝光给了整个学校。

沙朗和你一样，被这些对阿里安娜的指控惊呆了。尽管她理解凯西觉得阿里安娜会因她们紧张的关系而创建这个主页，但她不能想象她自己指导的阿里安娜会骚扰其他学生。此外，沙朗觉得，如果阿里安娜和凯西之间真的有冲突的话，阿里安娜应该早就来寻求自己的帮助了。

你回到了自己的办公室，进一步思考此事并考虑如何应对。首先，你查看了那个主页。该主页用户已拥有近900名好友，几乎是帕诺拉马学院学生总人数的一半。主页里有一系列凯西的不雅照片，同时还有创建者假冒凯西填写的个人信息。主页显示凯西的雇主是"皮条客"，职业是"妓女"。

接下来，你向学生处处长和学生活动部主任报告了情况，因为这两个当事学生都是一个学生组织的执行委员会成员。虽然你是这起事件的听证官（hearing officer），但你觉得应该通知你的上级主管（学生处处长）和负责学生活动的同事。夏洛特是负责学生活动的主管，她同意私下为这两名学生提供咨询服务。

你还没有来得及联系凯西和阿里安娜前来和你一起讨论该事，凯西便满脸泪水地敲开了你办公室的门。她瘫坐在你书桌旁的椅子上，失声痛哭。她问你是否可以在你的电脑上给你看些东西，随后便打开了那份有辱人格的主页。她说起了和阿里安娜吵闹的事情，也提到了这个周末发生的事情。她解释道，在黑人学生协会会议上公开与阿里安娜发生矛盾后，她便私底下找了阿里安娜进行沟通。凯西说当时她们的讨论很快变得十分激烈，并且双方都说了很多侮辱性的话。在这个时候，为免冲突升级，凯西和阿里安娜都走开了。

基于这些矛盾，凯西确信是阿里安娜创建了这个主页。她告诉你这些照片是在她们两人关系要好的时候，晚上一起外出时拍的，现在阿里安娜利用这些照片让她在全校师生面前出丑。你试图让凯西平静下来，随后问了更多有关这起事件的问题，并向凯西承诺你正在调查此事，并将在有进一步进展时联系她。另外，凯西向你表示，她对自己在校园里的人身安全感到十分担忧。她认为由于阿里安娜是宿管助理，很容易就能拿到学生宿舍的万能钥匙，因此阿里安娜可以很方便地进入她的房间进行报复。你向她保证，你会和阿里安娜谈谈，敦促她履行作为一个宿管助理应尽的职责。凯西离开了你的办公室，但看得出来她依旧忧心忡忡。

随后，学生活动部主任夏洛特打电话通知你说，自从你上次和她交流之后，已经有三个学生分别来到她的办公室，每个人都表示非常关心凯西和阿里安娜之间的事情。这三名学生都是黑人学生协会的成员。他们都坚决支持凯西，并觉得阿里安娜应当为那个脸书主页负责。这些学生坚持认为，根据阿里安娜的所作所为,她应该被停学。另外,他们担心阿里安娜会因为宿管助理的身份而被特殊对待。

接着,你联系了阿里安娜,她约好下午和你见面。同时,你发了条信息给布莱恩,一位和你工作关系紧密的大学生心理问题专家。你想要提醒他,让他了解目前的情况,并和他详细讨论下凯西现在的情绪状态(凯西每周都会去布莱恩那里接受心理咨询)。最后,你给信息技术人员留言,请他们看看是否可以查到是谁创建了那个主页。

当天下午晚些时候,阿里安娜来到你办公室,表现得十分平静和老练。她向你详细描述了上周末与凯西争吵的细节,并对她们过去几个星期以来酝酿爆发的冲突讲述了她的看法。阿里安娜感觉凯西和其他黑人学生协会成员联合起来对付她。起因是她写的一份关于他们几周前在学生宿舍大厅参加的一次聚会的报告。自那晚以后,这些黑人学生协会成员便一直很粗鲁无礼地对待她,并且协会成员内部也产生了明确的分歧。一些人支持阿里安娜,然而其他人则站在凯西那一边。协会内部的分歧一定程度上造成了帕诺拉马学院黑人团体的不和,这个曾经紧密团结的黑人社区团体如今被分裂了。

你还专门向阿里安娜询问脸书的事,她坚决否认与之有任何关系。你不确定是否应该相信她。宿管助理作为一个为大家服务的有能力的模范学生和学生领导,竟然卷入这种带有骚扰性和破坏性的事件中,你向她表示担忧。在你完成初步调查后,你告知阿里安娜,在48小时内将举行正式的听证会。另外,你将暂时停止她宿管助理的工作,直到这次事件得出最终的处理结果。如果她被查出在本次事件中有责任,她将被免职。她告诉你,她会通知她的父母和律师,然后匆忙地离开了办公室。

在你与阿里安娜谈话期间,你错过了信息技术部主任保罗的电话。你给他回电时,他告诉你,他已经查看了阿里安娜的IP

地址的活动情况。阿里安娜和许多帕诺拉马学院的学生一样，在那个主页发出时登录了脸书。但是，保罗无法得知那段时间她具体做了什么。因为许多学生都会在脸书上花费大量的时间，所以这个信息对调查没有任何帮助。保罗劝你立即联系脸书删除这个主页。

电话再次响起，是凯西的妈妈打来的。她向你询问事件的相关情况，并且想知道你会如何处理这件事。你告诉了她学生行为调查处理程序、日程安排和目前的进展等基本情况。你告诉她，凯西和阿里安娜都将接受学生行为调查，因为她们两人都涉嫌违反校规。"这是绝对不能接受的！我的女儿正在被骚扰，而且她才是那个陷入麻烦的人。她不会接受学生行为调查！等着我们律师来告你们吧！"然后，她挂断了电话。

你的主管玛德琳给你发了一封邮件。第一件事是要求你第二天上午和她见面，讨论你会如何处理当前情况。她还补充说道，她接到了阿里安娜的律师和帕诺拉马学院的院长的电话，院长很关心这起事件，因为阿里安娜的父母是学院重要的捐助人。她的父母已经联系过院长，向院长表达了他们对自己女儿面临的指控和暂时被停职一事感到非常失望。

你的行动计划是什么？你将如何处理这起事件？

谁在正确行使权力？

弗洛伦斯·A.哈姆里克　W.休斯顿·多尔蒂
葆拉·S.德斯蒂法罗

背景

草原州立大学是中西部一所大型公立大学，招收了近25 000名学生，其中大部分是该州居民。该大学暑期班的入学人数约占学校年入学总人数的20%。一部分是由于其田园式的校园环境

> **理论联系实际**
> ——高校学生事务工作案例研究

和毗邻大都市，草原州立大学的夏季会议和住宿业务繁忙，为该校创造了不少利润。

最近，该校的一个学生组织，草原州立大学骄傲联盟（通常被称为"联盟"），实现了其发展进程中的重大突破。"联盟"为草原州立大学的教育项目和LGBTQIA（女同性恋、男同性恋、双性恋者、变性者、性别存疑者、间性恋和无性恋者）学生群体提供赞助和支持。去年秋天，联盟成员被要求加入校园咨询委员会，讨论草原州立大学可能采取的性别中立住宿方案。

人物

约翰·亨明斯（John Hemmings）：草原州立大学学生活动主管，向学生处处长述职。

琳达·安德森（Lynda Anderson）：约翰·亨明斯的行政助理。

苏珊·亚当斯（Susan Adams）：暑期培训部主任，向分管商务的副校长述职。

凯瑟琳·卡莱尔（Catherine Carlisle）：草原州立大学学生处处长。目前正在参加为期一周的野外徒步活动。

鲍勃·卡斯尔（Bob Cassle）：计算机科学系助理教授，去年开始担任"联盟"指导老师。

蒂莫西·弗里希（Timothy Frisch）：已担任分管学生事务工作的副校长17年。

乔伊斯·史密斯（Joyce Smith）：高年级学生，现任"联盟"主席。

斯科特·米勒（Scott Miller）：一个全国性青年组织的指导教师。该组织今年将在草原州立大学举行年会。

拉西德·马丁（Rasheed Martin）：草原州立大学学生活动中心设备协调员，向学生活动中心主任述职。而学生活动中心主任则需要同时向分管学生事务工作和分管商务工作的两位副校长述职。

格兰特·托马斯（Grant Thomas）：大二学生，"联盟"执行委员会（在线委员会）新任候补委员。

霍华德·威廉姆斯（Howard Williams）：草原州立大学校长高级助理。

案例

你是约翰·亨明斯，负责监管学生组织，培训学生组织的指导教师（来自任课教师和行政员工），协调学生领导培养，指导学生会工作，制定并实施与学生活动及其组织相关的政策。你还是学校与学生活动中心之间的主要联络人。在草原州立大学工作的6年多时间里，你已经为自己赢得了值得尊敬的专业人士的声誉。大家赞赏你与其他部门建立了稳固的工作关系，培养了优秀的学生领袖。

今年春末，"联盟"因和平抗议一名当地出名的反对LGBT学生的福音派教士的演讲，受到了媒体广泛的正面报道。"联盟"成员在演讲第二天带着拖把和抹布来到教士曾做演讲的地方进行象征性的清扫，以"扫除仇恨"。根据章程，"联盟"致力于"支持、教育和促进社会变革"。回顾过去的这一学年，你为"联盟"取得的成就感到自豪，并认为自己额外花在鲍勃·卡斯尔身上的时间是非常值得的。他是学校的新进教师，第一次担任学生组织的指导教师。

8月初的这个周一早上，你正在对"秋季学生领导力反思"文件继续进行修改，享受着夏季里这可以用来思考和计划的大段时间。学生活动中心的同事们正忙于各种会议的安排协调，他们至少需要为三个大型宿舍楼配备工作人员，为参会人员提供服务，会用到学生活动中心几乎所有会议室，需要同餐饮承包商紧

理论联系实际
——高校学生事务工作案例研究

密合作,为每批客人提供良好的服务。当你这天早上走进学生活动中心时,你看见大量高中生模样的年轻人在中心走动,举着"欢迎活遗产协会"的标语。你对这个组织并不熟悉,但你想起了苏珊曾竭尽全力地吸引该协会到校来举办为期4天的年会。预期的会议收入会很高。此外,会议让3500多名高中生代表有机会了解和考虑报考草原州立大学。

就在上午10点前,乔伊斯·史密斯敲了敲你开着的门,然后走了进来。看得出她非常震惊和愤怒。乔伊斯说:"有人打破了我们的展柜,偷走了海报、图片等所有东西。他们甚至偷走了我们展出的一对婚戒。那是马萨诸塞州同性婚姻合法后第一批成婚的男同性恋夫妻中的一对夫妻借给我们的。我已经向校警报警了。我告诉他们,这一定是活遗产协会那群没有脑袋的家伙干的。'联盟'之所以本周把主要展柜放在学生活动中心进行展示,目的就是要宣扬平等的婚姻权,抗议他们的欺凌伎俩。现在,他们砸掉了锁头,偷走了东西。他们不会逃脱惩罚的,是吗?"

接下来,乔伊斯让你同她一起上楼去检查展柜情况。你先给苏珊·亚当斯打电话,叫她在那儿与你见面。当你和乔伊斯来到展柜前,6位身着正装,看起来四五十岁的成年人正站在附近轻声交谈。他们每个人手上都拿着一个写字夹板。

乔伊斯让你看展柜和弄坏的锁头。这时,那群人中的一位将写字夹板交给另外一个人,向你走过来,并伸出手对你说:"你好,你是这里的工作人员吗?我叫斯科特·米勒,隶属于全国性组织'美国价值观捍卫者',活遗产协会是我们专门针对高中生的分支机构。你可能听说过我们的学生喜欢称呼自己为'右脑',那是他们的绰号。无论如何,你肯定想知道之前摆放在这里的令人作呕的展品的下落。今天早上我实在找不到有这个展柜钥匙的工作人员,但我不得不将这些展品撤下,因为它们太丢人了。我们的几个学生看到这些东西后非常的难受,并且很生气。"斯科特向旁边的那群同伴点了点头，继续说："我们会赔偿箱锁的损失，还会归还展品。但是，在会议期间，我们绝不能容忍这些展品再次出现。"

你察觉出乔伊斯的难过不安，便请她先到办公室等你。当乔伊斯正要离开时，苏珊在拉西德·马丁的陪同下来了。你向斯科特介绍了他们两位。斯科特继续说道："我们付这么多钱给你们，可不是为了每天在往返会场的途中看到这些令人憎恶的、充满攻击性的东西。我们已经向全国总部汇报了此事，并通知了律师。同时，我知道看见了这些展品的会议代表已经在脸书和推特上上传了这个展览的照片，并告诉了其他代表。我想代表们已经非常愤怒，如果有人执意要继续在会议期间进行展示的话，我不能保证与此展品相关的任何人或财产的安全。"

你回到办公室，乔伊斯正在那里等你。而苏珊和拉西德留下来继续跟斯科特沟通。乔伊斯非常生气地说："你能相信吗？他居然大言不惭地公开承认是他砸坏了展柜玻璃，偷走了展品。其中的一些展品是绝无仅有、无比珍贵的。他讲得如此地'实事求是'，竟然丝毫不觉得自己有任何错误。他更关注的是令他们自己感到舒服，而不是做正确的事和促进人与人之间的平等。他简直愚蠢透顶。我之前没有告诉你，我们今天一大早在准备展品时，有两个活遗产协会的高中生朝我们走来表示感谢。因为他们是同性恋，但并未公之于众。我为他们感到难过。但这让我们确信，我们必须站出来维护我们自己、像他们那样的年轻人以及其他处于类似境地的人们的利益。这不正是联盟存在的意义吗？我马上给鲍勃打电话，发短信给联盟其他负责人。我们决定采取措施反击。"说完这些话后，乔伊斯离开了你的办公室。

过了一会儿，苏珊来敲门，将头探入你的办公室。"约翰，你知道我的，我完全支持联盟学生表达他们的意见。拉西德也确认，联盟是按照程序举办的展览活动。但是，这是我们今年最大

> **理论联系实际**
> ——高校学生事务工作案例研究

型的一场会议,我们还需做出更多努力让与会者感到这是一次积极的体验。学生还没提出什么想法吧?他们能否就此暂时罢休?这群与会者在校园内只会待上几天。在这件事上,我需要你的帮助,约翰。但是,现在拉西德和我必须就目前情况先碰个头。"

电话响起来,琳达大声喊道:"约翰,你的电话,是霍华德·威廉姆斯打来的,在一号线。"

你拿起电话,听到霍华德说:"约翰,你那里出什么事了?正在学校举办年会的学生团体的指导教师刚刚送来一份有2 000名成员签名的请愿书。他们抗议在我校遭受的他们称之为'造谣中伤的展览和不尊重的对待',以及恶意将他们组织网站的访问者导向另外一个网址——婚姻权平等协议的行为。他们声称我校学生应对此负责。究竟发生了什么?天哪,他们不是昨天才刚来吗?"这时你的手机响了,电话显示是负责学生事务工作的副校长打来的。于是,你打断了霍华德的讲话,告诉他你会进一步调查,晚一点再打给他。

当你接通手机,蒂莫西在电话中说:"约翰,出什么事了?我的助理告诉我,联盟成员向学生们进行了邮件轰炸,动员学生们抗议学生活动中心。他们还通过脸书主页和推特呼吁大家今天下午2点在学生活动中心前面集会。媒体很快就会听到风声,而且一定会早于2点。联盟上一次抗议活动至少还是等演讲者离开了学校才举行的。你真的认为让今天下午的抗议活动在会议还在学生活动中心进行时举行是明智的吗?我需要你弄明白到底出了什么事,拿出一个对策。回头再给我打电话。"

你挂断电话后,鲍勃·卡斯尔走进来。"很抱歉打搅您。乔伊斯告诉了我展柜被破坏以及网站被黑的事情,她和联盟其他负责人都很生气被指责黑了别人的网站,他们坚称他们没有任何责任。我可以告诉你,我参加了联盟昨晚的执行委员会会议。联盟负责人最终商定将展柜安置在学生活动中心,这是他们讨论的唯一的举措。但是现在仔细回想,我对一个名叫格兰特·托马斯的学生产生了怀疑。他今年春天才成为联盟在线委员会的候补委员。虽然他才上大一,但他是我春季网络安全研讨课班上的学生。正如你所想的那样,我们讨论了大量的网络安全漏洞问题,以及如何弥补和防止这些漏洞。他研讨课期末论文的主题就是关于作为政治抗议策略的网络破坏活动。那是一篇很不错的论文,但我现在怀疑他可能攻击了活遗产协会的网站。在联盟在线委员会的会议中,他的言论充分表明了他认为联盟在斗争中过于被动保守,缺乏足够的激进和抗争。今天整个下午我都要忙着上暑期班的课程,但是如果你需要联系我的话,我下午 4 点 15 分左右可以回到办公室。"

琳达对你说道:"一个叫斯科特·米勒的人在你和卡斯尔博士交谈时来找过你。"接着,她递给你一叠纸、一些大幅的照片、两只银戒指等展柜原来陈设的东西,同时还有一封递交给校长的签名请愿书的复印件。

你现在怎么办?

一名大一学生的身份认同困惑

金·C. 奥哈洛伦　梅甘·E. 德莱尼

背景

迈尔斯学院是一所小型文科学院,坐落于富裕的郊区。它是一所寄宿制学院,3 000 名学生中的大多数都住校。该学院的主要专业包括人文科学与社会科学专业。学院成功输送了很多学生去研究生学院和专业大学深造并获得更高的学位,这一点迈尔斯学院十分为之自豪。

迈尔斯学院有一些对学院感情深厚的校友,他们为学院提供捐款,使得学院能够提供奖学金帮助学生冲抵高昂的学费。在成功地举办一次筹款活动后，学院设立了大量的奖学金项目，并且因此吸引了更加多样化的学生群体，包括大量的第一代大学生。没有奖学金的话，对第一代大学生来讲，迈尔斯学院的学费远远超出了他们的承受能力。

人物

凯文·迪安（Kevin Dean）：住宿生活部主任。

莎朗·伯恩斯（Sharon Burns）：高年级宿管助理。

菲欧娜·布伦南（Fiona Brennan）：博士，学生心理咨询中心主任。

约瑟夫·特肯恩（Joseph Takeem）：学院发展部的执行主任。

苏珊·埃尔南德斯（Susan Hernandez）：大一学生，第一代大学生，尚未确定专业。

珍娜·玛佳诺（Jenna Maggiano）：大二转校生，主修宗教研究。她是天主教学生协会执行委员会的一名成员。

杰克·奥布莱恩（Jack O'Brian）：迈尔斯学院院长。

案例

你是凯文·迪安，负责监管所有住宿生活项目和服务。而且，作为所有宿管助理的督导教师，你对全体宿管助理的行为负主要责任。上个星期，本顿大楼的宿管助理莎朗·伯恩斯为怎样处理室友间的问题来向你寻求建议。苏珊·埃尔南德斯和珍娜·玛佳诺是居住在莎朗·伯恩斯负责宿舍的室友。为弄清所有大一住校生是如何应对大学过渡适应期的，莎朗一直坚持同他们定期见面以了解他们的情况。苏珊进校第一个学期，莎朗在与她交流的过程中，苏珊说，她不知道来到迈尔斯学院是否是一个正确的决定。而且，她总是说自己绝大部分时间情绪都很低落。莎朗鼓励苏珊去寻求学生心理咨询中心的帮助，苏珊同意了。在苏珊入校的第二个学期，莎朗与苏珊交流时，苏珊表示她正在为自己对一个同学的感情作思想斗争。她被课堂上遇见的另一个女生吸引了，于是，她开始思考并探索她的性取向。她第一次对另一个女性有这种感觉是在高中的时候，而这是她第一次开始考虑按照自己的感觉来行动。苏珊向她认为值得信赖的室友珍娜倾诉了自己的烦恼。

珍娜告诉苏珊，她认为同性恋是一种犯罪，甚至只要有那种想法就是错误的，尤其对天主教徒的苏珊来说更是这样。自从苏珊向珍娜吐露自己的秘密后，珍娜便一直在苏珊的面前对她认为的校园女同性恋者做出负面的评论，这让苏珊感觉很不舒服。所以，她开始在图书馆度过所有空闲时间，以此来回避在寝室看见珍娜。

珍娜开始发表憎恨同性恋的言论。因此，苏珊决定向她妈妈吐露心声并试图说服她妈妈同意她退学。苏珊的妈妈给院长杰克·奥布莱恩打电话，指责学校鼓励学生接受同性恋文化。她还说，当初之所以选择迈尔斯学院就是因为它是一所坐落在传统小镇的小型学院，也正是出于这个原因，她对这所学校充满期待。约瑟夫·特肯恩给你打电话让你处理这个学生的问题，避免问题进一步升级成为一个公共事件。

在接到莎朗·伯恩斯和约瑟夫·特肯恩的电话之后，你决定给心理咨询中心主任菲欧娜·布伦南打电话讨论目前的情况。因为苏珊一直在接受学生心理咨询服务。但菲欧娜解释说，她不能透露苏珊跟心理辅导员说了些什么，因为那样会违反保密原则。

你该怎么办？

第九章 校园生活案例

在宿舍和学生组织中可以感知到大学校园的脉搏，我们发现与之相关的学生事务工作最为棘手，因为宿舍和学生组织是学生的"地盘"，这里一天24小时都排满了活动，包括各种课程、各类讲座、电影放映、艺术展览。然而，学生对于如何明智地履行其职责常常缺乏知识和经验。不幸的是，这些地方也展示出校园生活的一些消极面——当来自不同国家和地区的同学试图建立一个"异乡之家"时，在个性、文化和习俗方面就会产生冲突。无论如何，在允许学生自由抉择的同时，管理人员和指导教师必须找到方法引导和教育学生。

在金·约什－埃尔泽纳（Kim Yousey-Elsener）编写的《他们不会解雇全体员工》一文中，由于宿管助理不遵守学院饮酒制度，舍监面临着艰难的决定。在本杰明·吉利格和谢纳·穆赫兰道（Benjamin Gillig & Shaila Mulholland）编写的《海滨大学的校园氛围》中，海滨大学某兄弟会组织了一场文化之夜活动，并因此被指控有种族主义倾向。然而，该大学几乎没有对其进行纪律处分的可选方案。戴安娜·戈德奈斯·埃利奥特和奥德丽·洛埃拉（Diane Cardenas Elliott & Audrey Loera）的《山谷社区学院招聘事件》，讲述了当学校招聘团中的一名学生成员表达要求时发生的故事。在约翰·P.唐尼（John P. Downey）编写的《卡帕蒂姆大学的挑衅性言论事件》中，挑衅性言论的细微差别导致了两难境地。

在《克莱顿学院的院际体育竞赛》案例中，金尼·约翰（Ginelle John）描述了在体育竞赛中倡导性别平等的尝试是如何招致一名校友威胁撤回对捐赠的承诺的。在赛迪亚·萨克丁娜（Shadia Sachedina）编写的《格林尼治大学中一起宗教狭隘主义事件》这一案例中，某城区大学为校园内的宗教团体划拨了一个新的活动场所，这引发了关于公平和宗教表达的质疑。最后，瑞秋·瓦格纳和崔西·戴维斯（Rachel Wagner & Tracy Davis）在《不仅仅是天气：卡尔福特学院中女性们遭遇的寒潮》案例中，描述了希腊字母组织（兄弟会）及其成员，因被在其宿舍发现令人憎恶的、厌恨女性的材料而面临暂停运行和停课的情形。

这些案例向我们展示，学生在运用他们的权利来使用某些资源方面越来越老练，学生事务专业人员因此而面临一系列问题。希望这些案例能帮助你在处理类似校园问题时获得更多启发。

他们不会解雇全体员工

金·约什－埃尔泽纳

背景

家乡技术学院有约14 000名本科生。这是一所公立技术学院，最受欢迎的专业是工程、计算机与信息科学、商务和应用科技。该校坐落于某中等城市附近，学生大部分时间都在这里生活、工作、社交和学习。

家乡技术学院大约50%的学生是住校生。学院的宿舍有传统学生宿舍和公寓式宿舍两种。但第一学年，学生必须住传统宿舍，高年级的学生可根据个人喜好和生活方式选择住在哪里。根据不同主题以及6个兄弟会和姊妹会分会的需求，学院还提供了7种特殊宿舍。

理论联系实际
—— 高校学生事务工作案例研究

人物

艾米·罗德斯（Amy Rhodes）：宿舍生活办公室主任助理，包括兄弟会和姊妹会学生宿舍在内的6栋学生宿舍的督导。

珍妮弗·菲德尔（Jennifer Feder）：舍监，负责管理兄弟会和姊妹会学生的3栋宿舍。

阿丽莎·帕尔默（Alyssa Palmer）：珍妮弗·菲德尔所监管宿舍的设备维修员。

奥菲瑟·卡韦（Officer Cave）：校园安保人员。

乔希·汉普顿（Josh Hampton）：宿管助理，负责兄弟会（Alpha Beta）及其成员所在楼层。

其他宿管助理：珍妮弗·菲尔德监管楼栋的宿管助理。

马特·斯科福尔（Matt Schoffler）：纪律事务部（Judicial affairs）[①]主任。

案例

开学日这天早上，珍妮弗·菲德尔很早就到了办公室。尽管为期两周的宿管助理培训已让她精疲力竭，但迎接入住新生、欢迎老生返校及开学日全校上下的活力都让她觉得重新充满了能量。当她正在为一天的工作做准备时，电话响了。她接起电话，听见阿丽莎沮丧的声音。当阿丽莎穿梭在各宿舍楼，最后一次检查房间以确保做好了迎接新生入住的所有准备时，她发现兄弟会活动室里有一大堆垃圾。这一堆垃圾里有几箱空啤酒瓶、一些打开且喝过的烈性酒的瓶子以及一箱打开且多数已喝完的红酒瓶，

[①] 译者注：judicial affairs，在美国高校中主要是指对学生进行学校政策和规定的教育，以及对违反学生政策及规定的行为进行处罚的部门。参照我国高校的实际，为方便读者理解，译作纪律事务，而非简单按字面意思译为司法事务。有兴趣的读者可参考贝勒大学相关网站（http://www.bu.edu/dos/ja/）的介绍。

还有垃圾、剩饭剩菜和没洗过的盘子。她立刻给校警奥菲瑟·卡韦打电话。卡韦赶来现场并向上级汇报了情况，但阿丽莎觉得还是有必要打电话告诉珍妮弗，以便开学日结束后她能跟进兄弟会的情况。阿丽莎告诉珍妮弗，这个房间昨晚除堆满了垃圾，还有许多违禁物品，如几箱啤酒罐、许多葡萄酒瓶以及其他物品。奥菲瑟·卡韦已经和乔希谈过了，乔希是本楼宿管助理，也是兄弟会的一员。乔希坚持认为不是兄弟会的人弄乱了房间，而且同意在汇报开放日履职情况前把房间清理干净。珍妮弗立刻报告了宿舍生活办公室主任助理艾米，因为这已经不是兄弟会第一次出现违反学校纪律的问题了。接下来，兄弟会很可能因违纪行为而被要求暂停活动。

必须指出的是，虽然这一事件发生在公寓楼开放之前，但有些特殊的学生群体，如兄弟会和姊妹会的学生，会获准在开学前一天搬进来以协助开学日的工作。提早搬进宿舍的条件是，这些学生要做志愿者帮学生和家长卸下车上的行李，并把行李搬进寝室。所以新学年还未开始时，就有些兄弟会的成员作为志愿者提前搬进宿舍楼。

宿舍开放后的第二天，珍妮弗和艾米同乔希碰头讨论该事件。由于尚未收到校园安全部门的调查报告，他们没有采取任何正式行动。然而，他们急切地想知道前一天晚上在这间房间里究竟发生了什么。乔希坚称不是兄弟会的学生在里面开派对，但他也不清楚谁在房里。当问到除了他自己和他协会的成员谁能拿到钥匙进入房间时，乔希没有说话。艾米和珍妮弗与乔希讨论了宿管助理和兄弟会成员的双重身份给他带来的挑战，以及对他的期望。随后，珍妮弗和艾米只能静候学校安全部门对此事的调查报告。

几周过去了，校园安全部门的调查报告仍未送到宿管部门。绝大多数情况下，校园安全调查报告都会在事发后24～48小时内送至宿管部门。这次宿管部门虽多次提出要求，但是仍没收到调查报告。这引起了学校众多人士，包括宿舍生活办公室主任、纪律事务部主任和分管学生工作的副校长的注意。由于无法解释未提交报告的原因，奥菲瑟·卡韦不太情愿地亲自把报告通过邮件发送给了艾米，并在邮件中写道："我们告诉过你，你不会想看到这份报告的。"仿佛这份报告已经交给过她似的。

读完报告后，艾米发现，宿舍开放前一晚在兄弟会活动室举行的派对并未涉及兄弟会的成员。相反，她发现参加派对的学生几乎都是珍妮弗所负责楼栋的宿管助理。除了两位助理外，其他宿管助理的名字都出现在了报告里。乔希便是参与者之一。在单独询问每一位宿管助理那晚的情况后，艾米确认有两位助理选择了不去参加那晚的派对，余下的助理们决定庆祝一下新学期的开始，乔希则自愿提供兄弟会的活动室作为派对举办地点。每位助理都承认派对提供了酒，每个人都知道学校宿舍禁止饮酒，而且有几个助理还未到法定饮酒年龄。

与大多数饮酒事件一样，关于此次事件的安全调查报告随后也提交给了纪律事务部主任马特。宿舍生活办公室决定，此事首先应由纪律事务部作违纪事件处理，然后办公室再决定是否继续聘用相关宿管助理。这一年，学院在违纪处理程序中增加了两个选项。第一个是传统的纪律处分程序，即要么请听证官判定，要么请纪律审查委员会裁定。第二个是基于调解的纪律处分程序，适用于那些在正式调查前承认自己应承担责任的群体。宿管助理们的情况正适合第二种情况。所以，马特决定，宿管助理要参加集体调解，而非传统的听证会。在一位有经验的调解员的组织下，全体宿管助理聚在一起，探讨他们当初决定办聚会的原因，讨论他们的决定对宿舍生活区的影响，以及对该区宿管人员和其他相关人员的影响。当被问及为什么做出这一决定时，他们的回答是："我们不认为全体宿管助理都会因此而被解雇或受到处罚。"

　　作为调解程序的一个环节，这些宿管助理将作为一个整体商定并提出最佳处罚方式。形成纪律处分程序的结果与决定是否保留宿管助理的职位，这两个各自独立的过程之间存在一段时间间隔。作为纪律处分过程的一部分，每位涉事学生都被要求为自己所住楼层学生创造接受学校酒精管制政策教育的机会，以及组织自己所在宿舍区的其他宿管助理同伴开会通报此事，让他们知晓事件情况和清楚自己的职业选择。

　　尽管宿管助理被要求对整个纪律处分过程及聘用会议等事宜保密，但由于小道消息在校内的广泛传播，全校上下对此事件的谈论开始变得越来越多。宿管助理工作手册明确指出，一旦被查出任何违反禁酒令的行为，宿管助理的职务将立即被终止。在宿舍生活办公室开始讨论宿管助理们的续任问题之前，校内已有关于宿管助理去留的各种谣言和猜测。随着谣言的兴起，校内住宿的同学越来越多地参与其中。许多正在返校的大二的宿管助理都是兄弟会或姊妹会的成员，他们与自己所在楼层的学生群体保持着紧密的联系。为了表示对宿管助理们的支持，住校生制作了海报并在人行道两旁用粉笔写上"拯救宿管助理"的标语，以反对将助理们撤职。这个事件刚开始只波及了三个小型宿舍楼，后来则引发了全校范围内的讨论。

　　在学生运动如火如荼地进行，调解程序即将接近尾声时，艾米和珍妮弗需要做出一个决定。如果严格执行宿管助理聘用规定，将只剩下2个宿管助理（共15个宿管助理），于是珍妮弗需要在本学期聘用和培训新的助理。另外，这将会对该楼栋产生重大影响，学生们要和他们喜爱的宿管助理说再见，然后接受一个新助理融入自己的群体。从"拯救宿管助理"行动可见，要学生们接受新助理会是一个问题。最后，艾米所管辖楼栋的助理也会受到影响。他们需要帮忙值班，协助项目开展，直到招到新的助理。如果不履行宿管助理聘用规定,那将意味着当前和将来的宿管助理在禁酒令上享有特权。早上,艾米和珍妮弗去咨询宿舍生活办公室和纪律事务部主任的意见时,他们把决定权留给了她俩,并询问了她们的处理建议。

如果你是艾米,你的决定是什么?如果你是珍妮弗,你的决定又是什么?这两人的处理意见会有何不同?你认为谁的意见应该成为最终的决定?

海滨大学的校园氛围

本杰明·吉利格 谢纳·穆赫兰道

背景

海滨大学是一所位于西海岸的公立大学,拥有100年历史。学校有近3 000名学生,其中包括本科生、研究生和专科生。学校坐落在一个安静的、中上层阶级聚集的郊区。学校的优势学科有生物学、工程学、人类学、教育学,并拥有科研产出丰富的世界知名教授。海岸大学大约3/4的学生是本科生,1/4是研究生或专科生。

在20世纪90年代中期取消平权运动政策之前的20年里,海滨大学长期存在的问题是弱势群体学生入学率低,特别是非裔美籍学生。即使在公立大学入学率和高中毕业率都大幅提高的那些时期,海滨大学仍然没有招到足够的非裔美籍学生。在20世纪90年代中期,这个问题变得更加复杂。当时全州选民投票通过了一项州宪法修正案,该修正案禁止在招生过程中考虑种族或性别因素。海滨大学已经采用了一个"全面审查"式的招生程序,旨在全方面评估申请人的申请材料。学校招生人员承受着甄选出"优质"学生的巨大压力,要确保每个被录取的学生都是最优秀的高中毕业生。在过去的10年里,学校招收的非裔美籍学生不到学生总数的 2%。

两年前，海滨大学校长宣布实施一项为期 8 年的"追求卓越行动"。该行动旨在提高学校声望和增加捐款。通过借鉴当地其他研究型大学的经验，校长提出调整学校战略计划和策略，包括再次投资大规模的校园设施改善计划、增加科研资金投入，以及大幅增加投入以提高教师数量和师资稳定性。在启动"追求卓越行动"的第二年，学生开始支付额外的功劳费（Merit Fee）。这一改变让本科生学费提高了 12%。来自新增功劳费的资金被用于为学生提供额外课程，并聘请更多的教师。功劳费得到教师评议委员会的大力支持，但一些学生团体向校方表示了担忧，他们指出，虽然功劳费能为学校加强学术项目投入和改善校园设施提供支持，但同时也将导致许多学生无力负担海滨大学的学费。

人物

杰基·马丁博士（Dr. Jackie Martin）：分管学生工作的副校长、学生处处长，负责所有学生的行为与纪律问题。

朱利叶斯·吉尔伯特博士（Dr. Julius Gilbert）：海滨大学的第十一任校长，工程学院特聘教授。

阿比盖尔·莫耶斯（Abigail Moyes）：主修语言学专业，本科学生会主席。

特里·维瓦斯（Terry Vivas）：会计专业大三学生，黑人学生会主席，这是他担任主席的第一个任期。

埃文·霍金（Evan Hawkin）：计算机科学专业本科生，已就读 5 年，兄弟会主席。

温德尔·威尔斯（Wendell Wells）：学校宣传部主任。

案例

在 2 月的第一周，海滨大学的一个兄弟会组织开始为下周末的活动做宣传。兄弟会 Sigma Omicron 是一个 1981 年就获许成立的男生联谊会组织，目前约有 100 个活跃的成员，是校园里第六大兄弟会组织。兄弟会 Sigma Omicron 拥有并经营着一个会所，这个会所位于距离校园 0.25 英里远的一栋以海滨大学学生为主体的学生宿舍楼里。会所紧挨着其他三个兄弟会组织的会所，这四个兄弟会会所常常轮流举办周末派对，每次都吸引了数百名海滨大学学生参加，他们主要来自各兄弟会组织。这些兄弟会的派对通常每次都会有一个主题，学生们根据主题着装。

你是分管学生工作的副校长和学生处处长，你一直密切监控着主题派对的安全和规范。过去的 3 年里，在会所附近巡逻的校警们越来越频繁地接到报警电话。警方接到的电话通常涉及公众场所醉酒、打架或酒精中毒事件。去年 11 月，一名女学生据说因在其中一个兄弟会会所的派对上喝了含有 GHB（一种迷奸药）的饮料后被送到医院急救室抢救。警察没有找到嫌疑人。

兄弟会 Sigma Omicron 把即将到来的派对称为"文化之夜"。根据学校政策，兄弟会举办任何大型活动或派对都需要获得学生联谊项目委员会的审批，该委员会负责管理由兄弟会或姊妹会主办的社交活动。在正式提案上，兄弟会 Sigma Omicron 的现任领导将"文化之夜"称作"学生联谊团体全体成员的庆祝活动"和"让所有参加者开心的活动"。在"文化之夜"举办 5 天前召开的公开会议上，学生联谊项目委员会成员们投票一致同意批准此次活动。

派对的广告开始在脸书和其他社交网站上传播。在派对的脸书页面上，"文化之夜"的标语是"庆祝黑人历史月"[①]。网站上

---

① 译者注：Black History Month，黑人历史月，即 2 月。黑人历史月是美国一年一度在 2 月举行的对美籍黑人所取得的成就进行庆祝的活动，同时也是认识黑人在美国历史上的中心地位的时刻。源自：https://www.history.com/topics/black-history/black-history-month。

贴了几张非裔美国人的照片，标题是"黑人黑帮"。网站贴出的还有对参加派对的人的着装要求：宽松的衣服，金色的门牙，"珠光宝气"以及"其他任何贫民窟的装扮"。

聚会安排在星期六晚上，有大约80到100名学生参加，大多数是海滨大学的学生联谊会组织成员。

晚会后的第二天，这个脸书页面被发布并被高频转发，引起了海滨大学黑人学生会（BSU）许多成员的关注。海滨大学黑人学生会领导得知这一消息后，在星期天晚上召集了执行委员会特别会议。黑人学生会负责宣传的副主席恰好是海滨大学校报编辑委员会的成员，他向校报主编发了一封附有派对的脸书网页链接的邮件。海滨大学黑人学生会执行委员会成员们开会商议，决定在校报上发表公开信，谴责派对宣传种族歧视。他们还决定向大学校长写信表达他们的愤怒，而且希望兄弟会Sigma Omicron受到学校惩罚。他们决定第二天再开一次会。

星期一早上，校园报纸头版刊登了一篇文章，标题为《一些人发现联谊会派对的攻击性》。这篇短篇报道摘取了派对脸书网页上的信息，并引用了黑人学生会主席对联谊会的谴责。上午，这篇报道的电子版在校报网站上已有超过一千次点击。

到了下午，学校宣传部开始接到当地新闻机构的电话。起初，宣传部主任觉得纸媒和电视台记者打电话来只是因为嗅到了一点新闻的味道，于是把他们打发了。当电话不断响起时，他决定给校长办公室主任打电话。宣传部主任解释说，他只知道记者们告诉他的事情：派对是在周末举行的，似乎嘲弄了黑人历史月，冒犯了学生。宣传部主任对校长办公室主任说："我们需要吉尔伯特校长参与处理。"校长办公室主任同意了他的意见。

下午5点半，校长给全体师生发了一封邮件。他在邮件中表达了对派对的"难过和关切"。他指出，"海滨大学认为任何歧视和种族主义的行为都应该受到谴责"。但是他又说，"在得出结论前必须进行全面的调查"。这封邮件的内容向媒体公布了,当晚,当地电视台报道了"文化之夜"派对的事。第二天早上,当地报纸的头条是《黑人学生宣称海滨大学存在种族歧视》。当地6家电视台的早间新闻都报道了此事,地区报纸也在头版进行了短篇报道。宣传部面对着记者们铺天盖地的提问,这些记者来自各大新闻机构和国家级广播、电视新闻网。校长正在回程的飞机上,他刚去华盛顿开了会,下午才回学校。校长要求你协助董事会进行实地调查。目前,董事会主席和董事都已经给你打过电话了。

  星期二早上,校报的头版刊登了一封来自黑人学生会执行委员会的信,并在报摊上热卖。校报记者已准备采访兄弟会 Sigma Omicron 的主席。在这篇标题为《这只是为了好玩》的文章中,兄弟会主席说:"我不明白到底是谁如此不高兴,这只是个派对而已。"他补充说道:"人们认为派对有种族歧视是错误的。他们太把自己当回事儿了。"校报编辑收到了好几封教职工谴责派对的信,在其中的一封信里,一位资深的历史教师认为,派对的问题与兄弟会的种族主义文化没有太多的关系,更多的是因为海滨大学长期存在的结构性问题。这些问题包括有色人种学生和教师的代表性需要提升以及校园氛围急需改善。一些教师还认为,有必要重新审查学校的招生程序,以确保其真正符合学校倡导的以一种全面的方式评价学生的价值观。

  上午11点半,你参加了由黑人学生会执行委员会举办的会议。当黑人学生会主席要求你做下自我介绍时,你解释道:"我来这里是为了表明学校对大家的支持。派对上所发生的事情是不公平的,我承认这个事实。"当你说明校长已要求对派对进行全面调查后,会议很快就变成了对学生提问的答复会。当被问到"谁来执行这个调查"时,你回答道:"现在还不确定。但根据政策,校长可以组建一个委员会,也可以要求教师委员会来执行。"当被问到是否会征求黑人学生会的意见时,你无法回答。随着提

第九章 校园生活案例

问的继续，会场气氛变得更加紧张。针对学生们提出的派对具体违反了什么政策的问题，你回答说："恐怕派对没有违反校园行为准则。因为派对是在校外举行的，我想学校没法对其使用学校的校园行为准则。"此时，黑人学生会的负责人们被激怒了，会议结束。

下午1点半，校长返回学校。他要求立即在新学生活动中心大礼堂里举行一次会议。他计划在会上发表一份由宣传部撰写的声明，该声明称这场文化之夜派对是"可耻的"，并承诺"学校将动用一切可以支配的资源来纠正这个错误"。这份声明故意含糊其词。等宣传部工作人员准备好了提供给新闻界的修订版的声明，校长就会前往新学生活动中心。下午2点45分，校长在大约350名学生、行政人员和教师的注视下走上了主席台。黑人学生会执行委员会的成员们参加了会议，他们一起坐在第二排。学校高层领导们坐在第一排。校长首先解释了为什么他刚刚才回到学校——因为他此前一直在参加一个学术会议。令他震惊的是，他被听众的嘘声给打断了。听众中的一些人开始大喊："不要找借口！"他提高了音量，并继续发表声明。

几分钟后，校长念道："我们必须充分调查这一事件，以确保我们全面掌握事情的真相。"此时，台下观众的骚乱声大得盖住了校长的声音。一个学生站起来大喊："如果管理层对此不采取任何措施的话，那么我们自己就必须采取行动！如果你同意这些问题已经在校园里被忽视太久了的话，那么请现在就站起来！加入我！和我一起离开！"校长环顾整个礼堂，听众中的高喊和交谈一直在继续，而且学生们开始离开礼堂。当学生们离开礼堂时，校长拿起他的笔记本，走下主席台，从侧门离开了礼堂。学校的高层管理者们则紧随其后。

几分钟后，你回到办公室，登录脸书，试图找到文化之夜派对的网页。但却找到了大量关于新学生活动中心刚刚进行的沟通

235

会议的视频的帖子。你意识到有些事情需要处理而且需要尽快处理。你认为学校的当务之急是迅速做出回应，并进一步调查"文化之夜"以"查明事情的真相"，一些你还不清楚的真相。

因为认为学校无法通过学生行为准则对兄弟会成员进行处罚，所以你开始思考应该先采取什么措施。

山谷社区学院招聘事件

戴安娜·戈德奈斯 埃利奥特 奥德丽·洛埃拉

背景

山谷社区学院是一所位于美国东北部山谷县和贝德福德县的综合性两年制社区学院。山谷社区学院目前提供80种与职业技术和本科衔接项目相关的副学士学位。学院授位范围包括文科副学士、科学副学士（应用科学副学士和科学副学士）以及美术副学士，并拥有完整的职业技术认证体系，如商务、技术和信息系统等。学院每学期招收的约8 500名学生中，有65％是非全日制学生。学校每学期还要另外招收3 000名参加个人提升和职业发展课程学习的学生。

该校大多数学生是白人，他们生活在这所位于两县交界处的学校里，学校为他们提供各类服务。在过去5年里，随着越来越多的非裔美籍、拉美裔和亚裔学生的入学，学院的学生群体已经开始发生改变。这些多元文化背景的学生群体占学生总人数的15％。最近一项由学生生活中心主任牵头的学生问卷调查和焦点组访谈的分析结果显示：参与学生俱乐部和学生组织的相关互动和项目增进了学生之间的友谊，提升了学生对多元文化的意识和敏感度，而且提高了学生的总体保持率。

尽管山谷社区学院的学生群体的人口学特征在改变，但山谷县和贝德福德县的学生仍然由大量富有的市民家庭子女构成。这两个县在收入和资产方面均位居全国前五名。许多总部设在山谷县的美国制药公司提供的高薪职位推高了当地居民的人均收入。另外，山谷县和贝德福德县是当地保守派的政治大本营。

山谷社区学院的董事会由 15 名董事组成，其中大部分是由县政府任命。15 名董事中有 12 名是白种人，这也直接反映了学校和县的人口构成。每位董事初次任期为一年，但是，此后再次任职的任期为 3 年，并且任职次数没有限制。实际上，由于当地几十年来保守的政治风气，学院董事会成员在过去 10 年里几乎没有什么变动，而且董事会主席已经任职超过 20 年了。

人物

玛丽·劳伦斯（Mary Lawrence）：已经任职学生服务部主任 4 年。她向分管学生工作的副校长述职。

查尔斯·切斯特（Charles Chester）：分管学生工作的副校长，去年刚上任。

玛拉·史密斯（Myra Smith）：担任学生生活中心副主任 8 年。她向学生生活中心主任述职。目前学生生活中心主任一职空缺，玛拉是董事会内部的人选。

夏娃·杰克逊（Eve Jackson）：附近一个县的居民，学生生活中心主任职位的校外应聘者。

珍妮特·安德森（Janet Aderson）：贝德福德县的知名人士。她在当地一家制药厂担任中层管理人员。这家制药厂正在将总部搬往美国西南部。她也是学生生活中心主任职位的校外应聘者。

帕梅拉·托马斯（Pamela Thomas），德肖恩·罗杰斯（DeShawn Rogers），胡安妮塔·洛佩兹（Juanita Lopez）：分别是学生会主席、美国大学优等生荣誉学会主席以及 Orgullo 拉美裔学生俱乐部主席。

杰克·库德里斯（Jack Kudless）：学院历史专业终身教授。

案例

你是玛丽·劳伦斯，作为学生服务部主任，你牵头组织招聘新任学生生活中心主任，并向山谷社区学院的校长提供最后的聘用建议。根据学校人力资源政策，你要组建一个由杰克·库德里斯主持的招聘委员会。该招聘委员会将审查应聘者资格，并从中选出7个候选人参加面试。除招聘委员会的面试之外，这7个候选人还要和由帕梅拉·托马斯、德肖恩·罗杰斯，以及胡安妮塔·洛佩兹组成的学生代表小组见面交流。根据面试结果和学生代表小组的反馈意见，招聘委员会将选出3名最终候选人。

夏娃·杰克逊是一名校外应聘者。她在附近的社区学院担任学生生活中心的副主任已经5年了。她很年轻，并且精力充沛，受到她现任主管的极力推荐。她和她的主管成功说服行政管理部门，将学生活动费用预算中的较大比例直接划拨给学生生活中心。随着预算的增加，她能够扩大项目，开展更多活动，包括成立学生们一直在申请成立的新俱乐部。除这一突出成就外，夏娃拥有高等教育的硕士学位，目前正在当地州立大学攻读教育管理的博士学位。

玛拉·史密斯是学院现任学生生活中心副主任，她从事这份工作已有8年。她在越来越多的学生活动中发挥着重要作用，还提高了学生在山谷社区学院的参与度。她很受学生欢迎，并能够良好地应对繁忙的学生工作。然而，你也了解到，玛拉的前任主管关于她的表现有很多疑问。具体来说就是，玛拉曾两次允许学生俱乐部主席预支活动经费，这违反了学校只能据实报销学生俱乐部活动经费的财务政策。由于预支现金不符合程序，因此没有跟踪资金返还情况的机制。结果，学生生活中心财务账户上出现拖欠和对预支经费是否已经冲账的争论。第一次出现问题时，玛拉表示，这是因为自己刚进入学院工作，对学院的财务政策的细则不熟悉。因此，她只是被给予口头警告。第二次时，玛拉的主管认为她已经有足够时间了解学校的财务政策，加上第一次的事故，因此给予了她书面警告，并且警告记录进了她的员工档案袋。这次的警告表明，若她再次违反学校财务政策，她将会被停职。

珍妮特·安德森是一名校外应聘者，贝德福德县的居民。在她担任山谷社区学院兼职教授的3年里，她经常自愿去学业辅导中心帮忙。此外，她还曾担任学校商务俱乐部的共同顾问，而且是现任商业咨询委员会主席。这两个组织的成员都是当地行业内的专业人士，他们为山谷社区学院的商学院提供关于毕业生所需特定工作技能的意见，并为学院学位课程和培训认证课程的课程设置提供建议。尽管珍妮特是学院社区中的积极分子，她的教学也深受学生好评，但她缺乏高等教育管理工作的经验。

在需要向校长提供最终录用人员建议名单的前一天，杰克·库德里斯来到你的办公室，要求和你单独谈谈。他指出，招聘委员会已经选出3名最终的候选者供你审核。然而，招聘委员会匿名投票选出的最佳候选人是来自附近大学的校外应聘者夏娃·杰克逊。他们赞成将工作尽职尽责并受学生喜欢的玛拉作为第二候选人，尽管她的档案中有两个警告。

谈话中，你还了解到珍妮特的应聘材料中有一封推荐信。推荐信来自山谷社区学院一位知名的、常常直言不讳的董事会成员，他熟悉珍妮特在学业辅导中心的志愿服务，以及她对商业咨询委员会的贡献。杰克还告诉你，最近他在学校里碰见了那位董事会成员。当知道杰克是此次招聘委员会的主席后，那位董事会成员把杰克拉到一边，再次强调珍妮特的候选人资格。他公开表示，考虑到珍妮特对学院的贡献，他认为她非常适合这个职位。而且，那位董事会成员还表示不想看到珍妮特离开这个地方。杰克和招聘委员会其他委员已经讨论过珍妮特的候选人资格，但是所有委员都不认为珍妮特能够胜任主任这一职位。因为那位董事会成员已经找到了杰克，并且和他谈到了珍妮特的事情，所以杰克感到把珍妮特列为排名第三的候选人很有压力。考虑到玛拉有不良记录和珍妮特的高等教育管理经验不足，杰克希望你能够支持招聘委员会的意见，推荐夏娃为这个职位的最佳候选人。

当天较晚的时候，你去会见你的上司，查尔斯·切斯特，他想了解下学生生活中心主任招聘的最新情况。当你把汇报材料交给他时，他提到珍妮特是学院一名董事会成员的朋友，并且这位董事会成员私下给校长打了电话推荐珍妮特。你谈到招聘委员会已经推荐她作为第三候选人，而且她的资历相对于其他候选人来说较差。查尔斯听了很不高兴，他建议你再仔细考虑下最终建议聘用人选名单，并建议你务必在审阅了每位候选人的全部材料后，以书面形式提出你的建议聘用人选，并论证你的最终决定。

回到办公室时，你发现一大群学生正在办公室等你，包括学生代表小组成员帕梅拉·托马斯、德肖恩·罗杰斯以及胡安妮塔·洛佩兹。他们最近了解到招聘委员会推荐夏娃·杰克逊为最佳候选人，对此他们感到非常气愤。他们认为玛拉是更好的候选人，并威胁要抵制本学年学生生活中心余下的活动以及全校性的活动以示抗议。这些学生明确地向你表示，他们不想要一个外人，拒绝和除玛拉之外的任何人一起工作。这些学生告诉你，玛拉在帮助他们成为学生领袖的过程中已经成为他们的盟友。你曾在其他学校担任过和玛拉一样的职位，你对学生与学生生活中心的工作人员联系紧密非常理解。你很高兴山谷社区学院的学生能同老师产生如此亲密的联系，但是你仍然非常惊讶学生对学校的人事工作有如此强烈的意见，也没预料到学生居然想要影响招聘过程。

你会怎么办？

卡帕蒂姆大学的挑衅性言论事件

约翰·P. 唐尼

背景

卡帕蒂姆大学是一所位于美国西北地区的中等规模的私立大学，不属于任何宗教派别。学院创立于1892年，曾经是一所卫理会男子学院。卡帕蒂姆大学如今以拥有多样化的上万名的学生群体而自豪（8 000名本科生，2 000名研究生）。这所大学的住校学生人数庞大，其中，5 000名本科生居住在学生宿舍楼，1 500名研究生居住在校内公寓。卡帕蒂姆大学以学生群体的多元化为荣。就生源而言，学校的学生来自美国42个州，超过30%的学生是少数族裔学生，5%的学生来自其他国家。

作为一所综合性的大学，卡帕蒂姆大学提供超过50个本科专业和5个硕士学位。它的音乐专业全国闻名，培养出了很多世界级的表演家。卡帕蒂姆大学一直坚持中上的学术标准，它的SAT平均成绩是1280，85%的学生是以他们所在中学排名前20%的毕业成绩进入卡帕蒂姆大学的。除学业成绩优异外，该校的学生活动历史悠久，学生积极参与课外活动。

人物

卡尔·彼得斯（Carl Peters）：一名大三政治学专业的白人学生。去年由于酗酒和破坏性行为而被学校宿管助理记过两次。但宿管助理在那段时期是一直在帮助他，因为在他转到卡帕蒂姆大学之前那个夏天，他的哥哥在伊拉克战争中被杀害了。除违纪行为之外，去年他还被留校察看。

哈立德·阿卜杜拉（Khalid Abdullah）：一名来自沙特阿拉伯的大三学生。他学业成绩优异并且之前没有任何违纪记录。最

理论联系实际
—— 高校学生事务工作案例研究

近,他被选举进入学生评议委员会(Student Senate)。因为宿舍门被人恶意损坏,他认为是卡尔所为,因此他在脸书上发表评论,称卡尔为种族主义者和有暴力倾向的光头仔。他现在因为此事而受到控告。

乔·杰克森(Joe Jackson):查普林斯基宿舍二楼的一名宿管助理。查普林斯基宿舍二楼是卡尔和哈立德·阿卜杜拉居住的地方。乔是一名大四的非裔美籍学生。这是他担任宿管助理的第三年。同时,他还是SGA的成员,并且他获得了学校全额学术奖学金。他认为哈立德在脸书上发表的评论违反了学校的反骚扰政策。

迈尔斯·科特拉宁教授(Professor Miles Coltraine):已担任查普林斯基宿舍的入驻教师4年了。他是音乐系的全职教授,已在卡帕蒂姆大学任教20年。他和他的妻子一起住在这个公寓里。他的妻子是另一个学院的法学教授,并且是卡帕蒂姆大学的兼职顾问。科特拉宁教授是非裔美籍,因对学生十分尽职尽责而出名。他曾因深夜在查普林斯基的活动室举办"摇滚爵士乐"的即席演唱会而出名,并且坚持了很多年。他鼓励学生带上他们的乐器,参与演奏并讨论当下热点问题,有时话题具有争议性。因为独特的教学方式和渊博的学识,他曾获得过好几项教学和学术方面的奖项。他也听说了发生在宿舍楼的这起事件,对使用了如此激烈的言辞感到担心,同时也担心"过时的言论政策被重新启用"。

芭芭拉·加西亚(Barbara Garcia):宿舍生活部主任,这是她任职的第一年。她是西班牙人,她在卡帕蒂姆大学找到了家的感觉。院长对她的行政管理才能印象深刻,所以重金聘请了她。她与宿管助理乔·杰克森见面,并表示支持他记录脸书上违反学校反骚扰政策使用挑衅性语言的事件。

杰里·哈特(Jerry Hart):担任学生处处长和分管学生生

活的副校长已有 10 年。杰里·哈特因为富有幽默感并且对学生尽职尽责而全校闻名。作为一名白人管理者，他一直努力促进卡帕蒂姆大学员工的多样性，而这一切都被学校的小众群体看在眼里。他很担心听到反骚扰言辞政策的实施，并且召集芭芭拉·加西亚召开了一个会议。

罗伯塔·迪伦（Roberta Dylan）：担任卡帕蒂姆大学校长已有 4 年。迪伦教授多年前是卡帕蒂姆大学的学生。在继续担任欧洲历史学教授这一颇负盛誉的职位前，她担任过教务处处长和副校长。最后，她获得了千载难逢的机会，在她的母校担任了校长。她因出众的融资能力和注重与州内外重要人物建立强有力的公共关系而闻名，这些重要人物可以帮助学校提升形象。尽管她是一个备受赞誉的老师，但她对于处理多样化问题和学生冲突并不是很在行，而且十分依赖自己的团队来解决这些问题。

案例

1. 在 10 月 1 日中午 12 点半，卡尔·彼得斯在浏览脸书时发现，他同楼层的同学在一篇帖子的评论区评论道："卡尔·彼得斯不仅是一个种族主义乡巴佬，还是一个光头党。"这条评论是他以前很看不起但最近成了朋友的哈立德·阿卜杜拉发表的。卡尔穿过走廊走到哈立德的房间和他对质。当他到达哈立德的房间时，从开着的门可以看到哈立德的朋友们在里面，哈立德正坐在电脑前。在卡尔开口前，哈立德跳起来，跑到门口，让卡尔看门上用黑笔写的东西。那是一个警告。上面潦草地写道："恐怖分子请回到自己的国家。"哈立德立即指控卡尔就是写这些字的人。卡尔说："我理解你的心情，但是那真的不是我写的。"哈立德觉得卡尔已经深受种族主义的毒害。当他们开始激烈地争吵时，宿管助理乔·杰克森走出来及时制止了即将发生的一场混战。乔将他们俩分开，然后先和卡尔谈论这件事，接着和哈立德交谈。

2. 当乔和卡尔交谈时,他仔细地听着卡尔的陈述。卡尔否认他在哈立德的门上写过那些话。对于被称为种族主义的乡巴佬和光头党这件事,他感到很生气。卡尔让乔看了脸书上的帖子。短短10分钟里,已经有了15条回复,而且大多数回复都赞同哈立德的看法。一些帖子是坐在哈立德的房间里的人或者住在这层楼的人发的。卡尔表示因为他思想保守,所以包括哈立德在内的这层楼的人之前已经这样叫他了。卡尔还说,由于他的哥哥在伊拉克战争中被"他那种人"杀害了,所以他一直和哈立德不和。乔制止并谴责了卡尔用这种方式提及哈立德,但让他继续说下去。卡尔说,自从他们俩两天前在科特拉宁博士的演奏会上争吵过之后,他已经尽量避免和哈立德见面了。

3. 乔结束了和卡尔的谈话,回到自己的房间去翻阅他在接受宿管助理培训时学习的《学生行为准则》。他查阅了"挑衅性言辞及反骚扰"政策。其内容如下:

> 大学禁止任何妨碍学术交流的自由和机会,威胁、敌视、破坏学生的学习和生活的行为。因此,任何书面或口头上超出合理思想表达范围的行为及言论都是被严令禁止的,比如一些抨击他人的评论、绰号、诋毁、侮辱,或其他让他人蒙羞、承受压力、造成心理伤害的行为。这些言辞包括但不仅限于那些针对人种或种族、宗教、性别及性取向、残障或其他个人特点的、被广泛认为含有贬义的词语。

4. 乔与哈立德见了面。哈立德已经基本平静下来,并为造成的混乱道歉。哈立德声称:"我知道卡尔对我的门做了什么。我不会容忍的。在两天前的一个晚上,科特拉宁博士在宿舍活动室里组织即兴演讲时,乔听到哈立德描述卡尔是如何发表声明反对'伊斯兰教'的。卡尔声称,他们是众所周知的致力于摧毁我们伟大国家的恐怖分子。哈立德说，当他试图和卡尔谈话时，他表现出了攻击性。哈立德声称，他知道卡尔的哥哥在伊拉克被杀，但那不能成为他做出这种事情的借口。乔从其他学生那里听说过卡尔关于穆斯林的言论，但他和卡尔一直是朋友关系，所以他没有进一步深究此事。乔对哈立德宿舍门上发生的事情表示同情，并告诉他，他会把这件事情记录下来，向上级汇报，让警方进行调查，但他也必须记录哈立德在脸书上发帖的事情。哈立德非常气愤，自己的宿舍门被破坏了，自己却会有一条污点记录。他还质问乔："你是查看了每个人的脸书帖子，还是只查看了我的？"他最后对乔说："我不敢相信你居然在保护这个家伙！"

5. 第二天早上10点，乔与宿舍生活部主任芭芭拉·加西亚见面。乔把哈立德在脸书上发的帖子给她看。此时，帖子已经有了100多条回复，其中大多数人都对哈立德的处境表示支持。乔还向芭芭拉描述了哈立德的门被破坏的情况，说明了他是怎样联系正调查此次事件的警察的，而且介绍了哈立德和卡尔之间的争论。他说，他不支持卡尔的政治主张，但是他还说："如果允许哈立德把脸书当作攻击卡尔的武器，我们能用什么阻止其他人用它来攻击我呢？"芭芭拉同意乔的分析，也同意乔记录并汇报卡尔毁坏房门和哈立德使用挑衅性语言这两件事。她承诺会尽快打电话给哈立德讨论门被破坏的事情，并且会通知查普林斯基大厅的片区协调员，让他们处理哈立德的司法案件。

6. 下午1点，哈特处长和芭芭拉·加西亚会面，表达了对她的失望，因为芭芭拉没有与他联系就同意通过司法程序处理这一事件。芭芭拉表示，自己拥有很多年的工作经验，也并不认为这是一起需要向上司请示的事件。哈特告诉她，挑衅性言辞及反骚扰政策已经有10年没有被使用过了，因为教师们对此极力反对。事实上，他已经接到了来自科特拉宁博士的电话。科特拉宁担心学校把这个政策当作反对言论自由和社交媒体自由的工具。

科特拉宁博士说道:"如果我们在校园中都不能安全地在社交媒体上表达我们想说的东西,那么我们在哪儿是安全的呢?"

上一次类似的事故发生在10年前。当时,科特拉宁博士正在进行即兴表演,两名学生,一名白人和一名黑人,则在台下进行了激烈的言语交锋。其间,黑人学生用种族诽谤的语言辱骂白人学生,而白人学生则用相同的方式进行反击。在场的每个人都认为科特拉宁博士把这件事处理得很好,尽管第二天,这两名学生因违反了"挑衅性言辞及反骚扰政策"而被带到哈特处长面前。有人报告了这件事,科特拉宁博士对此非常气愤。他要求撤销这些指控,废除这项政策,因为"它在大学校园里没有立足之地"。哈特处长确实撤销了指控,并同意对政策进行更严格的解释。但是哈特坚持认为"挑衅性言辞及反骚扰政策"应继续存在并加以执行,因为"学生有权利不受骚扰,如果我们不执行这一政策,那把它写进《学生行为准则》中就是无意义的"。

7. 下午3点,迪伦校长的办公室致电哈特处长。因为此前学校公共关系部向校长报告,一个讽刺卡帕蒂姆大学是效忠于塔利班的恐怖组织的视频被上传到了YouTube上。这个视频配了一首朗朗上口的歌曲,歌词是由他们足球队的队歌改编而来的。当哈特处长看到视频的时候也不得不承认它非常有趣,并且很惊讶它能在这么短的时间内被制作出来。到下午4点时,这段视频已经在网上传疯了。哈特的继父看了视频后,从佛罗里达州打电话来问道:"这就是你们校长办公室的公关手段吗?"

8. 教师评议委员会被安排在第二天早上10点半召开会议。科特拉宁教授要求会议议程中应列入对挑衅性言辞及反骚扰政策的讨论和对学校处理最近的事件的方式的讨论。他在给哈特和芭芭拉·加西亚的一封邮件中清楚地表明,他已经对他们作为一个领导者的领导力彻底失去了信心。

9. 当地报纸《宪政观察者报》(曾获普利策新闻奖)和当地

哥伦比亚广播公司下属电视台打电话给学校公共关系部，要求公共关系部就发生在昨晚的种族歧视事件做一个说明。编辑打算在当地报纸的头版对该事件进行报道。记者已经开始在学校一名正在报社实习的学生的协助下，通过电子邮件采访查普林斯基宿舍的学生。不管学校管理层是否发表评论，哥伦比亚广播公司下属电视台都打算把这段视频的复刻版放在他们的网页上，并在今晚对其进行晚间报道。

10. 迪伦校长要求哈特处长下午5点到她的办公室会谈。

你如果是学生处处长杰里·哈特，在接下来的一个小时里，你必须准备和迪伦校长见面。你将被要求对你的员工所采取的行动加以解释，准备一份合适的回应媒体的大纲，并为校长准备好对事件的初步回应内容，证明反骚扰政策的存在和执行的正当性。在接下来的24小时里，你将被要求制定一个更详细、更具体的计划来应对校园内外以及社交媒体上出现的新情况。

克莱顿学院的院际体育竞赛

金尼·约翰

背景

克莱顿学院是一所私立学校，坐落于美国西南部。该校位于克莱顿小镇，大约有22 000名学生。克莱顿学院大多数学生都是全日制学生，男女比例为3∶2。克莱顿学院的校体育项目在学校社区和当地居民中十分流行，尤其是在校友中特别受欢迎。克莱顿学院有8个男子体育队（棒球、篮球、美式足球、英式足球、游泳、羽毛球、田径和摔跤）和7个女子体育队（篮球、保龄球、英式足球、垒球、游泳、田径和羽毛球）。

克莱顿学院和社区正共同致力于一个翻新大学年久过时的体育中心的项目。在校友和社区成员的慷慨支持下，该大学已经筹

理论联系实际
—— 高校学生事务工作案例研究

集到 90 万美元来翻新体育中心。翻新费用预计在 300 万美元左右。翻新项目预计在明年初动工。

人物

帕特里克·威廉姆斯（Patrick Williams）：学校体育部主任，任职 3 年，向汉普顿院长述职。

华莱士·汉普顿（Wallace Hampton）：任克莱顿学院院长已有 3 年，他一直致力于把校友"带回校园"。

道格拉斯·马修斯（Douglas Matthews）：已担任了一年半的发展部主任。

韦恩·斯皮尔斯（Wayne Spears）：克莱顿学院校友，他在克莱顿和附近的社区拥有几家成功的企业。

索菲亚·马歇尔（Sophia Marshall）：一名 19 岁的大二学生。她希望克莱顿学院能有一个校女子排球队。

马克·哈珀（Mark Harper）：克莱顿学院棒球队的大二学生，20 岁。如果创建一支女子排球队，他就会失去运动员奖学金。

案例

索菲亚·马歇尔在高一的时候就开始打排球。然而，高三时她并不清楚自己进了大学是否还会想参加排球比赛。索菲亚想将来拿到法学文凭，所以她决定上克莱顿学院，因为克莱顿学院的历史和哲学系较强。她不再那么渴望打排球，所以起初克莱顿学院没有校女子排球队并没有对索菲亚造成什么影响。

大一结束时，索菲亚决定要参加更多课外活动。她非常自信地认为课外活动不会影响到她的学业成绩，相反，她认为课外活动会对她申请法律本科学校更有利。在与校内打排球的女生们交流之后，索菲亚和一些女生希望克莱顿学院组建一支校女子排球队。

在女生协会和超过3 000名学生签名的支持下,一封信被送到了体育部部长帕特里克·威廉姆斯那里。这封信要求他创建一个校女子排球队,并为校女子排球队的队员提供运动员奖学金。在信中,索菲亚和她的支持者们引用了《1972年教育修正案》第九条,声称女性享有平等的参加运动的机会,并应按其人数比例获得相应的运动员奖学金。

你是帕特里克·威廉姆斯,你对第九条规定的内容十分熟悉。第九条规定是一条联邦法律,禁止获得联邦资助的教育机构有性别歧视行为。具体来说,这条法律禁止所有学术项目和学生服务方面的性别歧视,其中就包括运动项目。

尽管女子运动员和女学生的比例很低,但你一直确保了女子运动员的奖学金是按照她们参加人数的比例发放的。同时在任何与运动相关的问题上,男女之间都享有平等待遇。这些问题包括但不限于运动练习的时间安排、教练、学生运动员的招募补充、设备和供给与支持服务等。

你意识到,组建一支女子排球队是一个容易引发争议的事情。尽管学校对排球队也有一定的支持,但你知道,男子运动队的部分资金将不得不用于支持女子排球队。

在克莱顿出生并长大的马克·哈珀来自一个工薪家庭。当马克和他的父母得知马克被克莱顿学院作为棒球运动员录取并发放运动员奖学金时,他们欣喜若狂,如释重负。马克已经在克莱顿学院打了两年棒球。他是商科专业的大二学生,在克莱顿学院的第一年就获得了"学生运动员奖",GPA为3.4,预计今年还会获得另一个奖项。

在赛季末时,马克被叫到教练办公室,并被告知下一年,也就是大三学年,他没法再获得运动员奖学金了。当他问到原因时,教练告诉他,是因为学校正在创建一只女子排球队,男子运

> **理论联系实际**
> ——高校学生事务工作案例研究

动队的各种奖学金必须抽出一部分为女子排球队提供资金。在进一步的调查中,马克发现男子足球队、游泳队和摔跤队的奖学金也会被削减。马克很快便动员全体男子运动员,并得到超过4 000人的联合签名,向学校请愿不削减对男子运动项目的资助。除发起请愿外,马克还给你写了一封信,表示如果没有奖学金,他就会离开克莱顿学院,转学到另一所学校。

在克莱顿学院上学时,韦恩·斯皮尔斯是足球队和排球队的队员,因此他多年来一直是学院运动项目的主要支持者,且经常出席学校的赛事。斯皮尔斯先生也是克莱顿学院校友会的积极分子,并代表学校举办年度筹款活动,他举办的年度筹款活动一直是学院最成功的活动之一。

过去两个月,斯皮尔斯先生一直在同帕特里克·威廉姆斯和道格拉斯·马修斯一起讨论筹集资金翻修体育中心的事。斯皮尔斯先生说他个人将捐赠十万美元到这个项目中,还将举办校友活动为该项目筹集其余的资金。然而,当斯皮尔斯先生听说男子运动队的奖学金会被削减,用来支持女子排球队后,他写了一封信给院长、你以及发展部主任,说要是削减男子运动队的奖学金的话,他就会取消捐款。

在斯皮尔斯先生威胁要收回他对体育中心项目的捐赠后的接下来几周,道格拉斯·马修斯接到了好几个电话,还有愤怒不已的校友来信。他们对男子运动队可能会被削减资助资金非常不满。

院长担心捐款减少会影响对体育中心的改造,而且学校的主要赞助人斯皮尔斯先生威胁要撤回他对体育中心翻新项目的捐赠。汉普顿院长打电话把你叫到了他的办公室并询问你的处理计划。

你会怎么办?

格林尼治大学中一起宗教狭隘主义事件

赛迪亚·萨克丁娜

背景

格林尼治大学是一所中等规模的四年制公立大学，位于美国一个西北部城市的中心地区。学校以拥有多样化的近16 000名学生而自豪。因为该校学生多样化程度已经较高，格林尼治大学在进一步促进多样化建设和校园的多元文化关系上未做太多工作。校内师生认为，校园的多样性和学生的成功说明了学生群体可以包容各种差异。

学生活动办公室拥有超过100个不同的学生俱乐部和学生组织，包括数量众多的宗教组织，这一点也反映了校园的多样性。该办公室负责学生的辅助课程的开发，负责制定和实施一系列多元文化促进项目，这些也是校园多样性的印证。

在格林尼治大学，所有学生都需要支付一笔学生活动费用，用于资助所有学生课外活动。蓬勃发展的学生会负责监督部分活动经费的使用，这些经费用于学生俱乐部和学生组织的规划和发展。学生活动办公室注册的俱乐部也可以分配到一定的校内活动场地。然而，该校学生活动场地十分有限，所有俱乐部都要与其他俱乐部共享一个场地，这往往会造成一些人际冲突。

人物

安·莫里斯（Ann Morris）：在过去15个月里一直担任学生活动办公室主任。她向学生处处长述职。安的职责包括督导校园活动、监管对学生俱乐部和学生组织的指导、管理多元文化事务以及与校园事工（Campus Ministry）合作。

汤姆·黑斯廷斯（Tom Hastings）：一名活跃的大三学生。

他是校园组织 LGBT（女同性恋、男同性恋、双性恋和跨性别恋者）的一员。与各俱乐部和组织致力于提高对 LGBT 群体的认识。

西蒙·劳（Simon Law）：担任 LGBT 组织指导教师的一名教职员工。

苏珊·琼斯（Susan Jones）：学生活动办公室协调员，在学生活动办公室工作了 5 年。

莎拉·道森（Sarah Dawson）：学生活动办公室副主任，在学生活动办公室工作了近 8 年。

琼·罗伯茨（Joan Roberts）：学生处处长，负责管理学生事务部，已在格林尼治大学工作了 10 年。

案例

晚上 9 点，当最后一个离开的学生助理关上了门，学生活动办公室一片寂静。作为学生活动办公室的主任，你发出一声疲倦的长叹，愁眉苦脸地盯着由穆斯林学生组织提交的建议书。这真是漫长的一周。你的外交和政治能力受到了来自学校各方面的挑战。一个普遍宣扬和平与和谐的活动，怎么会变得如此充满愤怒且让人无法容忍呢？你闭上眼，开始回想过去几周发生的事件。这一切是如何开始的？

在刚刚过去的这个夏天，发展办公室联系你讨论一个他们争取了很久的捐赠者的问题。该捐赠者承诺要捐助 10 万美元，但他们有一些附带条件。他们要求，这笔钱中的 1 万美元必须用于在校园希勒尔中心设置一个特殊套房，这个套房目前被包括穆斯林和天主教牧师在内的校园事工成员占用。学校急于获得资金，于是在套房外面竖起了一面玻璃墙，用警戒线隔开了这个套房，并迅速将其重新命名为"希勒尔套房"。发展办公室让你通知校园事工成员，他们被重新安置到走廊另一端的一个小房间里，并且现在他们需要共用这个房间。伴随着一如既往的紧张气氛，秋季学期开始了，很快你就开始听到一些学生对新设置的希勒尔套房议论纷纷。校报记者找到你的办公室，要求采访你关于新设置的希勒尔套房的问题。"这对于校内其他宗教组织来说，意味着什么呢？"这是记者提出的问题之一。他给你发邮件，要求你在一周内回答大量尖锐的问题，你把邮件放进堆积如山的待处理文件中，打算稍后再解决它。

接下来的一天，你参加了关于"同性恋与宗教"的小组讨论。该小组由一群帮助促进大学校园对同性恋群体的认识的学生和教员组成。你注意到，在这个小组里有各种各样的人，其中有些是全国出名的同性恋犹太人和穆斯林团体的发言人。这个小组里也有来自校园 LGBT 组织的学生，以及与穆斯林学生一起工作的穆斯林伊玛目（牧师）。在小组讨论会上，伊玛目表示，他经常遇到对自己的身份感到困惑，且认为自己可能是同性恋的学生。他说："我告诉他们，这是我们的宗教所不能允许的。你必须祈祷，不去在意这些感受，它们会随着时间消失。"此时，听众和部分学生的嘘嘘声四处响起。但是，你听到一些学生在观众后面大声欢呼和吹口哨。你认出这些学生是穆斯林学生组织的成员。

当天晚些时候，一群来自 LGBT 组织的学生到你的办公室找你。汤姆是该组织的一名活跃分子。他说："关于伊玛目所说的话，你打算做什么？这无疑是不正确的。他和其他学生见面，而且告诉他们，同性恋是一种罪恶。"LGBT 群体的指导教师西蒙·劳也在你的办公室。他是一名教师，也是你的亲密同事。他赞同学生的看法，并转身看着你说："安，说真的，这是不可接受的。我们怎么能袖手旁观，让伊玛目误导我们的学生呢？当他们困惑于自己身份时，我们当然有责任确保他给我们的学生提供正确的咨询和帮助。"

理论联系实际
——高校学生事务工作案例研究

那天晚上,你正要走出办公室,你的一个下属苏珊正好到办公室来找你,她负责学生活动的登记工作。"你希望我怎么做呢?"她在你面前挥舞着一张纸。"这张预约表来自犹太学生协会。他们申请使用大厅的场地来庆祝光明节。"她说。

"活动是什么样子的呢?"你问道。

"他们想要做一个祷告并点燃蜡烛。活动还会组织唱歌和用餐。"苏珊看着申请表上的内容回答道。

"他们为什么要在大厅里举行呢?"你问,"大厅是一个公共场所,学生们会在那个时候去上课,而且其他宗教团体也没有在那个地方举行过活动。"

"他们一直在那里举行活动。"苏珊反驳道。"我记得去年使用大厅的问题就引发了与其他一些宗教团体的矛盾,所以今年,我们让天主教学生在圣灰星期三时在大厅里举行了涂灰礼,好让他们不再闹腾。"

你想起这件事心里有些沉重。"我们不能这样做,这是不合适的。"你抱怨道。

"已经安排好了,"苏珊回答说,"你有什么建议?"

"我们之后再谈。我得先回家。"你回答道。

第二天早上,你从学生活动办公室副主任莎拉那里收到一封冗长的电子邮件。邮件叙述了在校园活动前一天晚上,在你管理的一个活动场所发生的事件。印度学生在庆祝"洒红节",这是迎接春天开始的传统节日。然而,学生们决定今年在房间的地板和墙壁上喷满颜料。莎拉和你还有瑞利见面,他是负责协调此次庆祝活动的学生。"我们只是在庆祝。"瑞利反驳道,"有什么大不了的?犹太学生在大厅里点燃蜡烛的时候,你肯定不会说什么。但是,在校园里用蜡烛照明难道不是非法的吗?"

两天后,你在办公室里接到了来自你的主管、学生处处长琼的电话。琼的声音听起来很疲倦。"校长办公室刚给我打了个电话，穆斯林学生协会给他们提交了一份倡议书。我发给你了，请阅读完毕后我们再讨论。"你开始阅读这份倡议书。伊玛目要求学校给他们在校园里提供一个活动场地。"我们并没有要求其他宗教团体没有得到过的东西。"倡议书里写道，"我们每天必须要做5次祷告，现在，我们必须经历一个筛选的过程才能有做祷告的地方。"倡议书还写道："在校园里给穆斯林一个祈祷的空间，这对我们来说难道是不可能的吗？"

你应该做些什么？

不仅仅是天气：卡尔福特学院中女性们遭遇的寒潮

瑞秋·瓦格纳　崔西·戴维斯

背景

卡尔福特学院是美国中西部一所人文底蕴深厚的中等规模的高校。该校商学院和工程学院均得到足够的科研基金资助，其本科学生在全校占比最高。卡尔福特学院本科生总人数为9 000人，其中男生占了49%。超过95%的本科生年龄在18岁至24岁之间。国际学生占比不到5%，且92%的本科生是白人。卡尔福特学院大部分学生都住校；75%的学生住在学校宿舍和学校周围的社区。学生活跃于各类学生组织，其中校内体育俱乐部以及服务性组织最受学生欢迎。兄弟会和姊妹会等学生联谊会是人数最少的学生组织。然而，其总人数超过1 000人。学院大多数学生都加入了不止一个俱乐部或学生组织。

最近，学院董事会设定了一个新的战略目标，计划5年后使大一学生的保持率超过92%，比之前历年平均保持率高3%。来自招生、学术事务和学生事务等不同部门的领导被任命为学院学生保持率提升工作组成员，并定期向教务长述职。学生保持率提升工作组在众多引人注目的项目的基础之上，又新推出了一个对保持率提升创新项目和干预措施进行资助的项目。

　　许多高校的男生的保持率都低于女生，特别是非裔美籍和拉美裔男生。然而，在卡尔福特学院，四年制本科男生和女生的毕业率分别为 67% 和 51%。性侵犯和性骚扰案件在学校司法案件中的比例已经高到令人警惕。许多学生和年轻的教员都在抱怨学生联谊会和宿舍楼中的好胜的父权制文化。事实上，宿管主任约翰·塞德尔曼最近与生活事务部主任见面，讨论了招聘女性宿管助理的异常困难，及宿舍楼内普遍存在的"寒潮"问题。

人物

　　克尔斯滕·庄士敦（Kristen Johnston）：在过去的 3 年里担任学生联谊会（兄弟会和姊妹会）的协调员。这是他硕士毕业后的第一份工作。

　　安娜·托雷斯（Anna Torres）：校园活动与项目的执行主管，向学生事务处副处长述职。她在该学院工作已经 20 余年，极力倡导在学校建立妇女中心。她是多样性与包容校长委员会的前任共同主席。她是一名精明老道、头脑冷静的管理者，在学院知名度很高。

　　杰克·奥佛顿（Jack Hoverton）：小企业管理专业大二的学生，同时也是兄弟会（Zeta Theta Theta）招新工作协调员。

　　凯伦·里夫斯（Karen Reeves）：柯克兰塔宿舍楼的宿管助理，大三学生，主修社会学，辅修性别研究。

　　乔丹·柯克兰（Jordan Kirkland）：兄弟会（Zeta Theta Theta）主席，应用数学专业大四学生。

　　达伦·诺斯（Darren North）：分管学生工作和招生工作的高级副校长，过去 7 年一直在学校工作。

　　约翰·塞德尔曼（John Seidelman）：担任柯克兰塔宿舍楼主管已 7 年，教育领导力专业博士研究生。

凯西·希梅尔曼（Casey Shimmelman）：大四学生，校园风云人物，上一届"西部小姐"，泛希腊委员会（Pan-Hellenic）主席，主修教师教育专业。

朱莉·温加滕博士（Dr. Julie Weingarten）：女权主义理论教授，妇女中心主任。

亚什兰·辛普森（Ashland Simpson）：宿舍生活部主任。

案例

假设你是克尔斯滕·庄士敦，你刚经历了一个活动众多的学期，监督了兄弟会和姊妹会的春季招新工作。卡尔福特学院不允许新生第一学期就加入学生联谊会，这就导致学生联谊会在春季招新时，新生的人数众多甚至占了主导地位。你的主要职责是指导兄弟会内部委员会（the Intrafraternity Council）、泛希腊委员会（the Pan-Hellenic Council）和全国泛希腊委员会（the National Pan-Hellenic Council）在学院的分支机构，为它们制定行为标准并加以执行，以及监管以上所有学生联谊会招收新成员的过程。

招新工作进展顺利，几乎没有出现投诉等问题。在你来学院工作之前，学院在对一起与霸凌相关的重大事件进行了调查后，学院采取的应对霸凌的新方案和一场提高反霸凌意识的运动似乎对公开霸凌行为产生了寒蝉效应。而之前，霸凌已经成为学生组织的特征。最近发生的霸凌事件并不在你的职责范围内，而是涉及男子俱乐部的足球队成员。你已经调查了上学期传闻中的几起霸凌事件，除了两起之外，其他所有的调查都没有被受理。剩余的这两起事件情节相当轻微，是通过校园司法程序和学生联谊会全国组织的代表来解决的。今天是准备考试的校园学习日，你期待着年底赶紧到来。午餐回来后，你在语音信箱里看到三条留言，分别来自执行主任、柯克兰塔宿舍楼的主管，还有泛希腊委

理论联系实际
—— 高校学生事务工作案例研究

员会主席。

通过第二条留言，你了解到，今天早些时候，柯克兰塔的宿管助理凯伦·里夫斯在负责办理学生的退宿手续。许多没有考试的学生已经退宿去过暑假了。在帮一些有预约的学生办好退宿手续之后，她来到前台拿了钥匙去检查1907房间，那是杰克·奥佛顿住的房间。为照顾那些在白天或者夜里不方便的时间退宿的学生，卡尔福特学院的住宿生活部提供快速退宿手续。杰克是她最喜欢的学生之一，他是社区领袖，为很多成功的活动都提供了帮助。这周他早早地来告诉凯伦，他会在一个有课的日子搬离。他没有考试，因为他这学期在本地一个小公司实习。他的飞机是早上6点的，于是他同意签订快速退宿豁免协议，那样的话，所有的清洁费用和可能的赔偿费用都由工作人员直接确定。当凯伦进入杰克房间的时候，她看到房间大体上是好的，但是她看到他留了一些垃圾。当她确认没有任何贵重物品遗失之后，她收拾了垃圾，这样就可以避免杰克被收取费用。

当她收拾一堆纸张时，她注意到一张纸上十分潦草地写着"因为三十三抓举（tri nu snatch）是最好的"。凯伦仔细看了一下，意识到她拿着的一堆纸是大学生联谊会的调查问卷。每一张都写有姓名、专业、年级、GPA和对一系列问题的回答：

- 你为什么想成为兄弟会（Zeta Theta Theta）的一员？
- 你的娱乐活动是什么？
- 哪里是最适合开派对的地方？
- 你多久进行一次手淫？
- 你周末想做什么？
- 下面3个人：希拉里·克林顿、蕾哈娜、凯西·希梅尔曼，你想和哪个睡觉，和哪个结婚，想杀了谁？
- 你的主题曲是什么？

在看了多份问卷之后,凯伦把它们收了起来,锁上了门,然后把这 30 多份问卷带给她的主管,约翰·塞德尔曼。

约翰阅读了这些问卷后,很快就意识到,你作为大学生联谊会的协调人需要看这些问卷。除了提问令人不适,问卷还里充满了粗俗的讽刺、歧视女性和种族主义的评论。约翰立即走到上司(亚什兰·辛普森)的办公室,向他汇报。亚什兰联系了执行主管安娜,她今天早上也捡到了这样的问卷。

被调查问卷困扰的凯伦来到妇女中心,找她的教授朱莉·温加滕博士谈心,教授擅长女性主义理论。在她告诉朱莉她的遭遇时,一个兼职的学生,考利无意中听到了她们的谈话,并插话说:"哦,是的。就是这个睡觉、结婚和杀人游戏。我的很多男性朋友都在谈论这个游戏。他们玩了好多回了。"考虑到这种情况,朱莉·温加滕博士打电话给安娜·托雷斯,告诉她一名学生反映的情况引起了她的注意。朱莉·温加滕博士宣称,涉事学生的这种违纪行为很明显应该立即受到永久停学的处分,兄弟会的分支机构也应该被关停。她还声称,这不需要任何法定诉讼程序和调查,她认为学校已经掌握了确凿而令人信服的证据和名单,这些问卷显示了兄弟会中肇事者的身份信息。她进一步表示,需要及时对所有兄弟会组织及它们的招新程序进行审查。此外,她坚称不应让任何组织继续集会、赞助或开展任何商务或社交项目,除非其所有活动流程都通过了审查,证实没有发生过类似的行为。即使这些学生组织通过了审查,她也认为,应该设立一个强制性的教育项目,开展关于美国历史上歧视女性的事件及其对妇女的健康、安全及福祉的损害的教育。

你之前给安娜打电话,她简要地给你讲了温加滕教授的担心,还有诺斯副校长一开始的反应。诺斯对一些同学的行为感到十分失望。可是,他质疑给这么多学生停学处分是否妥当。

约翰·塞德尔曼想让你知道他十分关心这次事件,并自愿出一份力。如果你认为合适的话，他愿意提供帮助，为兄弟会成员举办关于男子气概和性别问题的研讨会。他对性别角色的社会化研究很有兴趣。而且，他认为除了其他影响之外，一些强制性的、要求学生探询关于男子气概的社会信息的教育项目将会就绪。

当你同凯西·希梅尔曼交谈时，她几乎语无伦次。作为泛希腊委员会的主席、问卷调查表上提到的三名女性之一，推特上的几条留言和脸书上的信息已经引起了她对这一事件的关注。她感到很受伤，尤其对兄弟会（Zeta Theta Theta）的主席感到非常生气，因为他也是兄弟会内部委员会的一员，和凯西曾有频繁的合作。

考虑到当前的具体问题本身和潜藏其下的更为深层的问题，你将采取什么措施来处理这起事件？当你处理这些既是个人的又涉及体制的问题时，你会让哪些人参与进来，你会让他们怎样参与？

编者简介

弗朗西斯·K.斯特奇：纽约大学高等教育专业的教授，拥有迈阿密大学数学学士学位、德雷塞尔大学数学硕士学位以及亚利桑那州立大学高等教育博士学位。她曾任印第安纳大学（1986年至2000年）教育学院教授和副院长，牙买加莫纳西印度群岛大学和巴巴多斯山洞大学国家科学基金会高级研究员和富布赖特专家。她的研究兴趣包括大学生入学、学习和成就（尤其是在数学和理科方面）以及研究方法。最近出版的著作包括《用定量数据回答批判性问题》《关于大学生的理论视角》和与曼宁合作的《在大学环境中的研究：方法和途径》。斯特奇的职业生涯开始于在亚利桑那州马里科帕县社区大学担任数学讲师。

史蒂文·M.哈伯德：纽约大学麦基分校的临床医学专业助理教授和学生事务主任，同时也是高等教育专业的兼职教授。他教授高等教育和大学生发展方面课程，同时开展相关研究。他的研究重点包括教师发展、学生学习评估和 LGBT 大学生。他目前正在从事几个关于妇女和少数民族科学家发展的项目研究。他还为其他高校提供关于高等教育领导和专业发展方面的咨询顾问服务。哈伯德在艾奥瓦大学、哈姆林大学和纽约大学有超过15年的学生事务管理经验。他于2006年在纽约大学获得高等教育博士学位。哈伯德博士的职业生涯开始于在艾奥瓦州西南部农村地区担任地方政府的城市规划师。

案例作者简介

玛丽萨·E.阿莫斯：新泽西州的终身居民，目前在卡姆登生活和工作。她毕业于新泽西州立大学罗格斯分校，目前是罗格斯大学学生事务专业的全日制研究生。

梅丽莎·博伊德－科尔文：罗得岛大学的学生事务专家和兼职教员，负责监管该校的领导中心和领导研究辅修课程。她的研究兴趣包括教学效果、督导和基于优势的组织发展。

凯蒂·布兰奇：罗得岛大学人类发展和家庭研究系的副教授，也是高校学生事务研究生项目的主任。她的研究兴趣包括大学环境下不同学生的成人发展和学习、环境理论、教育评估以及大学生的保持率和教育收获。

戴安娜·戈德奈斯·埃利奥特：教育测试服务中心（AERA）博士后研究员。她拥有纽约大学高等教育管理博士学位、罗格斯大学法学博士学位，以及维拉诺瓦大学的学士学位。

拉克希米·克拉克－麦克伦敦：纽约大学摩西残疾学生中心的资深残疾学生研究专家。拉克希米拥有纽约城市大学亨特学院英语学士学位、哥伦比亚大学师范学院学习障碍硕士学位，以及纽约大学高等教育和学生事务硕士学位，主修国际教育。

凯瑟琳·M.康威：纽约城市大学曼哈顿社区学院的商科副教授。她拥有纽约大学的金融工商管理硕士学位，以及管理学、领导力和技术学博士学位。

案例作者简介

林恩·塞雷斯·诺特：圣迭戈社区学院区负责学生服务的副院长。每年为超过 10 万名的学分和非学分课程项目的学生提供服务。她在领导各种项目和服务方面有着丰富的经验。这些项目和服务的重点是面向当地和州的学生，致力于为学生提供获取机会、公平和成功的途径。她的行政职责还包括院校研究、学生信息系统、立法监督和合规。

崔西·戴维斯：西伊利诺伊大学教育跨学科研究系的教授。他是男性与男性发展研究中心的首任主任，最近与人合编了《高等教育中的男性特征：理论与实践思考》一书。

梅甘·E. 德莱尼：新泽西州蒙特克莱尔州立大学教育与人类服务学院的研究基金协调员。她帮助教师组织并提交研究计划和研究基金申报书。梅根拥有蒙特克莱尔州立大学的心理咨询专业硕士学位和文学学士学位。她目前在蒙特克莱尔州立大学攻读心理咨询教育专业博士学位。她的研究兴趣包括妇女研究和领导能力培养方法。

葆拉·S. 德斯蒂法罗：罗格斯大学学生事务教育专业二年级硕士研究生。他目前是社会公正教育中心和 LGBT 社区的研究生助理。保罗毕业于佩斯大学，获得了传播学学士学位。

埃里希·迪特里希：纽约大学斯坦哈特分校负责全球和学业事务的助理院长。他是一位专门研究种族、全球化和高等教育的历史学家。他现在教授"全球视角的高等教育：巴西"课程，曾教授"20 世纪非裔美国人历史""1865 年以来的美国历史""美国的文化战争"课程。迪特里希拥有卡尔顿学院的学士学位，并且以优异成绩毕业，拥有威斯康星大学麦迪逊分校硕士学位、纽约大学博士学位。

W. 休斯顿·多尔蒂：艾奥瓦州格林内尔学院负责学生事务的副院长。他拥有普吉特桑德大学和加州大学圣巴巴拉分校的学位。他在全国公共会计师协会和注册会计师协会都很活跃。

约翰·P.唐尼：在北卡罗来纳州夏洛特皇后大学担任学生处处长。他在高等教育领域有超过25年的工作经验，从事过各种工作，包括学术事务和学生事务工作。

迈克尔·J.杜马：纽约大学斯坦哈特文化、教育和人类发展学院教育领导力研究生项目的副教授。

卡特丽娜·加洛：目前是罗格斯大学学生事务专业的硕士研究生。她拥有波士顿学院人类发展和数学/计算机科学的学士学位。

本杰明·吉利格：艾奥瓦大学高等教育和学生事务专业的博士研究生。吉利格拥有圣地亚哥州立大学高等教育领导硕士学位，同时担任住宿教育的研究生助理。吉利格目前在艾奥瓦大学本科教育研究中心工作。他的研究兴趣包括大学生学习和接受高等教育的途径。

斯蒂文·戈斯：银行街教育学院的在线教育项目主任，他教授信息设计和在线教育课程。他拥有哥伦比亚大学师范学院教育技术与媒体教育硕士学位、纽约大学文学硕士学位，以及宾夕法尼亚州立大学艺术教育学士学位。他的研究兴趣包括在线学习理论、新媒体艺术和网页设计。

巴特·格拉根：在纽约大学斯坦哈特文化、教育和人类发展学院工作了4年，在社区学院负责转学工作将近10年，并担任纽约州转学衔接协会主席。他拥有教育专业和历史专业两个硕士学位，目前正在攻读高等教育管理博士学位，研究重点是高等院校在社区学院学生成功转学中的作用。

弗洛伦斯·A.哈姆里克：新泽西州立大学罗格斯分校的教授，她在该校教授大学生事务专业课程。她的研究主题集中在高等教育的公平性、入学机会与成功以及历史上被忽视的群体和非主流群体。她在印第安纳大学获得博士学位，在俄亥俄州立大学获得硕士学位。

案例作者简介

丹尼尔·霍璐卜：纽约大学艺术科学学院莫尔斯学业计划的主管。丹尼尔在学生事务方面有超过 15 年的经验，曾在美国音乐戏剧学院、艾奥瓦大学和威斯康星密尔沃基大学工作。

马克·汉梅尔：纽约大学阿布扎比分校精神信仰生活办公室的学生生活顾问。他为学生、教师和教职工提供不同信仰的课程，并与精神信仰生活办公室的学生兴趣小组、纽约大学的牧师以及各种校内外的精神信仰机构密切合作。他在圣母大学获得心理学和神学学士学位，在亚利桑那州立大学获得社会工作硕士学位，在耶鲁大学获得神学硕士学位。

金尼·约翰：纽约大学作业疗法系的招生负责人。金尼拥有纽约大学高等教育管理博士学位。她感兴趣的领域包括大学入学和在学情况以及大学体育。

吉利安·金西：印第安纳大学高等教育研究中心和 NSSE 研究所的副主任。她就有效利用学生参与度数据提高教育质量开展研究，并领导项目工作。她目前是斯宾塞基金会资助的项目"学习改进：高等教育循证改进研究"的联合首席研究员。她在印第安纳大学获得了高等教育博士学位，辅修了女性研究。

莎拉·克莱因：瓦格纳学院负责校园生活的副院长。她拥有纽约大学高等教育管理博士和硕士学位、圣路易斯的华盛顿大学学士学位。

奥德丽·洛埃拉：拉瑞坦谷社区学院负责学业项目和合作的副院长。她拥有菲尼克斯大学教育管理博士学位、安德鲁·杰克逊大学公共管理硕士学位和学士学位，以及维拉诺瓦大学学士学位。

瓦莱丽·伦迪－瓦格纳：纽约大学斯坦哈特文化、教育和人类发展学院高等教育和中学后教育专业的副教授和研究员。她的研究兴趣主要涉及学士学位的完成，重点是工科学生、少数民族学生服务机构和学业辅导。

泰博霍·莫哈：纽约大学行政、领导和技术系的高等教育专业教授。她教授全球化、国际化和改革方面的课程。她还在南非、土耳其、印度和以色列教授一些留学生课程。她是约翰内斯堡大学的客座教授，曾在挪威和芬兰担任客座教授。

谢纳·穆赫兰道：圣地亚哥州立大学教育学院行政、康复和高等教育部门的副教授。她的研究和教学兴趣集中在国家高等教育系统的历史和发展，弱势群体学生的入学机会和公平，以及创造包容性的学习环境。她拥有纽约大学高等教育管理的博士学位。

帕特里夏·A.穆勒：印第安纳大学评估和教育政策中心的副主任和高级研究员。穆勒博士在全州、全国和全球范围内对K-12课程和高等教育的影响和有效性进行研究和评估。

朱莉·R.尼尔森：艺术学硕士，担任学业辅导教师超过12年。她目前在北卡罗来纳州立大学的新生适应项目中工作。她负责为在学业上准备不足的大一学生提供帮助。朱莉在乔治·华盛顿大学获得心理咨询专业学士和硕士学位。她目前是美国学生事务管理者协会学生事务与学业事务协作知识社区的学业辅导工作组组长。

凯思琳·M.内维尔：塞勒姆州立大学研究生院院长的特别助理。凯思琳在学生事务方面有20多年的经验，她的研究包括多样性对学生的大学经历和学习成绩的影响。

金·C.奥哈洛伦：新泽西州蒙特克莱尔州立大学教育与人文服务学院副院长。她在心理咨询和教育领导系任教。她的研究重点是学生学习、保持率、学生事务与学业事务工作的协作等方面。奥哈洛伦拥有纽约大学高等教育博士学位、罗格斯大学教育管理硕士学位以及英语学士学位。

塔拉·L.帕克：麻省大学波士顿分校的高等教育专业副教授。她的研究考察了高等教育政策与公平的大学入学机会和教育产出相关的问题,特别是对于历史上被重视不足的弱势群体。

赛迪亚·萨克丁娜:从事学生事务工作近 18 年,现任巴鲁克学院学生生活部主任。她正在纽约大学攻读高等教育博士学位。她的论文主要关注转学学生的成功。

萨曼莎·沙佩瑟斯·沃特海姆:现任纽约大学研究生生活办公室主任。她目前在纽约大学的高等和中学后教育专业攻读教育博士学位,研究兴趣包括学生间的跨种族互动、学生发展理论和社会公正教育。

克莉斯汀·索苏斯基:纽约大学斯特恩商学院教学与学习创新中心主任,信息、运营和管理科学临床专业助理教授。她是《在线课程设计要点:标准指南》(2011) 的合著者。她曾在哥伦比亚大学新媒体教学中心担任项目负责人,并在哥伦比亚大学师范学院数学、科学和技术系教授计算机编程。她拥有哥伦比亚大学师范学院学士、硕士和博士学位,纽约大学斯特恩商学院学士学位。

葆拉·斯泰瑟·戈德法布:纽约大学斯特恩商学院 MBA 和 EMBA 招生及研究生资助中心的执行主任。她是纽约大学高等教育系博士研究生。主要研究方向为招生管理、教育政策、高等教育的经济和财务工作。她拥有哥伦比亚大学硕士学位、哈弗福德学院学士学位。

威廉·托宾:印第安纳州德帕乌大学的学校研究办公室主任。他的研究兴趣包括战略规划、制度政策和决策制定,以及学生保持率。他目前正在研究如何将商业情报工作程序应用到学术领域。他拥有印第安纳大学高等教育博士学位。

瑞秋·瓦格纳:戴顿大学学生宿舍生活中心副主任,也是马萨诸塞大学阿姆赫斯特分校社会公正教育专业博士研究生。瑞秋在许多学校和全国会议上发表过关于男性和男性特征、反种族主义和社会公正教育方面的演讲。

桑迪·M.韦米格维斯：加州州立大学教育学院教育社会与文化分析专业硕士研究生。

罗纳德·C.威廉姆斯：西伊利诺伊大学教育与跨学科研究系的助理教授。威廉姆斯博士还担任学业事务多元化负责人，并从事招生管理和学生保持相关工作。

金·约什－埃尔泽纳：学校实验室的一名评估顾问，与全国各地的高校合作开展评估工作。她还担任 ACPA 评估和评价委员会的主席以及布法罗州立学院的兼职教授。她拥有纽约大学博士学位、肯特州立大学硕士学位，以及鲍德温华莱士学院音乐教育学士学位。

案例索引

案例	涉及人员	要点	页码
第四章			
利益冲突：利用从外部获取的信息	学生 校长 学术事务教职工 媒体	持异议的学生 法律问题 预算 限制	87
少喝酒，否则成绩下降？	学生事务教职工 学生	饮酒 新员工 寄宿生活 行政管理 学生操行	67
战略项目规划：改进计划以达到预期目标	学生 校友 教师 校长 董事会	大学扩建 预算限制	72
学业基础与学位获取：西迪斯伯里州立大学	校长 教师 学生	学业基础 学位获取 饮酒 预算限制	76
政治驱动的评估结果	学生 外部公关	评估 技术	82

续表

案例	涉及人员	要点	页码
沃伦社区学院的学生分歧	学生 教师 外部公关 捐赠者	持异议的学生 公共关系 多样性 行政管理 社会媒体	91
美国西部大学面临的评估困境	学生 学术事务教职工 学生事务教职工	评估 社会媒体	97
第五章			
不是所有的事情都是公平的：大学为有色人种设置的录取通道和支持系统	学生 教师 媒体 校长	途径 补救性课程 多样性 公共关系	104
中部州立大学突然更改的招生政策	转学生 外部公关 校长	录取 转学生 预算限制 外部关系 持异议的学生	108
招生管理还是管理招生：降低标准完成招生计划	转学生 学术事务教职工	保持率 录取	114
人人似乎都知道（并讨厌）的入学申请人	教师 学生事务教职工 外部公关	录取 外部关系 政治压力 行政管理	120
在困难时刻创造多元化的班级	学生 校长 媒体 董事会	多样性 排名 大学环境 录取	124

续表

案例	涉及人员	要点	页码
谁也不愿听到的消息,尤其是在假期	校长 董事会 校友	体育 社会媒体 宗教信仰	128
第六章			
南非海外学习项目学生的身份困惑	学生 教师	海外学习 心理健康问题 法律问题	134
只是一个友好的学生助教	学术事务教职工 学生	持异议的学生 性骚扰	138
城市大学对远程学习者的支持	学生 教师	在线教学 技术	142
学生事务系统与学术事务系统在学业辅导方面的合作	学生与学术事务教职工 教师	合作 学业咨询	148
校园内同性亲密关系中的暴力事件报告	学生 校长 学生事务教职工	家暴 法律问题 社会媒体	151
学生社区的冲突	学生 学生事务教职工	寄宿生活 心理健康问题	155
第七章			
都市社区学院的补习课程	学生 教师	多样性 经济援助 补救性课程 学生毅力	161
海外学习是思辨观察还是隐私窥探?	教师 学生	父母 海外学习 持异议的学生	167

续表

案例	涉及人员	要点	页码
大学教室里的种族动态	学生 教师	多样性 持异议的学生 教室包容性	170
促进青年科学家的成长	学生 教师 媒体	学生毅力 多样性 途径与公平	174
留学项目中残障学生的安置问题	学生事务教职工 学生	残障人士服务 海外学习	180
文化冲突：国际学生突发事件	学生 教师 父母	国际学生 多样性 教室包容性 咨询服务 社会媒介	185
东南社区学院转学问题	学生 教师 媒体	转学生 建议	191
第八章			
学生主办媒体及其对印第安人生活的"讽刺"	学生事务教职工 学生	多样性 学生活动	198
圣·弗朗西斯·泽维尔大学不断增多的穆斯林学生	学生 学生事务教职工	宗教信仰 多样性 学生活动	205
校园中的网络暴力事件	学生 学生事务教职工 校长 父母	寄宿生活 社会媒体 法律问题 学生操行	210
谁在正确行使权力？	学生事务教职工	多样性 性别问题 法律问题 社会媒体	215

续表

案例	涉及人员	要点	页码
一名大一新生的身份认同困惑	学生 学生事务教职工	性别问题 寄宿生活 多样性	221
第九章			
他们不会解雇全体员工	学生 学生事务教职工	学生操行 寄宿生活 司法问题	225
海滨大学的校园氛围	学生 校长 媒体 教师	多样性 社会媒体 兄弟会 学生操行	230
山谷社区学院招聘事件	学生 董事会 学生事务教职工	持异议的学生 行政管理 组织变革	236
卡帕蒂姆大学的挑衅性言论事件	学生 学生事务教职工 媒体	学生操行 多样性 社会媒体	241
克莱顿学院的院际体育竞赛	校友 学生	体育 性别问题 预算限制	247
格林尼治大学中一起宗教狭隘主义事件	学生 学生事务教职工	多样性 性别问题	251
不仅仅是天气：卡尔福特学院中女性们遭遇的寒潮	学生 学生事务教职工	兄弟会 性别问题 学生操行	255